韓國史研究叢書 108

근대사 속의 한국여성

이송희 지음

국학자료원

책을 내면서

　한국 근대여성들이 역사 속에서 자신들을 드러내고 주장하기 시작한 것은 1898년 여권통문의 발표와 찬양회의 설립부터였다. 그 후 여성들은 차츰 근대 교육을 더 받을 수 있는 기회를 갖게 되었고, 많은 한계가 있기는 하였지만 남성지식인들도 여성교육에 관심을 갖으면서 여성교육 확대의 장을 맞게 되었다. 하지만 국권을 빼앗긴 상황에서의 여성교육은 국권 회복에 초점이 맞추어지고 여성 본연의 자신을 키워나가는 데에는 소홀할 수밖에 없었다. 더욱이 일제 강점기 여성교육은 일제가 원하는 양처현모 교육으로 그 내용이 왜곡되었다.

　그러나 한국 여성들은 이런 악조건에 굴하지 않고 자신들의 역량을 발휘하기 시작하였다. 1919년 3·1운동의 참여와 주도를 계기로, 특히 1920년대에 이르면 시대적 조건을 기반으로 여성해방론과 여성해방교육론을 주장하기에 이르렀고 자신들만의 단체들을 본격적으로 조직하였다. 1920년대 초반 계몽단체를 시작으로 사회주의단체를 거쳐 1927년 근우회의 설립으로 이어진 당시 여성들의 사상과 활동은 괄목할 만한 것이었다. 물론 이러한 사상과 활동의 주체는 신여성들이었다.

　필자의 여성사 연구는 1980년대 말 동료교수들끼리의 여성학 스터디에서 출발하였다. 그 후 부산여성회 등 여성단체들과의 교류, 지역여성연구회·부산여대 여성문제연구소·사)부산여성사회교육원 등의 활동을 계기로 여성운동에 관여하면서 근현대 한국 여성들의 삶을 연구하게 되었다.

자연스럽게 여성들의 활동과 그 기반이 되었던 사상을 분석해 보게 되었고, 여성의 의식화를 가능하게 해 주었던 여성교육론·여성교육 등에도 눈을 돌리게 되었다. 그리고 근대를 살았던 구체적 인물들에게도 관심을 갖게 되었다. 여기에 실은 논문들은 필자의 활동에 근거한 결과물이라고 할 수 있다.

이 책은 개항 이후부터 일제 강점기까지의 근대 한국여성들의 삶을 정리한 것으로 모두 세 부분으로 이루어졌다. 제1편에서는 '근대 여성교육에 관한 논의'라는 제목 하에 제1장에서는 대한제국 말기 계몽단체의 여성교육론을 국권회복과 현모양처 육성과 관련하여 분석하여 보았다. 제2장에서는 한말·일제하의 여성교육론과 여성교육정책을, 제3장에서는 1920년대 여성해방교육론을 당시 지식인 여성들과 남성들의 글을 통해 고찰하여 보았다. 제2편은 '근대사에 등장한 신지식층 여성들'이라는 제하에 제4장은 한국 근대사 속의 여성 리더십의 형성과 발전 전개를 살펴보았다. 제5장은 1920년대 여성해방론을 분석하였고, 제6장은 1920년대 부산지역 신지식층 여성들의 등장과 단체 활동을 여자청년회를 중심으로 보았다. 제7장에서는 신여성의 대표로 나혜석의 민족의식과 민족운동을 분석했다. 제3편은 '근대 여성사 연구, 성과'라는 제목으로 제8장에서 한국 근대 여성사 연구의 성과와 과제를 정리해 보았다.

여기에 실은 논문들은 1994년부터 2011년까지 각기 연구 발표한 것들이다. 그러다 보니 시기적으로 너무 오래전에 논의되었던 것도 있고 중복되는 부분도 있다. 하지만 이렇게 늦게나마 오랜 기간의 연구 성과들을 엮어서 책으로 출간하게 된 것은 한국 근대 여성의 삶 – 사상과 활동을 전체적으로 시대적 변화 속에서 드러내주는 것도 의미 있는 작업이라고 생각하였기 때문이다. 각기 개별 논문이기에 각 장 뒤에 게재지와 연도를 밝혔다.

이 연구서가 출간되기까지 많은 분들의 도움이 있었다. 여성문제를 함께 고민하였던 신라대학교 여성문제연구소의 여러 동료 교수들께 감사의 인사를 드린다. 그리고 부산지역의 여성단체 활동가들과 연구자들께도 많은 깨우침을 준 것에 고마움을 전한다. 또한 여성사 공부를 계속 할 수 있도록 원동력을 주고 근거지를 마련해 준 한국여성사학회의 회원 여러 분들께도 깊이 감사드린다. 이 책이 활자화되는데 밤 세워 가며 교정을 보아준 동생 이명희에게 고마움을 전하며, 출판을 맡아주신 국학자료원의 정찬용 원장님, 정진이 대표님, 우정민님께도 감사드린다.

2014년 12월 백양산 연구실에서
이송희

목차

제1편

근대 여성교육에 관한 논의

■제1장
대한제국말기 계몽단체의 여성교육론

■제2장
한말·일제하의 여성교육론과 여성교육정책

■제3장
1920년대 여성해방교육론에 관한 일고찰

제1장 대한제국말기 계몽단체의 여성교육론

Ⅰ. 머리말

우리나라에서 여성교육이 시작된 지 110여년이 흘렀고 그동안 많은 여성들이 교육을 통하여 인재로 양성되었다. 그럼에도 여전히 우리의 여성교육이 과연 여성들을 개발시켜 진정한 한 주체적 인간으로 설 수 있도록 해 주었는가 하는 의문을 벗어버리기 힘들다. 그것은 근대 이래 우리의 역사 속에서 여성교육이 강조되어온 것은 분명하나, 그것의 목적과 내용이 진정 여성에게 합당한 것이었는지 그 여부와 관련이 있을 것이다.

따라서 시대의 변화에 따라 나타난 여성교육에 관한 연구는 현재 우리 여성교육의 방향 정립과도 관련하여 논의할 중요 과제이다. 특히 여성교육은 어느 나라에서든지 여성의 현실을 직시하고 여성문제를 제기하는 데 그 출발점이 되는 것이기에 여성문제 인식을 다루는데 있어서도 가장 선행되어야할 연구라 하겠다.[1]

---

1) 필자는 이런 목적 아래 졸고에서 1920년대 여성교육론을 분석한 바가 있다. 이송희(1994),

본고에서 대상과 시기를 1905~1910년 사이의 계몽단체로 한 것은 당시 1905년 국권 피탈 이후 국권을 회복하기 위한 운동의 일 조류로 등장하였던 계몽운동에서 실력양성론을 제기하고 실력양성을 위해 가장 강조하였던 것이 교육이었기에 당시 여성교육이 어떤 논리에서 강조되고 그들이 길러내고자 하였던 여성상은 어떤 것이었는지를 보려한 것이다.

어느 시기보다 교육에 대한 강조와 열정이 가장 극에 달하였기에 이 시기의 여성교육론을 분석해 보는 것이 여성교육론의 역사를 정리하는데 의미가 있을 것이다. 그리고 이 때 활동하였던 계몽사상가들이 일제하에서의 교육운동을 이끌어 가는데 주류를 이루기도 하였기에 이 시기의 여성교육론 연구는 의미 있는 것이라 생각된다.[2]

여성교육론은 여성문제 인식 제기의 출발점이었기에 사실상 여성관이라고 대체시켜도 될 것이다. 이 글에서의 계몽단체 여성교육론의 주창자들은 여성이 아닌 지식층 남성들이었다.[3]

「1920년대 여성해방교육론에 관한 一考察」, 『부산여대사학』 12집, 부산여대사학회.
2) 이 시기의 여성교육론에 관한 연구는 다음과 같다.
　　魯仁華(1982), 「한말 개화자강파의 여성교육론」, 『한국학보』 제27집, 일지사: 崔淑卿(1983), 「한말 여성해방논리의 전개와 그 한계점」, 『한국문화연구원논총』, 이화여자대학교: 丁曜淑(1988), 「대한제국말기 여성운동의 성격 연구」, 이화여대 박사학위논문: 金尙姬(1988), 「개화기 여성관의 변천연구」, 성신여대 석사학위논문: 金淑子(1988), 「구한말 여성지의 구국교육론」, 『한국민족운동사연구』 2호.
3) 여기에서의 계몽단체는 당시 계몽운동을 전개하였던 전국 규모의 단체, 지역 차원의 학회, 언론 등으로, 본고에서는 단체 발간의 신문·잡지에 실린 글과 단체에서 활동하였던 인사들의 글, 단체에서 활동한 인사들의 여성잡지에 실은 글 등을 자료로 이용하였다.

II. 국권회복과 여성교육

1. 사회진화론적 시대인식

일반적으로 여성교육론은 여성의 현실을 직시하고 여성문제를 제기하면서 가장 먼저 논의 되는 것인데 우리의 경우 이 주장은 여성 자신들에서 시작된 것이 아니고 초기 개화파들의 근대 문명사회로 나아가고자 하는 개화의 논리에서 비롯되었다. 이들은 내수자강을 추진하는데 선결요건인 국민적 통일을 위하여 남녀 간 신분 간의 구별 없는 균등교육의 실시가 필요함을 강조하였다. 이 때 제기된 여성교육론은 독립협회운동 속에서 널리 퍼져 나갈 수 있게 되었다. 『독립신문』은 많은 논설에서 여성교육의 문제를 다루었다.

이러한 배경 속에서 여성들의 잠재적인 자기인식은 贊襄會의 결성으로 이어지고 찬양회 회원들은 천부의 권리로서 남녀가 동등함을 믿으며 종래 부당하게 가해진 차별제도는 철폐되어져야 하고 여성에게 개화교육을 시킴으로서 여성도 남성과 똑같은 능력자로 국가사회에 이바지 할 수 있을 것이라고 기대하였다.

그러나 1905년 이후의 계몽단체들의 여성교육론은 국권상실이라는 새로운 상황에 부딪치면서 국권회복을 새로운 과제로서 뚜렷이 전면에 부각시켰다. 계몽사상가들은 때로는 여성들의 동등권 확보 등을 언급하기도 하였지만 주로 국권회복에 그 궁극의 목표를 두고서 실력양성을 위한 여성교육을 강조하였다. 이러한 주장은 당시 사회진화론적 시대 인식에서 비롯된 것이었다. 그러므로 이들의 여성교육론을 분석하기 위해서는

무엇보다도 먼저 사회진화론적 인식을 고찰해 볼 필요가 있겠다.[4]

사회진화론은 다윈의 생물진화론을 인간사회에 적용시킨 것으로 스펜서에 의해 체계화되었는데, 스펜서 사회진화론의 핵심은 (1) 사회는 생물과 같은 진화하는 유기체이며, (2) 생물유기체와 같은 사회의 원동력은 생존경쟁이고, (3) 따라서 인간사회도 적자생존 자연도태의 논리가 적용된다는 것이다.

이러한 사회진화론은 1880년대 유길준에 의해 최초로 우리나라에 소개되었고, 본격적인 수용은 1900년대에 이르러 계몽사상가들에 의해서 추진되었는데 특히 중국의 梁啓超의 사상을 통해서 이루어졌다.

당시 계몽단체들은 사회진화론에 의거해 자기 시대를 이해하였다. 즉 지금은 경쟁시대로「우승열패」·「약육강식」의 논리만이 통하는 시대라고 보았다.[5] 특히 제국주의 열강들과 약소국들과의 침탈 피탈의 관계를

---

4) 당시 사회진화론에 관한 연구로는 다음의 몇 편의 논문이 있다.

신일철(1969), 「신채호의 자강론적 국가상−청말 엄복 양계초의 변법자강론의 수용과 관련하여」, 『한국사상』 10집: 신용하(1980), 「신채호의 애국계몽사상」, 『한국학보』 19집·20집, 일지사: 田口容三(1978), 「애국계몽운동기의 시대인식」, 『조선사연구회논문집』 15집, 용계서사: 이광린(1979), 「구한말 진화론의 수용과 영향」, 『한국개화사상연구』, 일조각: 이송희(1984), 「한말 애국계몽사상과 사회진화론」, 『부산여대사학』 2집: 김도형(1986), 「한말 계몽운동의 정치론 연구」, 『한국사연구』 54: 주진오(1988), 「독립협회의 사회사상과 사회진화론」, 『손보기교수 정년기념논문집』: 박찬승(1988), 「한말 신채호의 역사관과 역사학」, 『한국문화』 9집, 서울대학교: 신연재(1981), 「동아시아 3국의 사회진화론 수용에 관한 연구」, 서울대 외교학과 박사학위논문: 이송희(1992), 「한말 사회진화론의 수용과 전개」, 『부산사학』 22집.

5) 崔潤植, 「今日之急務난 當何先고」, 『西北學會月報(서북학회월보)』(이하『西北(서북)』) 제16호, 11~12쪽; "今日은 競爭時代라 優勝劣敗하며 弱肉强食하나니"(桂奉瑀, 「警告我留學生諸君」, 『西北』제1권 제5호, 14~15쪽): "20世紀의 世界는 强者가 弱子의 血을 爭연하며 優者가 劣者의 肉을 擇食하나니"(李春世, 「警告아기호동포」『畿湖興學會月報(기호흥학회월보)』(이하 『기호』)제2호, 18쪽): 최석하, 「국가론」, 『太極學報(태극학보)』(이하『太極(태극)』) 제1호, 10쪽: 장응진, 「진화학상 생존경쟁의 법칙」, 『태극』 제4호, 10쪽.

사회진화론적 법칙으로 파악하였다. 국제사회에서는 우승열패 · 약육강
식의 생존경쟁의 논리에 의해 우등한 민족 · 국가가 열등한 민족 · 국가를
약탈하고 침략하여 열등한 민족 · 국가가 우등한 민족 · 국가에 의해 핍박
당하고 있는 것이 현실임을 지적하였다.[6]

> 現時代에 至하야난 五洋이 大開하고 六洲相通하야 五色人種이 迭相
> 競逐할새…… 優等人種이 劣等人種을 對하야 目之以野蠻하며 認之以犧
> 牲하야 驅逐과 宰殺을 惟意所慾에 略無顧忌라…… 現今時代난 劣等人
> 種이 優等人種의게 被逐함은 上古時代에 禽獸가 人類의게 被逐함과 如
> 하니 故로 曰 生存競爭은 天然이오 優勝劣敗난 公例라 함이라

　이 같은 시대인식은 우주는 무수한 진화과정을 거쳐 발전되어 왔다는
인식에서 출발하고 있다. 계몽사상가들은 천지창조 이래 생존경쟁 · 우승
열패는 계속되어 온 것으로 처음에는 인류와 짐승간에 경쟁이 있었으며
인류의 승리 후에는 인류간의 경쟁이 계속되어 왔고 지금에 이르러서는
국가와 국가, 민족과 민족간의 경쟁으로 확대되어 우수한 민족 · 국가가
열등한 민족 · 국가를 약탈 · 침략하기에 이르렀다고 지적하고 있다.
　이들은 좁게는 이 논리를 개인과 개인, 단체와 단체, 크게는 국가와 국
가, 민족과 민족 등에 구체적으로 적용하였는데, 국내에서의 개인간 단체
간의 경쟁은 사업의 발달과 국력의 강건에 필요불가결한 것으로 긍정하
고 장려하고 있다.[7] 반면 국가간 민족간의 경쟁에 대해서는 특히 「약육강
식」 · 「유린」 · 「도태」의 측면을 강조하고 있다.[8]

---

6) 朴殷植, 「敎育이 不興이면 生存을 不得」, 『西友(서우)』 제1호, 8쪽.
7) 朴殷植, 「人의 事業은 競爭으로 由하야 發達함」, 『서북』 제16호, 1~3쪽: 서구발전의 원
　동력을 경쟁심이라고 봄. 즉, 경쟁에 의해 과학 기술 문명이 발전적 성과를 얻었다고 분
　석하고 있다.

現時代난 地球上 人物의 産이 日益繁殖하야 各其生存을 爲하야 競爭
이 有한대 知識과 勢力이 優勝한 者난 生存을 得하고 知識과 勢力이 劣
弱한 者는 滅亡을 不免함은 固然한 勢라 故로 野蠻의 民族이 文明한 民
族을 對하야 抵抗을 不能하야 驅逐을 受하고 蹂躪을 被하야 自然淘汰 斯
滅하난 境遇에 至함이로다.

즉 계몽사상가들은 민족과 국가간의 생존경쟁에서 지식과 세력이 우승
한 문명민족·국가만이 생존할 수 있고, 열약한 야만민족과 국가는 문명
민족·국가에 의해 구축되어 도태된다고 보았다. 또한 바로 이 논리로 당
시 제국주의 열강들의 식민지획득과 식민지지배 등의 속성을 분석하였다.

그리고 이러한 민족간 국가간의 생존경쟁을 구체적으로 우리의 현실
에도 그대로 적용시켜 보았다. 사회진화론의 논리로서 우리 국권의 일제
에 의한 피탈과 우리 민족·국가의 일제 식민지로의 전락 원인을 파악하
였던 것이다. 즉 우리 민족의 지식과 세력이「열」하고「약」하여 민족간
의 경쟁에서「패」자의 위치에 서게 됨으로써, 일제에게 국권을 빼앗겨 민
중은 이제 일제의 노예가 되고, 종족이 소멸의 지경에 이르렀다고 결론을
내리고 있다.9)

계몽사상가들은 당시 우리 민족이 얼마나「열」하고「약」한 입장에 있
었던가를 다음과 같이 뼈저리게 느끼고 있었다.10)

嗚呼라 今日을 當하야 吾國國勢의 危地에 在함과 生民의 慘境을 陷함은
雖愚夫愚婦라도 不知한자 一未有함은 再言을 不待하려니와 且今日은 五

---

8) 朴殷植,「本校의 測量科」,『서북』제17호, 3쪽.
9) 安昌浩,「演說」,『서우』제7호, 24쪽: 李奎瀅,「本會創途의 興贊關係에 대하야 失心注意
할 것을 互相警告라」,『서우』제3호, 23쪽: 박은식,「機會」,『서우』제4호, 3쪽: 卞榮晚,
「大呼敎育」,『기호』제1호, 15쪽.
10) 金奎承,「今日之急務난 當何先고」,『서북』제16호, 10쪽.

洋六洲가 連絡 交通함에 優勝劣敗하고 弱肉强食하난 二十世紀今日이라
然則危者— 吾國이오 慘者— 吾民이오 劣者— 吾種이오 弱者— 吾族이라

　그리고 현실을 직시할 것을 강조하였다. 이같은 상황에서 우리가 만일
생존경쟁·우승열패의 논리를 망각한다면 우리가 열강의 기치 속에서 독
립하는 것은 불가능하므로 현실을 직시할 것을 강조하였던 것이다.[11]
　당시 계몽단체들이 여성교육론을 집중적으로 주장하게 된 배경은 바
로 이러한 사회진화론적 시대인식에서 비롯되었다. 때문에 여성교육론의
내용도 이러한 범주 내에서 이루어지게 되었다.

2. 실력양성과 여성교육

　사회진화론은 계몽사상의 핵심인 실력양성론의 형성을 가져다주었다.
실력양성론은 피탈된 국권과 추락된 민권을 회복하기 위해서는 무엇보다
실력(힘)을 길러야 한다는 논리로서, 이는 초기 개화사상의 부국강병론이
나 독립협회의 자강개혁사상에서 그 단초를 볼 수 있으나 사상적으로 체
계화되어 활동의 사상적 기반이 된 것은 1905년 을사늑약 이후이다. 당시
국가적 위기 속에서 계몽사상가들은 민족모순의 해결 즉 국권회복을 제
일의 과제로 삼고 이를 위한 근본책으로 사회진화론을 그 논리적 근거로
하여 부국강병책과 자강개혁론을 계승한 실력양성론을 제시하였다.
　계몽단체들은 앞서의 사회진화론적 대외인식에 기초하여, 우리 민족 국
가가 생존경쟁에서 패배하여 일제에 국권을 빼앗긴 것은 「지식」과 「세력」
이 「劣」하고 「弱」하였기 때문이라고 보았다. 그러므로 국권을 회복키 위해
서는 「優」·「强」자가 되기 위해 지식과 세력을 길러야 한다고 강조하였다.

---

11) 金源極, 「敎育方法必隨其國程道」, 『서북』 제1권 제1호, 4쪽.

즉 실력(힘)의 양성만이 제국주의적인 시대상황에서 「우」·「강」·「승」자가 되는 길이라고 보아 무엇보다 가장 시급한 것이 실력(힘)의 양성임을 강조하였던 것이다.[12]

그러면 지식과 세력은 어떻게 길러지는가? 이에 계몽단체들은 문명국가가 되게 해 주는 지식과 세력은 「교육」과 「식산」을 통해 이루어진다고 보고 실력양성론의 하나로 교육론을 제시하였다. 문명국가가 되게 해주는 지식과 세력은 학문에서 연유하므로 지식과 세력의 양성은 교육을 통하여 가능하다는 것이다. 지금 현세계의 부강한 나라 문명한 나라들은 교육에 의해 현재의 위치를 차지하고 있으며 우리나라가 현재 「약」·「열」·「패」자의 어려운 상황에 처하게 된 것은 국민교육을 확장치 못한 까닭이라는 것이다.[13] 그러므로 열등민족으로 국권을 피탈당한 우리 대한은 이 지위에서 벗어나 국권을 회복키 위해서는 그 관건이 되는 교육에 힘써야함을 강조하였다.[14]

여성교육에 대한 강조도 바로 이러한 연장선상에서 비롯되었다. 계몽단체들은 지금 우리나라가 국권을 빼앗기고 민이 멸할 위기에 처하게 된 원인을 궁극적으로 분석해 보면 과거 우리나라에서 여자를 교육시키지 않았던 점에 그 원인이 있었다고 인식하고 지금 나라와 민을 구하기 위해서는 무엇보다도 급선무가 여성교육임을 강조하였다.[15]

---

12) 朴殷植, 「교육이 불흥이면 생존을 부득」, 『서우』 제1호, 8~10쪽: 박은식, 「賀吾同門諸友」, 『서북』 제1권 제1호, 1쪽: 변영만, 「大呼敎育」, 『기호』 제1호, 15쪽: 장응진, 「진화학상 생존경쟁의 법칙」, 『태극』 제4호, 10쪽.

13) 張道斌, 「교육의 성쇠는 국가승패의 원인」, 『서북』 제16호, 9쪽: 尹榮鎭, 「勸告國民急務」, 『기호』 제3호, 6쪽: 琴洲山人, 「甲乙討論」, 『기호』 제1호, 24쪽.

14) 朴殷植, 「警告社友」, 『서우』 제2호, 5쪽: 崔潤植, 「今日之急務는 當何先고」, 『서북』 제16호, 12~13쪽: 李喆柱, 「學究의 禍」, 『기호』 제9호, 2쪽: 장응진, 「我國敎育界의 現象을 觀하고 普通敎育의 急務를 논함」, 『태극』 제1호, 15쪽.

15) 金河琰, 「女子敎育의 急先務」, 『서북』 제15호, 12~18쪽: 당시 안악군 여학교찬성회에

今之有志於保國保種者가 皆欲汲汲從事於富强之術이나 吾必曰 女子
教育之務가 實有急於此者로되 一未修擧어늘 急先務라하면 難之者曰 今
日奚暇에 女學을 急先하리요…… 我國現世의 慘狀을 推究하면 其原因
이 女子를 不教함에 在하도다…… 嗚呼라 國家를 治하는 當局者는 女子
教育에 急先務할지어다.

즉 국가의 知遇와 貧富는 실제로 여성이 교육받음과 받지 못함에 관계
되는 것으로16), 또한 문화의 진퇴와 종류의 강약과 사회의 흥쇠가 실로
여자에게 관계가 있는 것으로, 지금 우리가 현세계 신문화의 풍조를 받아
들이지 못하고 개명진보에 이르지 못하여 국권을 빼앗기게 된 것은 바로
여성의 미개화와 미교육에서 연유한 것이므로 자강책으로서 무엇보다 여
성교육을 실시하자는 것이었다. 그리고 이로써 실력을 양성하여 국권을
회복하자고 하였다.17)

夫文化의 進退와 風俗의 隆汚와 種類의 强弱과 社會의 興衰가 實로
女子의게 關係가 有한고로 女子의 教育은 世界의 精神이오 一國의 命脈

서도 이러한 입장을 밝히고 있다. "今日 我國이 獨立을 失하고 他國에 保護가 來함은 專
히 昔日 女子를 教育치 못한 禍얼이니…… 今에난 女子教育을 斃設확장하야 女子마다 其
任을 堪하고 其責을 盡하야 家庭이 文明하고 社會와 國家가 文明하야 我의 失한 獨立을
還收하고 他에 與한 保護를 脫去하면."(「안악군여학교찬성회취지서」,『大韓每日申報(대
한매일신보)』, (이하『大每(대매)』) 1908. 8. 26).

16) 尹孝定,「女子教育의 必要」,『大韓自强會月報』제1호, 41쪽. "國之知愚貧富가 實有關於
女子之敎不敎則 此實自强基本之所在也니."

17) 「女子教育論」,『대매』1908. 8. 11. 奇書. "今에 國이 亡하고 民이 滅하는 悲境에 至한 者
는 其源이 何에 在하뇨…… 此에 對하여 斷言하여 曰 女子를 교육치 못함에 在하다 하노
라": 金致淳,「女子教育에 對하야」,『대매』1909. 10. 28. "惟我同胞는 女子教育을 汲汲
히 勉勵하야 國家의 幸福을 歡迎함을 희망하노라": 「女校 教科書寄附」,『萬歲報(만세보)』
1906. 11. 1: 이들이 이렇게 생각한 것은 뒷장에서 밝히겠지만 모든 교육이 가정교육에
서 비롯된다고 보고 그 가정교육의 담당자로서 여성교육을 강조하고 있다.

이라. 今에 韓淸兩國이 現世界 新文化의 風潮를 非不漸被로되 尚此開明
進步가 不勝其遲遲난 無他라 女子教育을 不立한 綠故라…… 절망하건
대 女塾을 開設하고 女子를 釋放하야 男子와 一致로 教育을 修케 하여
學問을 進修하며 識見을 開發케 할지니…… 國步의 發展과 社會의 振興
을 指日可期라[18]

　이들은 "서구의 문명한 나라들은 모두 여성교육을 남성교육과 동등
하게 실시하므로서 지금과 같은 문명화를 이루게 되었다"고 하면서 국
가의 문명화와 발전이 여성교육의 발전정도와 어떠한 상관관계를 갖
는가 하는 것은 바로 문명화된 서구 자본주의국가들의 경우에서 찾아
볼 수 있음을 강조하고[19] 한국 · 중국은 여성교육을 도외시하고 그에
힘쓰지 않았기 때문에 지금과 같은 현실에 이르게 되었음을 지적하기
도 하였다.[20]

　계몽단체들은 이같이 여성교육이 국가흥망에 관건이 되는데도 불구하
고 우리나라의 많은 사람들은 여전히 "여성이란 밖에 나가서도 안되고 여
성의 직무는 바느질 · 음식만들기 · 산아이기 때문에 교육이 필요없다"고
생각하고 있음을 개탄하였다.[21] 또한 국가의 앞날을 위해 교육의 필요성을
인정하는 사람들도 "남성교육도 제대로 되지 못하고 있는데 여성교육이

---

18) 「女學의 興」, 『大每』 1905. 12. 8. 논설.
19) 산운, 「녀자교육의 필요」, 『女子指南(여자지남)』 제1권 제1호(1908. 4), 15쪽. "세계의
　문명한 나라는 다 남녀교육을 일반으로 힘써 여자가 남자와 동등한 학문이 있음으로 그
　나라이 날마다 더 진보하거늘": 김낙영, 「녀자교육」, 『태극』 제1호(1906. 4), 41쪽. 저
　문명한 태서의 모든 나라에서는 여학교를 많이 설립하여 여성들을 교육시켜서 지금과
　같은 문명을 얻을 수 있었다고 강조.
20) 청해백옹, 「남녀의 동등론」, 『여자지남』 제1권 제1호, 22~23쪽.
21) 柳東作, 「여자교육」, 『서우』 제2호(1907. 1), 11쪽. "여자는 足跡이 戶外에 不出한 다함
　은 恰히 미개국이 쇄국주의를 自守코자 하여 國際公法上交通權에 대항하려함과 如한지
　라"고 비판하고 있다.

무슨 필요가 있느냐"고 하면서 여성교육에 대하여 무시하고 남성교육만을 거론하고 있는 현실을 매우 비통해 하면서 서구에서와 같이 남성과 여성의 교육이 동등하게 이루어져야함을 강조하였다.[22]

이들이 이렇게 여성교육을 강조한 것은 바로 여성을 남성과 같이 활용하여 실력을 양성하자는 것으로, 무엇보다 먼저 전체 이천만 중의 절반인 천만 여성을 교육을 통해 야만의 상태에서 벗어나게 하여 국가의 경쟁력을 확보하자는 것이었다.

> 又況現今은 人種競爭하난 時代라 小數가 多數를 敵지못하며 野昧者가 文明者를 抗치 못하난 것은 固然한 勢라 我韓人口가 號曰 二千萬이나 女子가 其半數에 居할거니 萬若半數에 女子가 擧皆教育이 無하야 野昧한 者가 되고 一千萬 男子中에도 教育이 完全치 못하야 文明한 者가 小數에 居하면 엇지 男子가 一致로 開明한 多數의 他國人民을 對敵할 能力이 有하리오 然즉 女子教育의 必要난 人種의 生存上에 第一 緊要한 關門이라 可謂할지라

즉 지금과 같은 인종경쟁의 시대에 야만인이 많으면 결국 문명국에 항거하지 못하리라는 것은 당연한 이치인데 만약 반수인 여성 일천만이 야만의 상태에서 벗어나지 못할 때 우리는 결국 개명한 다수의 타국사람들을 대적할 능력이 없으므로 여성교육이 인종의 생존상 제일 긴요한 관문이라고 강조하였다.[23] 결국 실력(힘)을 양성키 위해 현재의 시점에서 긴요한 것 중의 하나가 여성교육이라는 것이었다.

---

22) 류동작, 앞글, 11쪽. 류동작은 동서고금 어느 나라의 통계를 보더라도 여자가 사회의 반을 구성하고 있어서 여성 교육의 存否가 작게는 一家 크게는 一國 더욱 크게는 사회의 盛衰와 대관계가 있다고 강조하였다: 산운, 「녀자교육의 필요」, 『여자지남』 제1권 제1호, 15쪽.
23) 朴殷植, 「女子普學院維持會趣旨書」, 『여자지남』 제1권 제1호(1908), 1~2쪽.

또 같은 실력양성을 위한 여성 활용론의 맥락에서 주장된 것으로, 나라를 지키려면 그 국민이 각기 직업을 갖고 각자가 스스로를 책임져서 부강을 꾀해야만 하는데 우리나라는 여성 일천만이 스스로 자양하지 못하여 모든 것이 남자들의 부담으로 남겨져 있다고 보고 '民의 富와 나라의 强'을 위해 여성들이 직업을 갖기 위해서는 여성교육이 필수라고 강조하였다.[24]

> 然而我國은 無人不貧함이 一人으로 數人을 養하난 原因에 在하되 其
> 最初起點은 婦人無業에 始自함이니 女子도 等是人也 豈獨男子의게만
> 專責하리오 女子도 事理를 明達하면 謀業이 甚易하리니 然즉 學也者난
> 業之母라

이러한 주장은 계몽운동가들이 실력양성론의 하나로 제시하였던 殖産論식산론의 강조와 같은 맥락에서의 것이라고 하겠는데, 당시 계몽 단체들은 우리나라가 현재 「약」·「열」·「패」자의 어려운 상황에 처하게 된 것은 산업이 발전하지 못하여 나라가 가난하였기 때문이라고 분석하고 식산을 교육과 같이 제시하였던 것이다. 바로 여성교육의 강조에서도 이러한 식산론을 기반으로 하는 여성활용론을 제기하였던 것이다.

즉 국가의 부강은 국민 개개인과 각 가정의 식산활동이 기초가 되고 국민 개개인의 식산활동은 여성의 근로가 우선인데, 일천만이나 되는 여성이 전적으로 남성에게 의존하고 전혀 노동을 하지 아니할 경우 가정의 경제는 말할 것도 없고 국가의 부강을 꾀할 수 없음을 지적하고, 국가가 부강하여져 강력한 국가로서 국제사회에서 살아남기 위해서는 여성의 교육이 필수적인 것임을 강조하였던 것이다.[25]

---

24) 金河琰, 「여자교육의 급선무」, 『서북』 제15호, 13쪽.
25) 『大每』 1908. 12. 19. 논설: 「여자교육이 富强之要」, 『大同報(대동보)』, 제3호(1907. 7).

그러나 여기에서 여성노동의 강조는 여성의 개체로서의 삶과 관련되기 보다는 가정경제를 위해 더 나아가 국가경제를 위한다는 것이었는데 특히 가정경제에 초점이 맞춰지고 있었다. 윤효정은 일찍이 대한자강회에서 「여성교육의 필요」라는 강연을 하였는데, 그 강연에서 여성들이 교육을 통해 경제활동에 참여할 수 있는 모든 것을 배운다면 남성과 같이 경제활동에 참여할 수 있으리라고 강조하고, 이는 가정경제에 크게 도움을 주어 남성들이 가정 걱정 없이 홀가분하게 자유 활동을 할 수 있으리라고 하였으며, 국가 또한 富해지리라고 하였다.26)

이렇게 당시 계몽단체들의 여성교육 강조는 철저히 실력양성을 위해 제기된 여성활용론이었다.

이러한 실력양성을 위한 여성 활용론을 볼 때 당시 계몽사상가들이 '여성을 남성과 동등한 인격체로 인정하고 그것을 존중한 것'이거나 또는 '여성들의 사회적 활동이나 역할을 크게 기대하고 강조한 것'이라고 생각할 수도 있다. 물론 이러한 주장을 완전히 도외시하지는 않았다. 그러나 이들의 기본입장은 '여성들의 역할이 국가와 가정에서 현실적으로 필요하다'는 데 초점을 맞추었기에 동등권론이나 사회적 역할을 그들이 원하는 범주 내에서만 주장하였을 뿐이었다. 즉 남녀동등권을 주장하면서도 여성의 역할을 주로 가정 내에서만 찾으려 하였고,27) 여성도 남성과 같이 동등하게 직업을 갖기 위해 교육을 받아야 한다고 하면서도

---

26) 尹孝定, 「여자교육의 필요」, 『대한자강회월보』 제1호(1906. 7), 42쪽.
27) 柳東作, 「여자교육」, 『서우』 제2호, 11~12쪽: 류동작은 이글에서 "원래 인격으로 言하면 여자와 남자가 동등한 것으로 賢愚優劣의 차별이 있는 것이 아니다"고 하면서도 "가정을 處理하며 人世日用百般의 사무를 掌理하며 其夫를 幇助하며 子女를 教育하는 天職이 有한지라 然하면 女子에게 適宜한 教育을 施하야 幽閑貞靜의 操行과 恭儉勤勉한 美德을 養케 하야써 世事를 處理하면 一家의 女王이라"고 하여 가정에서의 남편내조 · 자녀교육 · 가사처리를 여성의 천직으로 규정하고 있다.

교육의 정도를 보통교육으로 정하고 있고 교육의 내용에서도 병학兵學이나 정치를 제외시켰다.[28]

오직 이들은 서구 문명국을 볼 때 힘을 키워야겠다고 생각하게 되었고, 여성교육이 그 역할을 해 줄 수 있다고 보았기 때문에, 힘을 기르기 위해 여성교육을 강조하였던 것이다. 때문에 여성교육의 내용이 상당히 왜곡되어질 수 있는 소지가 있었고 어떤 면에서 앞서의 시대에서 주장되었던 내용들보다도 오히려 퇴보의 측면을 가질 수도 있었다. 즉 '여성'보다는 '실력양성'이 앞섬으로써 진정하게 여성교육에서 강조되어야할 본질적인 것은 소홀히 되고 있었다.

국권회복을 목표로 실력양성을 위해 제기된 이때의 여성교육론은 여성교육의 필요성·당위성을 실력양성론으로 풀어 나감으로써 당시의 보수적 인사들까지도 여성교육을 수긍시킨 단계로 나갔다는 점에서는 그 의미를 평가해줄 수 있을 것 같다. 즉 여성교육이 소수 여성의 것이 아닌 대중적인 것으로 인식시켜 나갔다고 하겠다.

그러나 이 여성교육론은 그에 못지않은 문제점을 안고 있음을 볼 수 있다. 무엇보다 여성교육 본래의 목적인 인격을 갖는 한 주체적 인간으로 여성이 설 수 있게 해준다는 인간교육이 뒷전으로 밀려나고 있다. 여성교육이 철저하게 국권회복·실력양성의 방법·도구로서만이 언급되고 있다. 물론 당시의 역사적 조건 속에서 국권회복이 가장 시급한 민족과제임에는 분명하지만 인간을 인간답게 하는 교육 본래의 목적이 상실되었을 때 그 교육 속에서 형성된 인간상은 실리성만을 추구하는 실용적 인간에 그치게 된다.

또한 계몽단체들이 사회진화론적으로 모든 것을 인식하여 서구를

---

28) 金河琰, 「여자교육의 급선무」, 『서북』 제15호, 18쪽.

모델로 하고 있으면서도 실제 서양 발전의 원동력을 도외시하고 힘의 논리만을 추종하고 있기 때문에 서양교육에서 받아들여할 부분을 전혀 받아들이지 않고 받아들이고 싶은 측면만을 받아들이고 있을 뿐이다. 한편으로 서양의 발전적 여성교육을 말하면서도 바람직한 여성상을 오히려 전통적 동양사회의 여성에서 찾고 있다. 때문에 여기에서 길러질 여성상은 당시 시대가 요구하는 역할을 다 해낼 수 있는 여성이 되지 못한다.

Ⅲ. 현모양처 육성과 여성교육

1. 가정교육과 여성교육

여성교육이 어떻게 문명사회를 만들고 실력양성을 가져다주어 경쟁력을 키워주는가? 여기에 대해 일부 계몽단체들은 여성의 식산활동과도 관련시켜 보기도 하였지만 여성 개인의 사회적 능력이 직접적으로 국가의 힘과 관련이 있다고 본 것은 아니고 대체로 여성의 가정 내에서의 역할과 관련시켜 보았다. 그들 중 일부는 여성과 남성은 똑같은 인격체라고 말하기도 하였지만 이러한 동등론을 주장하는 경우에도 여성의 역할을 대체로 가정 내에서의 '어머니'로서의 역할과 '아내'로서의 역할에 강조점을 두었고[29]

---

29) 李沂, 「가정학총론―가정의 책임」, 『湖南學報(호남학보)』 제1호(1908. 6), 30~31쪽. "天의 賦人함이 男女가 각각 其性을 殊케 하야 혹은 强猛히 强하고 혹은 寬柔히 약하니…… 男은 외에서 務하고 女난 內에서 治하되 婦의 內를 治함은 실로 天賦의 職이라": 태백산인, 「結婚한 娘子에게 與한 書」, 『大韓興學報(대한흥학보)』 제5호(1909. 7), 47~51쪽. 이글은 미국인이 쓴 것을 번역한 것인데 여성이 양처로서 남편을 어떻게 섬길 것인가를 적

여성교육의 필요성과 실력의 양성도 가정교육 · 아동교육에서 찾고 있다.

당시 계몽사상가들은 실력양성을 위해 교육을 최우선으로 생각하였는데 이는 인재를 양성하여 힘을 키우자는 것이었다. 그리고 인재양성을 위한 교육을 크게 사회교육 · 학교교육 · 가정교육으로 나누고 이 중에서도 모든 것의 가장 기초가 되는 교육이 가정교육이라고 보아 사회교육 · 학교교육에 못지 않은 비중을 두었다.[30] 즉 사회 · 나라의 발전은 바로 가정에서의 자녀교육에 달려 있다고 보고 실력양성 · 국권회복을 위해 가정교육에 힘쓸 것을 강조하였다.[31]

장래 가족의 번창하기와 다른날 나라집 사회의 발달되는 것이 전혀 자녀를 잘 교육함에 있음이라…… 그런고로 자식에게 효도를 받으며 나라에 충신이 되고 사회의 큰 일군이 되기를 원하시거든 어려서부터 선한 것과 자비한 것과 옳은 것으로만 가르치시오

더욱이 교육이라는 것이 단순히 지식 · 기능을 수여하는 것이 아니고 대개 국민교육과 도덕교육을 시행하여 지식이 풍부하고 감정이 조화롭고 의지가 강고한 인물을 양성하고자 하는 것이 목적인데 이는 학교교육

은 글이다: 여성의 직분을 현모양처로서 보고 있는 것이 본장에서 다루어질 내용으로 당시 계몽단체들은 일관되게 이 입장을 강조하고 있다. 심지어 당시 여성교육을 주장하였던 선진 여성 자신들도 당시 조건 속에서 문명적 가부장적 가정의 현모양처를 이상적 여성상으로 여기기까지 하였다(최경숙, 앞의 논문, 216쪽).

30) 李沂, 「家庭學說」, 『호남학보』 제1호, 27쪽: 제6호(1908. 11), 13쪽: 김치순, 「여자교육에 대하야」, 『대매』 1909. 10. 28. 기서, "大凡 교육은 가정의 교육을 善受한 후에야 학교교육을 선수하며 학교교육을 선수한 후에야 사회교육을 선수할 지어날": 김명준(역) 「가정학—가정교육지필요」, 『서우』 8호(1907.7), 4~5쪽: 「西湖問答」, 『대매』 1908. 3. 7. "日 一은 가정교육이니 일인이 入志하야 가정에서 先施할새 교육의 주의와 애국의 사상으로 以하야 上으로 부모에게 급하며…… 非但 一家의 幸福이라 國家의 補益이니."

31) 金洛泳, 「녀자교육」, 『태극』 제1호, 39쪽.

사회교육으로서만 불가능하고 아동의 개성을 연구하여 거기에 맞는 기본
교육이 따라야만 가능한 것이기에 가정교육이 모든 것의 기초교육이 되
어야 한다고 하였다.[32]

그리고 현시점에서 智育은 자연히 학교교육을 통해서 신학문과 신지식
의 습득으로 이루어지지만, 역시 중요한 것이 도덕으로 이러한 德育은 가
정교육을 통해서만이 키워질 수 있기 때문에 부모된 이들은 자식을 건전
한 인물로 키우기 위해서 가정교육에 주력할 것을 강조하였다.[33]

> 現今 文明列國에 敎育이 普及함으로 學問이 發達되고 學校를 益益 廣
> 設하나 槪觀하건대 此等學校난 智育을 高尙히 養成한다함은 可할지나
> 德育의 點에 至하여는 幼穉의 歎을 不免하겠도다…… 然則 家庭敎育의
> 重要한 것은 多論을 不待하고 明瞭한 자니

가정교육은 당시 계몽단체들의 큰 관심사였고 때문에 그에 관한 구체
적 내용을 정리하여 내놓기도 하였고 또는 외국인의 글을 번역 소개하여
가정교육이 어떻게 이루어져야 할 것인가를 제시하기도 하였다.

계몽사상가들은 가정교육을 크게 학교교육의 기초가 되는 학교교육
이전의 가정교육과 학교교육과 사회교육의 보조가 되는 학교교육 이후의
가정교육으로 나누어 보고 그 중요성을 논하고 있으나,[34] 가정교육의 핵
심을 주로 10세 이전의 아동교육에 두었다. 특히 아직 선악과 진위와 미
추와 위험을 전혀 일체 판단하지 못하는 백지와 같은 유아에 대한 최초의

---

32) 金壽哲,「가정교육법」,『태극』제16호(1907. 12), 17~21쪽.
33) 張啓澤,「가정교육」,『태극』제2호(1906. 9), 10~12쪽. "가정에서 不良不美의 행동과 朋
   輩親族의 悖理卑賤한 誘導模範으로 漸漸養成하면 아동의 良質이 此에 傳染되야 후일 良
   材의 基礎를 失할지니": 가정교육의 목적이 무엇보다도 덕육에 있음을 강조 (김명준(역),
   「가정학―가정교육의 목적」,『서우』제9호, 4쪽).
34) 金壽哲,「가정교육법」,『태극』제16호, 19~20쪽.

교육 즉 어린이의 특성이 길러지는 시기에 강조점을 두었고[35] 태교에 대해서도 각별한 관심을 갖고 중요시 하였다.[36]

이들이 학교교육 사회교육의 기초가 되는 더 나아가 국가발전 문명화의 기초가 되는 가정교육에서 얻고자 하였던 것은 아동의 心身의 발달에 유의하여 완전한 심신의 발육을 꾀함으로써 학교교육의 기초를 만들고자 한 것[37]으로 다음과 같이 정리하고 있다.[38]

> 家庭敎育중에 讀書 算學 窮理 등은 모다 要圖에 屬한지라 然하나 忽諸치 못할者난 兒童의 意志를 鞏固케하며 兒童의 德性을 進步케 하며 愛國의 感情을 養成케 하며 體育의 習練을 發達케 하야 公德을 重히 여기며 任俠을 好하는 精神으로 하여금 健康한 身體에 宿케 함이니

계몽단체들은 바로 이러한 가정교육의 담당자가 다름 아닌 어머니 즉 여성이라고 보았다. 그 이유를 여러 가지 면에서 들고 있는데, 무엇보다 어린 시절 어린이들이 가까이 하는 사람은 아버지가 아닌 어머니이기 때문에 어린 시절 보고 듣고 느끼는 것을 모두 어머니를 통해서 얻게 된다는

---

35) 張啓澤, 「가정교육」, 『태극』제2호, 11쪽: 아이를 기르는데 요긴한 세 가지로 몸을 건강하게 기를 것, 마음과 의기를 발달시켜줄 것, 장성한 후에 스스로 서서 지낼 것을 준비할 것, 즉 학교교육과 기예교육을 시킬 것을 주장(김낙영, 「아해 기르난 방법」, 『태극』제2호, 35~38쪽): 류동작(역), 「여자교양에 취하야」, 『서우』제4호(1907. 3), 15~16쪽: 김명준(역), 「가정학―가정교육지필요」, 『서우』제8호 (1907. 7) 4~5쪽, 제9호, 4~5쪽: 飮氷室主人(저) 박은식(역), 「논유학」, 『서우』6호에서 10호까지 소개.

36) 柳李夫人(저), 「태교신기」, 『기호』제2호(1908. 9), 48~49쪽: 제8호(1909. 3), 36~37쪽: 유옥겸, 「여자교육론」, 『親睦(친목)』제3호(1907. 5) : 김명준, 「家庭學譯述―小兒敎養―胎育」, 『서우』제3호(1907.2), 12~14쪽.

37) 金壽哲, 「가정교육법」, 『태극』제16호(1907. 11), 21쪽.

38) 李沂, 「가정교육」, 『호남학보』제6호, 18쪽: 당시 계몽사상가들은 이러한 내용은 바로 덕육으로서 얻어진다고 보고 덕육을 강조하였다. 주 33) 참조.

것이다.39) 즉 귀신을 숭상하는 사람이 귀신에게 의존함과 같이 어린아이
는 모든 일을 어머니에게 의존하므로 어머니가 그 어린이를 간절히 주의
하여 교육한다면 그 감화가 클 수밖에 없다는 것이다.40) 또 어머니가 아
버지보다 친절하기에 어린이의 성정을 어머니라야 인도할 수 있고 특히
인간은 그 인성의 형성이 10세 이전에 이루어지는데 이 모든 것을 담당할
수 있는 사람이 어머니라고 강조하였다.41) 또한 여성이 덕으로 조용한 성
품을 갖고 있기에 모친이 가정교육을 맡는 것이 합당하다고 보았다.42) 즉
아동교육의 담당자로서의 어머니의 역할을 강조하였던 것이다. 그리고
도덕적으로 사람을 다스릴 수 있는 것이 여성이기 때문에 덕육을 길러줄
가정교육의 담당자는 여성이라고 강조하였다.43)

따라서 여성이 어떻게 가정교육을 시키고 아동교육을 시키느냐에 따
라서 그 가정의 아동이 인재로서 국가를 위해 역할을 하기도 하고 그렇지
못하는 경우도 있다는 것이다. 즉 충효군자가 되느냐 도적소인이 되느냐
는 어렸을 때 어머니의 가정교육에 따라 결정이 된다는 것이다.44) 때문에
가정에 현숙한 부인이 있어 그 자녀를 양육하며 교훈하지 않으면 그 배우
는 자가 후에 큰 그릇이 되기를 바랄 수 없다고 보았다.45) 모든 것이 어머
니의 교육에 따라 좌우된다는 것이다.

---

39) 李喆柱, 「여자교육이 爲急先」, 『기호』제6호(1909. 1), 2쪽.
40) 吳錫裕, 「가정교육」, 『태극』제6호(1907. 1), 21쪽.
41) 金河琰, 「여자교육의 급선무」, 『서북』제16호, 15~16쪽 : "爲母者—學本敎法을 通達하
　　면 孩童十歲以前에 一體 學問의 淺理良知와 立志修身의 綱要를 皆可梢知하리라."
42) 金洛泳, 「녀자교육」, 『태극』제1호, 38~39쪽.
43) 柳東作, 「녀자교육」, 『서우』제2호, 12쪽. "도덕은 법률과 如한 命令制裁가 없고 오로지
　　감화를 主旨함이라 이 감화의 最有力有效함은 여자의 초보교육에 在함이니…… 幼兒는
　　장래 국민의 기초니 其基礎를 확고케 하려하면 幼時의 교육에 주의할지라."
44) 金洛泳, 앞글, 41쪽: 「여자교육필요」, 『大韓日報(대한일보)』1906. 6. 1. "自古 聖賢烈士
　　가 其家庭敎育의 如何함으로부터 出한지라".
45) 양기탁, 「기서」, 『家政雜誌(가정잡지)』제1권 제3호, 4쪽.

옛적에 명도에 모친이 말삼하기를 자손의 불초함이 어미의 죄라 하
였으니 지극히 올흔 말삼이로다 그 자손의 어질고 불초함이 그 모친의
잘하고 잘못함에 있나니[46]

즉 어머니의 가르침이 善하면 그 자식의 成立이 쉽고 선하지 못하면 그
자식의 진취가 어렵다는 것이다. 때문에 교육에서 母教가 차지하는 비중
이 7할을 차지할 것이라고 주장하기까지도 하였다.[47]

그런데 우리나라는 여성들을 교육시키지 않아서 여자의 식견이 고루
하여 자식을 가르칠 줄 모르고 가정을 다스릴 줄 알지 못하여 지금과 같
은 상황에 이르게 되었다는 것이다.[48] 심지어는 양육에 대한 상식이 전
혀 없어서 아이들을 제대로 다루지도 못한다는 것이다.[49] 윤효정은 앞서
의 강연에서 여성교육이 이루어지지 못하여 많은 폐단을 낳고 있는데 그
중 육아에 미쳤던 폐해를 몇 가지 점에서 지적하였다. 즉 "아이를 가졌을
때 비위생적이고 운동이 부족하여 不完全한 胎兒를 낳게 되고, 낳은 후
에는 乳度가 무절제하고 비위생적이어서 불완전한 아이를 키우게 되며,
조금 자란 후에는 惡行이나 悖習을 보여주고 상스럽게 말하고 속된 행동
을 하니 어찌 좋은 인물을 키울 수 있겠느냐, 결국 生育이 鮮少하고 교육이

---

46) 이기영, 「축사」, 『여자지남』 제1권 제1호, 4쪽.
47) 柳東作, 앞의 글, 15~16쪽.
48) 안천강, 「부인을 낮게 봄이 불가할 일」, 『가정잡지』 제1권 7호, 6쪽; 「여자의 교육이 즉
    사범교육이라」, 『대매』 1909. 2. 20. 기서 "종래로 한국에 여자교육이 완전치 못하야 여
    자의 지식이 유치함으로 인의 모된 부인들이 其 子女를 養育함에 義方으로 教導치 못하
    며 淑德으로 陶鑄치 못하야 여자를 驅하야 蕩男悖女랄 성케 하난 者 — 多하니."
49) 우리나라의 부인들이 育兒를 하는데 평소 養育에 대한 常識이 없어서 어린이들이 作亂
    을 하면 벌로 손으로 때리는데 연약한 두개골을 投打한다. 이는 역시 배우지 못하여 그
    러한 것이니 여자도 반드시 상당의 교육을 받아야 한다(이동초, 「歎無學之弊」, 『大韓學
    會月報』 제1호, 19~20쪽).

無基하여 국민이 번성하지 못하고 人才를 길러낼 수 없었다"고 열거하고, 여자를 교육시키지 않은 폐해가 얼마나 큰 것인가를 강조하였다.[50]

따라서 가정교육에 앞서는 것이 이 가정교육을 담당할 여성의 교육이라고 강조하였다. 즉 교육의 발달은 가정교육·유아교육에서 연유하고 이는 여성교육으로부터 비롯된다는 것이다.[51] 여자는 국민된 사람의 어머니될 사람이요 가정교육의 주장될 사람이기에 여성교육이 시급하다는 것이다.[52]

바로 이러한 실력양성을 위한 인재양성을 위해 가정교육·유아교육의 담당자로서 무엇보다도 여성교육이 가장 먼저 이루어져야 한다고 보아서 여성교육을 강조하였던 것이다.

> 西國의 有名한 傑士 나파륜이 甞曰 一小兒의 將來 運命은 其母의 行
> 爲에 在하며 一國民의 富强도 其國民의 母에 在한다 하며 又曰 國民의
> 精神과 慣習과 偏僻과 特質과 德性이 各其母一身에 在한다 하니 此난 吾
> 人도 經驗自覺한 者라 我東方에 偉聖孟子도 其母의 三遷之敎가 아니면
> 엇지 其名이 지금까지 赫赫不滅할줄을 期하였스리요…… 然則 家庭敎
> 育의 重要한 것은 多論을 不待하고 明瞭한 者니 此家庭에 敎育을 完美코
> 자 하면 不可不 此에 主務되난 女子의 敎育을 急히 發達하야 賢母良妻를
> 造成함에 在하도다[53]

이러한 가정교육·아동교육과 관련시킨 여성교육의 강조는 앞서도 언급하였지만 여성교육을 대중화시키는데 크게 기여했다고 볼 수 있다.

---

50) 尹孝定, 앞의 글, 44~45쪽.
51) 金致淳,「여자교육에 대하야」,『대매』1909. 10. 28. 기서:「여자의 교육」,『황성신문』 1908. 2. 6. 논설. "수에 此文明의 제도를 效則하야 국민의 정신을 발휘코자 할진대 불가불 여자의 교육을 務進하야 知識 及 道德을 충분히 修成한 후에야 가정의 교육이 점차 進就하야 兒童으로 하야곰 不美의 習慣과 粗惡의 品行을 除去하고 精一한 資質과 良善한 性行을 養成할지로다."
52)「여자교육론」,『大每』1908. 8. 11. 기서.
53) 張啓澤,「가정교육」,『태극』제2호, 11~12쪽.

그러나 문제는 당시 여성교육의 강조에서 과연 어떠한 것들이 여성교육의 내용으로 제시되었으며 여기에서 길러내려고 하는 여성상은 어떤 것이었을까? 이들은 여성교육의 내용으로 가부장적 가르침을 대표하는 맹자 어머니나 문왕의 어머니와 같은 동양의 전통적 어머니 상을 무수히 그 예로 들고 있다.54) 이들이 시세에 맞는 여성교육을 주장하고 있음에도 강조하는 여성교육이 어떠한 것이었는가를 알 수 있다. 그리고 내훈이 곳곳에서 그 예로 지적되고 있음을 볼 때도 이들이 여성교육을 통해서 길러내고자 하는 여성상을 생각해 볼 수 있다. 또 여성과 남성과의 관계를 동양사회의 음양설로서 풀어내고 있는 것에서도 길러내고자 하는 여성상을 알 수 있다.55) 그리고 어떤 이들은 옛날 동양사회에 여성교육이 없었던 것이 아니고 이미 공맹의 가르침 속에 있었던 것으로 주장하고 있다.

이같이 이들은 모성의 가치로서 여성교육을 강조하였고, 특히 덕육56) 심성교육과 같은 여성교육을 통해 한 주체적 인간으로서의 여성이 아닌 시세에 맞는 '현모'로서의 여성을 길러내고자 하였던 것이다.57)

---

54) 文王같은 성인은 태중에서 교육받음으로 요순의 도덕을 이었고 맹자는 모친의 삼천지교로 공자도덕에 연원을 이었다(석운정, 「축사」, 『여자지남』 제1권 제1호, 7쪽): 맹자어머니의 삼천지교가 없었다면 맹자가 성인이 될 수 없었다(이기영, 「축사」, 『여자지남』 제1권 제1호, 4~5쪽): 맹자도 그 어머니의 삼천지교가 없었다면 지금까지 그 이름을 남길 수 없었다(장계택, 「가정교육」, 『태극』 제2호, 11쪽).

55) 인생이란 남녀 두 성품이 합하여 된 것으로 남자는 항상 지혜로 동하는 것을 가졌고 여자는 항상 덕으로 조용한 것을 가졌다고 하여 여성의 역할을 집안을 다스리는 것으로 규정하고 있다(김낙영, 「녀자교육」, 『태극』 제1호, 38~39쪽): 남자는 하늘이고 여자는 땅으로 음양은 상배하는 의무가 있다고 하면서 남녀가 동등하게 교육을 받자고 논하고 있으나 기본적으로 여성과 남성의 역할을 명확히 구분하고 여성교육의 목적을 자녀교육에 두고 있다(청해백옹, 「남녀의 동등론」, 『여자지남』 제1권 제1호, 19~20쪽).

56) 「女子敎育界의 新光明」, 『황성신문』 1909. 11. 25. 논설. "대저 교육은 智德體 三育이 요소가 됨은 人皆 知了하난 바이어니와 여자교육에는 德育이 尤爲較重하고 덕육의 종류로 言하면 儉德을 養成함이 尤係實際라."

57) 남자의 의무는 국가사회에 있고 여자의 의무는 가족사회에 있다고 하고 여성교육은 가족

2. 가정의 운영자로서의 여성육성

계몽단체들이 여성교육을 강조한 또 하나의 이유는 실력을 갖춘 문명국가가 되어 경쟁력을 갖고 국권을 회복하기 위해 여성을 국가의 가장 기본조직인 가정의 현명한 운영자로서 교육시키자는 것이었다. 즉 앞서의 가정교육 아동교육에서와 마찬가지로 여성교육의 필요성과 실력의 양성을 가정 내의 주부의 역할에서 찾고 있다.

이들은 국가의 가장 근본은 가정으로, 모든 것이 가정에서 출발하고 한 나라의 治平도 비로소 여기에서 시작되므로, 모든 것을 가정에서부터 시작해야 한다고 강조하였다. 즉 일국의 흥망성쇠는 가정의 득실에서 비롯된다는 것이다.[58]

> 大凡家者난 國의 本이니 故로 國을 治하랴면 곳 其家랄 齊하고 兼히 國人으로 하야곰 모다 其家랄 齊케 할지라 是以로 一國의 治平은 반다시 家랄 齊함으로 始하야 家가 齊한 後에 府郡이 安하고 府郡이 安한 後에 一國이 治하나니 대개 一國의 德敎난 一家의 德敎에 源하고 一國의 財用은 一家의 經濟에 根하고 國民의 康寧은 一家의 衛生에 基하고 其他 白般 事物의 善否와 精慧가 또한 一家의 勤惰와 巧拙에 源치 아님이 업난대

그런데 가정의 득실을 기본적으로 좌우하는 것은 무엇인가? 그것은 가정의 운영이 잘 되느냐 그렇지 못하느냐에 달려 있다. 그리고 가정의 운영자는 바로 주부인 여성이라고 보았다. 즉 "일가의 행복을 득하는 여부는

사회를 위해 필요한 것임을 강조하였다(윤효정, 「여자교육의 필요」, 『대한자강회월보』제1호, 42쪽): 여자는 가정을 處理하며 人世日用百般의 事務를 掌理하며 남편을 幇助하며 여자를 교육하는 것이 천직이라고 함 (류동작, 「여자교육」, 『서우』 제2호, 12쪽): 주 28) 참조
58) 李沂, 「가정학설—가정의 관계」, 『호남학보』 제1호, 28~29쪽.

실로 주부의 治家巧拙에 달려 있으며" 국가의 흥망성쇠와 悲歡榮辱이 가정주부인 여성이 가정을 잘 운영하느냐에 달려 있다는 것이다. 그래서 흔히 "어진 아내는 흥가의 근본이라"고 하였다.59) 그리고 "가정의 정리와 실가의 완화를 구하려면 반다시 충실하고 愼密한 부인에게 임할지니"라고 하고60), 또 "나라나 사가나 부인이 현철하여야 자손이 현철하며 집안을 안정케 하며 가세도 흥왕케 하는 고로"라고 하였다.61)

때문에 가정을 잘 운영하여 국가의 발전을 꾀하기 위해서는 주부인 여성교육이 무엇보다 필요하다고 강조하였다. 문명을 이룬 구미제국들을 보면 여성교육이 융성하여 여성들의 사회적 활동도 날로 늘어나고 있고 가정에서의 주부는 여왕의 지위에 있으며 가정의 정신으로 여겨지고 있다. 그리고 일본의 경우도 서양의 미풍을 본받아 여자교육을 장려 보급하여 부인의 지위가 진보 발전하고 있다. 그런데 한국의 부인들은 교육을 받지 못하여 주부의 책임과 부인의 직분을 못하고 있다고 지적하고, 우리나라 개선의 시작은 가정이고 이는 부인에 대한 교육 없이는 이루어 질 수 없다고 하였다.62)

이러한 주장의 기본에 깔려 있는 기본시각은 여성의 역할을 가정 내의 역할로 한정시키고 있다는 것이다. 즉 사람의 직분은 둘인데 "室外之務난 男子之職이요 家內之務난 부인의 任된 事라"63)고 하고, 부인이 가사를 돌보는 것이야말로 천직이라고 하였다.64)

---

59) 이기영, 「축사」, 『여자지남』제1권 제1호, 4쪽.
60) 李沂, 「家政學총론 − 家庭의 책임」, 『호남학보』제1호, 31쪽.
61) 석운정, 「축사」, 『여자지남』제1권 제1호, 7쪽.
62) 「婦人職務」, 『대한일보』1906. 1. 1.
63) 앞의 글.
64) 李沂, 「가정학총론—가정의 책임」, 『호남학보』제1호, 31쪽: "男子之義務난 多在於國家社會하고 女子之義務난 多在於家族社會"라고 하였다(윤효정, 「여자교육의 필요」, 『대한

그러면 여성의 가정운영 담당자로서의 책임과 직분은 어떠한 것인가?[65]

첫째, 남편의 일을 돕고 남편으로 하여금 가정 일을 걱정하지 않도록 하고 자녀의 교육과 老耆의 양호를 어떻게 하면 잘 할 것인지 연구하여 성심을 다한다는 것이다. 여기에서 특히 아동교육의 문제가 가장 중요한 것으로 거론되었다. 또 남편과 관계에 있어서 여성들이 교육받지 못함으로써 지적인면에서 남편과 너무 동떨어져 있어서 남편의 사랑이 다른 사람에게로 갈 것이고 가정의 평화는 깨어지리라고 보고 이를 극복키 위해 여성들이 교육을 받자고 하였다.[66]

둘째, 친척 친구와 친목하고 장자를 받들고 노복을 잘 다스리는 등 일가의 풍속과 규범을 善良하게 해야 한다는 것이다. 일가풍속의 선악은 주부의 性行에 달려있어 주부가 溫良하면 일가가 모두 온량하고 주부가 卑鄙하면 일가가 모두 그러하다는 것이다.

셋째, 건강은 행복의 기본이므로 가족의 건강을 위해 항상 의복적부 · 음식시각 · 소채청결 · 실내온도 · 공기유통 등을 통해 위생에 신경을 써서 가족 모두가 건강을 유지케 해야 한다는 것이다. 이는 어린이의 잉태 · 육아의 문제에서부터 모든 위생에 관계되는 것을 여성이 책임져야 한다는 것이다. 위생문제는 특히 문명화의 문제, 체력단련을 통한 실력양성의 문제와 관련하여 매우 중요시 되었던 점으로『서우』 ·『서북학회월보』등 학보들은 위생부를 따로 난으로 두고서 기사를 실어 계몽하였으며,『대한학회월보』 ·『태극학보』는 계속 위생관계 글을 싣고 있고,『대한매일

자강회월보』제1호, 41~42쪽).
65) 李沂,「가정학총론-가정의 대망」,『호남학보』제1호, 32~33쪽: 윤효정,「여자교육의 필요」,『대한자강회월보』제1호, 40~45쪽:「婦人職務」,『대한일보』1906. 1. 1: 이 글들에서 여성의 가정운영 담당자로서의 책임과 직분을 자세히 설명하고 있다.
66) 윤효정,「부인사회에서 잠간 생각할 일」,『제국신문』1906. 11. 16.

신보』·『황성신문』·『제국신문』 등 신문에서도 국민의 건강과 관련한 글들을 실었다.

넷째, 가정경제의 담당자로서 가정경제의 안정과 번영을 위해 노력해야 한다는 것이다. 이로써 가정경제의 안정을 이루어 가장이 집안일에는 조금도 신경 쓰지 않고 외국에 유람을 하든지 학문을 배워와 국가 일에 도움이 되는 일을 하든지 할 수 있다는 것이다.[67] 이는 또한 국가경제의 안정을 가져다준다는 것이다.[68]

바로 이러한 여성의 책임과 직분을 위해 여성교육이 무엇보다 가장 급무라고 강조하였던 것이다.

> 教育이 固爲當今之急務나 女子教育이 尤爲急務之急務也로다. 噫라
> 女子而無教育이면 爲人之婦에 不唯丈夫之德業을 不能贊助라 惡言戾性
> 으로 索盡一家之和氣며 爲人之母에 不唯幼子之教養을 不能善良이라 狂
> 言戱罵로 壤盡天然之德性하고

이렇게 볼 때 당시 계몽사상가들이 여성교육을 강조한 목적이 어디에 있었으며 어떤 여성을 길러내고자 하였는지가 뚜렷하여진다. 바로 자본주의 사회의 가부장적 가정의 현모양처를 만들어내고자 여성교육을 그토록 강조하였던 것이다.

---

67) 「부인사회의 활동」, 『제국신문』 1906. 7. 12: "집안살림살이는 부인이 주장이 되기 때문에 부인이 규모 있으면 그 집에 생기는 돈이 적어도 잘 살고 부인이 규모가 없으면 돈이 아무리 많이 생겨도 궁색하다"라고 하여 여성들이 가정의 운영자로서 경제면에서도 잘 운영을 할 것을 강조(안천강, 「가정경제론」, 『가정잡지』 제1권 제4호, 기서, 6~10쪽).

68) 이 경제부분에 대하여 앞서의 연구 성과들에서(노인화, 김상항)는 당시 여성교육관에서 주요부분을 차지하는 것이 실업교육이라고 하였는데 물론 여성의 노동에 대하여 언급하고 있는 몇 개의 글들이 있지만 대체로 여성이 자율적 삶을 영위하기 위한 것으로서의 노동의 의미보다도 '가정의 경제', '국가의 경제' 즉 실력양성을 위한 것에 중점을 두고 있음을 볼 수 있다.

3. 새로운 가정윤리의 확립

당시 계몽사상가들은 새로운 가정윤리의 확립을 바라면서 조혼의 폐지·이혼법제정 등 여성들이 오랫동안 억압받아온 전통적 가부장적 사회구조 내에서 그 전형인 결혼제도의 문제점을 지적하고 이를 개혁할 것을 주장하였다. 이러한 논의가 많이 나왔던 사실을 접할 때 앞서의 자본주의적 가부장제 사회에 맞는 현모양처를 키워내고자 하였던 계몽사상가들의 입장과 괴리된 것이 아닌가 하는 생각을 하게 된다.

이 문제는 이들의 여성교육론과 직접적 관련을 갖는 문제는 아니나 앞서 살펴본 실력양성을 위한 여성교육론, 현모양처를 길러내려는 여성교육론 등 이들의 여성교육론을 중요하게 뒷받침 해 줄 수 있는 논의이기 때문에 간략하게 다루려 한다.

계몽사상가들은 나라를 다스리는 도는 가정에서 시작하고 가정을 다스리는 도는 혼인에서 시작되는데[69] 우리나라의 혼인제도는 많은 문제점을 가졌고 그 중 가장 큰 폐단이 조혼의 문제라고 지적하였다. 이들이 조혼의 문제점으로 여러 가지를 들고 있으나 대개 공통적으로 중요하게 거론하고 있는 점들을 정리해보면 다음과 같다.

첫째, 국가의 흥망성쇠와 관련한 실력양성의 문제로 몇 가지 점을 지적하고 있다. 먼저 원기의 부족으로 결국 국가의 기운이 쇠잔하여졌다는 것이다. 조혼은 아직 신체가 강건하여지기 전에 결혼한 것이기에 다병과 단명이 따르고 그 자식들도 연약하여 병이 많고 총명하지 못하며 씩씩하지도 못하여 해야 할 일을 감당하지 못함으로 나라는 기운이 줄어 쇠잔하여져 국가적으로 볼 때 엄청난 손실을 가져온다는 것이다. 上古人이나

---

69) 주시경, 「일즉이 혼인하는 폐」, 『가정잡지』 제1권 제4호, 1쪽.

中古人의 수명이 현재인에 비하여 오히려 길었던 것은 결혼연령이 지금보다 늦었기 때문이고, 구주인의 경우에도 결혼연령이 늦음으로써 질병이 없고 정혜가 충만하여 지식발달과 국민단합에 매진하는 힘을 가질 수 있어 세계 열강국이 되었다는 것이다.[70]

그리고 조혼으로 인하여 학문의 발달을 꾀할 수가 없고 인재양성이 어려워져 국가의 발달에 방해가 된다는 것이다. 일찍이 결혼하면 가정 일을 걱정하느라고 공부에 전일하지 못하여 학문적 발전을 이루기 어렵고, 완고하지 못한 뇌수를 손상하여 정신이 결핍하고 지혜가 천단하여 위대한 인물이 되기 어렵다는 것이다. 때문에 우리나라는 국가적으로 많은 손실을 갖게 되었다고 하였다.[71]

또한 조혼으로 인하여 가정 내의 평화가 깨지고 문제점이 발생하여 사회와 국가에 많은 손실을 가져다준다는 것이다. 국가는 수백만 가정이 모여서 이루어진 것으로 일가의 團樂은 일국의 안녕이며 일가의 결렬은 일국의 멸망인데 조혼은 상대방의 덕성과 품행을 알 수 없는 상황에서의 혼인이기에 부부간 고부간 등 가정 내에서 많은 문제점을 일으킬 소지가 많다는 것이다.[72]

둘째, 이는 특히 여성과 관련한 것으로서 조혼이 가정 내에서의 주부로

---

70) 주시경, 앞의 글, 1~2쪽: 김규진, 「조혼의 폐」, 『서우』 제8호, 19~21쪽: 柳景馥, 「남녀학생의 조혼을 宜戒」, 『서북』 제1권 제4호, 24쪽: 文尙宇, 「早婚의 弊害－肉體上 障碍」, 『대한학회월보』 제4호, 1~2쪽: 「早婚可戒」, 『대한일보』 1906. 7. 11.

71) 뇌수가 충실하여야 활발한 정신과 심원한 지혜가 있는데 조혼으로 腦髓가 손상되었다는 것이다(「조혼의 폐해를 통론함」, 『皇城新聞』 1909. 9. 3. 논설): 주시경, 앞의 글, 2~3쪽: 류경복, 앞의 글, 25쪽: 뇌수는 정신의 초점이며 지혜의 본원인데 조혼으로 인하여 腦髓가 腐敗하게 되었다는 것이다(문상우, 「조혼의 폐해－뇌수의 부패」, 『대한학회월보』 제5호, 13~14쪽).

72) 주시경, 앞의 글, 5~6쪽 : 문상우, 「조혼의 폐해－가정의 決裂」, 『대한학회월보』 제5호, 14~15쪽: 「조혼의 폐해를 痛論함(속)」, 『황성신문』 1909. 9. 4. 논설.

서의 역할을 어렵게 하고 있다는 것이다. 무엇보다도 여성이 가정교육을 제대로 시킬 수 없다는 것이다. 계속되는 조혼은 부모가 교육받을 수 있는 기회를 빼앗거나 공부에 전념할 수 없게 하며 그 자식 역시 공부하지 않고 일찍 결혼하여 자식을 낳지만 아는 것이 없고 지각이 없어서 자녀 기르는데 아무 법도가 없다는 것이다. 가정교육은 반드시 부모 된 자가 학식이 있어 자제교육의 방법을 안 후에 유치한 아동의 지식이 맹아 할 때 개도하고 배양할 수 있는데, 조혼으로 부모의 도리를 모르는 자가 자녀를 양육하니 어찌 가정교육의 근본이 있겠는가라고 하였다. 특히 자녀를 교육하는데 남자보다도 여성이 관계가 더 커서 자녀들이 세상일에 나가기 전까지는 어머니의 거동과 언어를 보고 들어 본받게 되는데 어머니가 공부하지 않고 일찍 결혼하여 자식을 낳게 되었을 때 거기에서 길러질 아이들의 됨됨이는 바람직하지 못하다고 지적하였다.[73]

또한 여성의 경우 너무 일찍 결혼함으로서 한 지아비의 배우자로서 또한 가정의 운영자로서의 역할에 대한 올바른 교육을 받지 못하여 가정을 제대로 꾸려나가지 못함으로서 남편·시어머니 등 가정 내의 구성원들과 불화하여 가정의 평화가 깨지게 된다는 것이다.[74]

이혼문제는 이러한 조혼이 가져다주는 문제 그리고 강제결혼이 가져다주는 문제를 해결키 위한 방법으로서 제시되었다.[75]

이러한 조혼폐지와 이혼주장에서 일관되게 그려지고 있는 이상적인 여성상은 새로운 문명적 가부장제에 적합한 여성이다. 이들이 조혼폐지와 이혼법을 통해서 얻고자 한 것은 남녀를 불문한 모든 인간의 인간성회복이

---

73) 주시경, 앞의 글, 2~4쪽: 「조혼의 폐해를 통론함(속)」, 『황성신문』 1909. 9. 4. 논설.
74) 주시경, 앞의 글, 5~6쪽: 문상우, 「조혼의 폐해─가정의 결렬」, 『대한학회월보』 제5호, 14~15쪽: 「조혼의 폐해를 통론함(속)」, 『황성신문』 1909. 9. 4. 논설.
75) 東初生, 「離婚法制定의 必要」, 『서북』 제17호, 18~22쪽.

아니라 전통적 가부장제에서 새롭게 문명화된 사회에 맞는 가부장제로 전환하고자 하는 것이었다. 이는 앞서의 여성교육론에서 주장했던 것들과 바로 일치하는 것으로 그 주장을 다시 확인시켜주고 있다.

IV. 맺음말

이상에서 필자는 근대 이래 논의되어온 여성교육론의 전개를 고찰하고자 그 일 시도로서 1905년 이후 활동하였던 계몽단체(사상가)들의 여성교육론을 고찰하여 보았다.

당시 계몽단체들의 여성교육론은 국권상실이라는 새로운 상황에 부딪치면서 실력양성을 통한 국권회복을 새로운 과제로 뚜렷이 전면에 부각시켰는데 이는 사회진화론적 시대인식에서 비롯된 것이었다. 계몽사상가들은 당시를 생존경쟁의 시대로 우승열패 약육강식의 논리만이 통하는 제국주의시대라고 인식하였다. 즉 우등한 자와 강한 자가 열등한 자와 약한 자를 약탈하고 침략하는 시대라는 것이다. 그리고 이것을 우리 민족의 현실에도 그대로 적용시켜 보았다. 결국 우리 민족·국가가 지식과 세력이 약하고 열하여 생존경쟁에서 패배함으로서 일본에게 국권을 빼앗겨 식민지로 전락하였다는 것이다.

계몽단체들은 이러한 사회진화론적 시대인식에서 실력(힘)을 키워야 한다는 실력양성론을 제기하였고 여성교육론 역시 같은 맥락에서 강조하였다. 계몽단체들은 지금 우리가 국권을 빼앗기고 민이 위기에 처하게 된 원인을 궁극적으로 분석해 보면 과거 우리나라에서 여자를 교육시키지 않아 현세계의 신문화를 받아들이지 못하고 개명진보에 이르지 못하였던 점에 그 원인이 있었다고 인식하고, 나라와 민을 구하기 위해서는 무엇보다도 급선무가 여성교육임을 강조하였다.

이들의 여성교육의 강조는 여성을 남성과 같이 활용하여 실력을 양성하여서 국가경쟁력을 높이자는 것이었다. 이천만의 절반인 천만 여성을 교육을 통해 야만에서 벗어나게 하여 실력을 갖게 하고 여성들도 노동을 통해 국가의 부강에 도움을 주도록 하자고 하였다.

그러나 실력양성 중심의 여성교육론은 여성교육을 철저하게 국권회복 · 실력양성의 도구로서만 논의하고 한 주체적 인격을 갖춘 여성을 길러내는 것에 대하여는 중요시 하지 않았다.

그러면 여성교육이 어떻게 문명사회를 만들고 실력양성을 가져다주어 경쟁력을 키워주는가? 계몽단체들은 여성 개인의 사회적 능력이 직접적으로 국가의 힘과 관련이 있다고 본 것은 아니고 여성의 역할을 대체로 가정 내에서의 어머니로서의 역할과 아내로서의 역할에 강조점을 두었다.

그리하여 여성교육의 필요성과 실력 양성의 필요성을 무엇보다도 가정교육 · 아동교육 · 태교에서 찾았다. 이들은 학교교육 사회교육의 기초가 되는 더 나아가 국가발전 · 문명화의 기초가 되는 것이 가정교육이라고 보았는데 이 중요한 가정교육의 담당자가 여성이기 때문에 여성교육을 통하여 훌륭한 인재를 키워낼 수 있고 이로써 실력을 양성하여 경쟁력을 확보할 수 있다는 것이다. 결국 이들의 여성교육의 강조는 덕육을 담당할 가정교육과 아동의 정서를 길러주는 아동교육의 담당자, 어린이를 생산하는 태교의 담당자로서의 역할을 강조한 것으로, 이들이 여성교육의 내용으로 말하고 있는 것은 현재 문명한 사회의 가부장적 가정의 현모가 될 수 있는 그러한 교육이었다.

또한 계몽단체들은 여성을 국가의 가장 기본조직인 가정의 현명한 운영자로서 키우기 위해 여성교육을 강조하였다. 가정을 잘 운영하여 국가의 발전을 꾀하기 위해 여성교육이 무엇보다 필요하다고 보았다. 이들은 여성의 가정운영 담당자로서의 책임과 직분을 지아비를 돕고 어린이를 돌보고 노자를 양호하는 것, 일가의 풍속과 규범을 선량하게 하는 것, 가족의 건강을 위해 위생에 신경을 써서 가족 모두가 건강을 유지하는 것, 가정경제의 담당자로서 가정경제의 안정과 번영을 꾀해 국가경제의 안정에 기여하는 것 등으로 보고 이러한 여성의 책임과 직분을 다하기 위해 여성교육이 가장 급무라고 강조하였던 것이다. 이렇게 볼 때 당시 계몽사상가들은 바로 자본주의 사회의 가부장적 가정의 현모양처를 길러내고자 여성교육을 그토록 강조하였던 것이다.

그리고 이때 계몽단체들은 새로운 가정윤리의 확립을 바라면서 조혼의 폐지 · 이혼법제정 등을 주장하였는데 이 역시 새로운 윤리 확립을 통하여 철저히 문명한 사회의 가부장제를 원하고 있었고 이 논의에서 그들이 바라는 이상적 여성상 역시 자본주의적 가부장제에 맞는 현모양처였다. 바로 그들이 여성교육론에서 강조하였던 그러한 여성상과 일치하는 것으로 앞서의 주장을 다시 확인시켜주고 있다.

이러한 일련의 계몽단체들의 여성교육론을 분석해 보았을 때, 이들이 여성교육론을 국권회복을 위한 실력양성론과 문명화된 새로운 현모양처론으로 풀어 나감으로써 당시의 보수적 인사들에게까지 여성교육의 필요성을 수긍시킨 점에 있어서는 그 의미를 평가해 줄 수 있을 것이다. 그러나 국가적 위기의 상황이라는 점을 빌어 여성교육을 한 주체적 인간의 양성이라는 것 즉 원래 교육의 본질을 도외시하고 실력양성이라는 상황논리 속에 모든 것을 매몰시켜 버렸던 점, 또 새로운 시대 문명화된 시대라는 개념을 빌어 새로운 가부장제 이데올로기를 만들어 내어 여성교육을 통해 여전히 종속적인 여성을 길러내려고 하였던 것은 매우 큰 문제라고 아니할 수 없다. 계몽단체에서 활동하였던 사상가들은 이후 우리나라 교육의 담당세력으로 계속 활동을 하게 되는데, 국권 피탈이라는 위기적 상황에서 나온 교육론이긴 하나 이때의 전통은 계속 우리 여성교육론의 근간을 이루며 현재에도 여전히 새로운 옷으로 치장되어 여성들을 짓누르고 있다.

(『梨大史苑』 28집, 1995년 9월, 이화여대 사학회)

□ 제1장 참고문헌 □

사료

『가정잡지』 제1권 제3호, 제1권 제4호, 제1권 제7호.

『畿湖興學會月報(기호흥학회월보)』 제1호, 제2호, 제3호, 제6호, 제8호, 제9호.

『大同報(대동보)』 제3호, 제4호.

『大韓每日申報(대한매일신보)』 1908.

『대한자강회월보』 제1호.

『대한학회월보』 제1호, 제4호, 제5호.

『大韓日報』 1906년, 1908년.

『大韓興學報(대한흥학보)』 제5호.

『西北學會月報』(서북학회월보)』 제1권 제1호, 제1권 제5호, 제15호, 제16호, 제17호.

『西友(서우)』 제1호, 제2호, 제3호, 제4호, 제6호, 제7호, 제8호, 제9호, 제10호.

『만세보』 1906년.

『여자지남』 제1권 제1호, 제2호.

『제국신문』 1906년.

『親睦(친목)』 제3호.

『太極學報(태극학보)』 제1호, 제2호, 제4호, 제6호, 제16호.

『황성신문』 1908년, 1909년.

학술논문 및 기타

金尙姮(1988), 「개화기 여성관의 변천연구」, 성신여대 석사학위논문.

金淑子(1988), 「구한말 여성지의 구국교육론」, 『한국민족운동사연구』 2호.

김도형(1986), 「한말 계몽운동의 정치론 연구」, 『한국사연구』 54, 한국사연구회.

김영주(1990), 「『제국신문』의 여성 개화론 연구」, 이화여대 석사학위논문.

魯仁華(1982), 「한말 개화자강파의 여성교육론」, 『한국학보』 제27집, 일지사.

노영택(1975), 「일제하의 여자야학」, 『사학지』 9, 단국대 사학회.

노영택(1978), 「한말 일제하 여성교육운동론의 성격」, 『여성문제연구』 7, 효성
    여대 여성문제연구소.

박용옥(1982), 「양성원의 조직과 활동」, 『사학연구』 34, 한국사학회.

유봉호(1983), 「대한제국시대의 여성교육론」, 『대한제국연구』 1, 이대 한국문
    화연구원.

박찬승(1988), 「한말 신채호의 역사관과 역사학」, 『한국문화』 9집, 서울대학교.

신연재(1981), 「동아시아 3국의 사회진화론 수용에 관한 연구」, 서울대 외교학
    과 박사학위논문.

신용하(1980), 「신채호의 애국계몽사상」, 『한국학보』 19집 · 20집, 일지사.

신일철(1969), 「신채호의 자강론적 국가상-청말 엄복 양계초의 변법자강론의
    수용과 관련하여」, 『한국사상』 10집.

이광린(1979), 「구한말 진화론의 수용과 영향」, 『한국개화사상연구』, 일조각.

이송희(1984), 「한말 애국계몽사상과 사회진화론」, 『부산여대사학』 2집, 부산
    여대사학회.

이송희(1992), 「한말 사회진화론의 수용과 전개」, 『부산사학』 22집, 부산사학회.

이송희(1994), 「1920년대 여성해방교육론에 관한 一考察」, 『부산여대사학』 12
    집, 부산여대사학회.

田口容三(1978), 「애국계몽운동기의 시대인식」, 『조선사연구회논문집』 15집,
    조선사연구회.

丁曉淑(1988), 「대한제국말기 여성운동의 성격연구」, 이화여대 박사학위논문.

정세화(1972), 「한국근대여성교육」, 『한국여성사』 2, 이화여대 출판부.

정충량(1975),「『독립신문』의 개화기 여성의 교육계발, 진흥 및 사회참여에 미친 영향에 관한 연구」,『논총』 26, 이대 한국문화연구원.

조항래(1981),「『독립신문』의 여성교육논조」,『여성문제연구』 10, 효성여대 여성문제연구소.

주진오(1988),「독립협회의 사회사상과 사회진화론」,『손보기교수 정년기념논문집』.

최명인(1970),「한국 개화기의 여성교육에 관한 연구」,『연구논문집』 3, 성신여대 인문과학연구소.

최숙경 · 정세화(1976),「개화기 한국여성의 근대의식형성」,『논총』 28, 이화여대 한국문화원.

최숙경(1983),「한말 여성해방논리의 전개와 그 한계점」,『한국문화연구원논총』, 이화여자대학교.

제2장 한말·일제하의 여성교육론과 여성교육정책

I. 머리말

20세기 말, 21세기에 들어서면서 우리 사회의 가장 두드러진 변화의 하나는 여성들의 사회 참여가 급증하고 있다는 점이다. 세계의 변화, 가치관의 변화, 여성운동의 활성화, 여성들의 자기주장 강화, 많은 사회 정치 경제 제도 법적인 면에서의 여성들의 상대적 입지 강화 등이 여성들의 삶에 변화를 가져다주었다.

그러나 그 기저에서 가장 큰 역할을 하였던 것이 여성교육이었다. 우리나라에서 여성교육이 시작된 지 120여년이 흘렀고, 이제 일부에서 독자적인 여성교육의 무용론이 제기될 정도로 여성들이 교육을 통하여 인재로 육성되어 사회의 주요 부문에서 활동하고 있다.

그럼에도 여전히 많은 여성들이 진정한 한 주체적 인간으로 서기에 어려운 여건들이 존재하고 있는 것이 오늘의 현실이다. 더욱이 한국 여성교육의 경우 과연 그러한 역할을 하고 있는가 하는 의문을 벗어버리기 힘들다. 심지어 어떤 경우에는 남성과의 차별을 철폐한다는 공학의 교육 속에서 여성교육이 여전히 과거의 봉건적 여성관에서 벗어나지 못하고 있을 뿐 아니라 현대 자본주의사회에 적절한 가부장제의 틀을 공고히 해주는 역할까지도 하고 있음을 볼 수 있다.

그것은 근대이래 여성교육이 강조되어 온 것은 분명하나, 그것의 목적과 내용이 진정 여성에게 합당한 것이었는지 그 여부와 관련이 있을 것이다. 즉 사실상 왜곡되게 전개되어온 과거의 여성교육이 청산되지 못하고 여전히 교육의 근간을 이루고 있는 결과라고 할 것이다.

따라서 근대이래의 여성교육에 관한 연구는 현재 여성교육의 방향정립과도 관련하여 그 구체적 실상을 고찰하여 볼 필요가 있으며, 특히 한말·일제하 여성교육은 우리의 근대적 여성교육의 시작이면서 한편 민족문제와 성의 문제를 동시에 담고 있었고, 또한 그 왜곡이 가장 심하게 이루어졌던 시기이므로 고찰해 볼 만한 연구주제라 생각된다.

즉 당시의 여성교육이 어떻게 시작되고 전개되었는가를 보는 것이다. 그리고 그것의 기반이 되었던 여성교육론과 정책은 어떻게 전개되었는가를 고찰해 보는 것이다.

여성교육에 관한 기존의 연구는 1970년 이래 활발히 이루어져 개화기 한말 이래 여성교육론의 연구는 어느 정도 축적되어 있고, 일제 시기의 것도 연구가 이루어졌다. 그러나 여성교육정책의 경우는 일반적인 교육정책 속에서만 다루어졌고, 여성교육정책을 따로이 연구하고 정리한 경우는 거의 없었다.

따라서 본고에서는 한말·일제하 여성교육을 밝히기 위해서는 여성교육론과 여성교육정책의 전개를 정리하는 것이 우선이라고 생각되어 그것을 고찰하여 보려 한다.

먼저 시기를 한말과 일제시기로 나누어 보았고, 교육정책의 전개를 중심으로 살피되 그 근간이 되는 여성교육론을 정리하여 그 전제로 삼았다.

II. 한말 여성교육론과 여성교육정책

1. 개화기의 여성교육론과 정책

1) 개화기의 여성교육론

우리사회의 근대 여성교육에 관한 관심은 개화기 국민계몽과 개발을 위한 교육이 강조되면서 비롯되었다. 즉 1880년대 개화정책이 실시되면서 여성교육에 대해 관심을 갖기 시작하였던 것이다.[1]

1883년 발간된 『한성순보』에서는 서양각국의 교육제도에 관해 많은 관심을 갖고 수차례에 걸쳐 소개한 바 있는데, 1884년 7월 11일자에 실린 「泰西各國小學校(태서각국소학교)」에서는 서양 소학교의 학제를 소개하면서 태서각국은 남녀 5세만 되면 빈부귀천에 관계없이 교육받을 수 있다고 설명하고 있다.[2] 그러나 이것은 본격적 여성교육에 관한 소개는 아니다.

전통적인 여성교육관을 대신해 여성에게도 교육을 실시하여 개화 자강을 실시하자고 주장한 것은 선진적 개화사상가들이었다. 박영효는 그의 「개화에 대한 상소」에서 남자와 나란히 여성에게도 교육의 기회를 부여할 것을 주장하고 여성교육을 의무교육의 하나로 실시해야 한다고 강조하였다.[3] 이러한 여성교육의 강조는 개화의 기본요건으로 四民의 養生과

---

1) 개화기의 여성교육관에 관한 연구는 다음과 같다.
　　노인화(1982), 「한말 개화자강파의 여성교육관」, 『한국학보』 27집, 일지사. 최숙경(1983), 「한말 여성해방이론의 전개와 그 한계점」, 『한국문화연구원논총』, 이화여자대학교.
2) 『한성순보』 1884년 2월 21일: 「학교」난에서는 남녀 6세부터 교육을 실시하는 것으로 소개하고 있다.
3) 박영효, 「개화상소」, 『근대한국명논설집』(신동아 1966년 1월호 부록), 10쪽. 상소에서

平等을 주장한 가운데 여성 문제에 주목한 데서 비롯된 것으로, 여성 개화를 실현키 위한 방책의 하나로 여성교육을 주장하였던 것이다.

유길준은 『西遊見聞(서유견문)』에서 서양여성의 개화를 소개하고, 이러한 개화는 여성교육에서 비롯되었음을 강조하였다. 그리고 서구의 예에 비추어 여성교육이 여성에 대한 불평등한 제도를 타파하고 여권을 신장시키는 최양책임을 강조하고, 인성은 10세 이전에 결정이 되므로 여성교육이야말로 동몽童蒙교육의 기본으로 국민교육의 기초라고 강조하였다. 또한 여성이 실학을 습득하는 것은 인간으로서의 본무를 수행하기 위해 기본적으로 요구되는 것이라고 하고 이를 통해 국력을 증진시키자고 하였다.4)

이렇게 초기의 개화사상가들의 여성교육관은 여성의 개화를 실현하고 더 나아가 개화 자강을 실현하자는 목적에서 출발한 것이었다.

개화운동이 성숙되면서 1896년에 발간된 『독립신문』의 경우는 여성 관련 기사를 많이 싣고 있는데 특히 여성교육에 관심이 컸다. 무엇보다도 여성들에게 공부하여 여성의 권리를 찾아 남녀평등을 이룰 것을 주장하고 있다. 또 나라를 홍왕케 하기 위해서는 교육밖에 그 방법이 없는데 국민교육을 널리 하기 위해서는 童蒙敎育과 女性敎育이 시급하다고 보았다. 그런데 여자를 가르치는 학교가 없으므로, 정부에서는 남자학교를 하나 지으면 여자들을 위해서도 학교를 지어야 한다고 강조하였다.5)

이러한 여성교육에 대한 강조는 독립협회 등 당시의 개화자강파의 여성관에 근거한 것이었는데, 즉 여성은 가정에서는 교양있고 능력있는

박영효는 개화론을 8조목으로 나누어 논하고 있는데 여성교육에 대해서는 第6條 敎民才德文藝以治本條에서 "設小中學校 使男女六歲以上 皆就校受學事"라고 함.
4) 유길준, 제12편「孩영撫育하는 規模」, 제15편「女子 接待하는 禮貌」, 『서유견문』.
5)『독립신문』1896년 4월 21일, 9월 5일 논설, 5월 12일, 1898년 9월 21일.

현모양처로서 국가사회를 위해서는 새 사회건설에 유익한 일꾼으로서의
역할을 기대하고 그를 위해 여성교육을 강조하였던 것이다.

2) 개화기의 여성교육정책

우리나라에서의 근대여성교육은 1886년 이화학당의 설립에서 비롯되었
다.[6] 당시는 근대교육에 관한 법령이 마련되지 못한 상황으로 선교사들이
자신들의 포교를 위해 그 하나의 방편으로 근대학교를 설립한 것이다.

정부에 의한 교육정책이 마련 된 것은 그로부터 10년 뒤였다. 조선정부
는 1894년 갑오개혁을 즈음해서 근대교육을 널리 보급할 것을 계획하고,
홍범 14조에서 근대교육을 받아들였다. 그리고 1895년 2월에 전국민에
게「敎育立國詔書(교육입국조서)」를 내렸다.[7] 그 가운데 '세계의 형세를
보건데 부하고 강하며 독립하여 웅시하는 모든 나라는 국민의 지식이 개
명하였다. 지식의 개명은 교육의 선미로 되었으니, 교육은 실로 국가를
보전하는데 근본이다'고 하였다. 이러한 교육입국의 정신에 따라 정부는
1895년 먼저 교사 양성을 목적으로 하는 한성사범학교 관제를 발표하였
다. 그리고 諸學校 관제와 법규를 제정 공포하여 이에 따라 관립학교들을
설립하였다.

---

6) 이화학당의 설립연도에 대해서는 1885년 설도 있으나, 스크랜튼 부인이 학교를 창건한
   것은 1885년이지만, 학생들이 오지 않아 학교가 가동되지 않았고 실제 첫 학생이 온 것이
   1886년 5월 31일이기에 1930년대부터 창립연대를 1886년으로 잡고 있다. 이화여자대학
   교(1971), 『이화80년사』, 51~54쪽.
7) 이 조서는 재래의 經學 중심의 교육을 지양하고 세계정세에 눈을 뜨게 하는 새로운 교육
   의 중요성을 강조하였으며 교육의 3대강령으로서 德育 體育 및 智育을 내세워, 革新的 風
   敎를 세우고 사회를 향상시키며, 勤勞와 力行의 정신과 습성을 기르고, 사물의 연구를 철
   저히 함으로써 國家中興의 강력한 힘이 될 것을 역설하였다. 오천석(1975), 『한국신교육
   사』(상), 광명출판사, 78쪽: 이만규(1949), 『조선교육사』(하) 신교육편, 44~47쪽.

외국어학교관제(1895. 5), 성균관학제(1895. 7), 소학교령(1895. 7), 의학교관제, 중학교관제, 상공학교관제, 농상학교관제 등의 관제와 규칙 등이 내려졌다.

이러한 내용 중 그나마 여성교육과 관련을 가진 것은 소학교령이었다. 8월에는 소학교령에 따라 「小學校規則大綱(소학교규칙대강)」이 발표되었다.

당시의 소학교규칙에 의하면 소학교의 목적은 국민교육의 기초와 그 생활상에 필요한 보통지식 및 기능을 주는 것으로, 관립·공립·사립 등 3종으로 하고, 관립은 국고, 공립은 부 혹은 군, 사립은 개인의 부담으로 한다고 하였다. 그리고 소학교를 심상과와 고등과로 나누어, 심상과는 3개년 고등과는 2개년이나 3개년 과정으로 하였다. 심상과의 교과목은 수신, 독서, 작문, 습자, 산술 및 체조 등으로 하고, 학부대신의 허가를 얻어 체조를 제외하고 한국지리, 역사, 도화圖畵,외국어 등을 첨가할 수 있게 하였으며 여학생을 위해서는 재봉을 할 수 있었다. 고등과의 교과목은 수신, 독서, 작문, 습자, 산술, 한국지리, 한국역사, 외국지리, 이과理科, 도화 및 체조 등으로 하되, 역시 여학생을 위하여 재봉을 할 수 있었다. 또한 학부대신의 허가를 얻어 외국어를 첨가하고 외국지리, 외국역사, 도화 중 하나 혹은 몇 개를 제외할 수 있게 하였다.[8]

그러나 이러한 소학교령 역시 여성교육에 관한 특별한 내용은 없었고, 다만 심상과나 고등과에서 여학생을 위해 재봉시간을 따로 둘 수 있다는 정도만이 언급되고 있다.

이처럼 이 때 소학교령 외에 많은 여러 학교 관제들이 발표되었지만 여성교육은 대체로 그나마 소학교교육에 머물러 있었고 관제에서도 전혀 언급되지 않았다.

---

8) 이만규(1949), 앞의 책, 52~53쪽: 오천석(1975), 앞의 책, 81~82쪽.

때문에 1905년까지 여성교육을 담당하였던 학교는 주로 선교사들이 운영하는 기독교계열의 학교들이었다. 1886년 설립의 이화학당을 필두로, 1895년의 정신여학교, 일신여학교(부산), 1896년 숭현여학교(평양), 1897년의 영화학교(인천), 1898년의 배화학당, 1903년 숭의학교(평양), 루씨학교(원산), 정명학교(목포), 1904년의 호수돈학교(개성), 진성여학교(원산) 등이 선교사들에 의해 설립 운영되었다.[9] 우리나라 근대 여성교육의 시작은 기독교 세력의 포교를 목적으로 하는 교육으로부터 시작되었다고 해도 과언이 아니다.

그나마 1898년 우리나라 여성에 의한 최초의 여권운동이 서울 북촌 부인들을 중심으로 일어났고, 이들이 찬양회贊襄會를 결성하여 여학교 설립운동과 여성개발을 위한 사업을 추진하였다.[10] 이들은 정부에 강하게 관립여학교 설립을 추진하여 고종에게 청원상소문을 올렸다. 상서의 주된 내용은 "찬양회를 설시하여 忠愛 두 글자를 규중으로부터 온 나라에까지 흥왕케 하려 하는데 학교가 없어 총혜한 여아를 가르칠 도리가 없으니 관립여학교를 설시하도록 학부에 칙령을 내려 달라"는 것이었다.[11] 고종은 이에 적절히 조치하겠다는 희망이 담긴 비답을 내렸다.

찬양회 회원들은 관립여학교가 설립될 때까지라는 단서로 1899년 2월 여학생 30명으로 순성여학교를 설립하였다. 이것은 한국여성에 의해 설립된 최초의 여학교였다.[12] 이 학교의 학생들은 7세 8세에서 12세 13세까지의 연령이었고, 교육정도는 초급과정이었으며, 교과서는 학부에서

9) 이화여자대학교(1971), 『이화 80년사』, 26쪽.
10) 「여학교찬성」, 『독립신문』 1898년 9월 15일. 찬양회의 명칭은 養成院, 贊揚會, 贊養會, 順成會 등으로 지칭된다.
11) 「부인상소」, 『독립신문』 1898년 10월 13일; 『대한계년사』 하, 281~282쪽.
12) 「女校私設」, 『황성신문』 1899년 2월 24일; 「여자교육」, 『독립신문』 1899년 3월 1일.

제정한 것을 채택하였다.

　　그러나 관립여학교 설립 안은 1900년 1월 결국 의정부회의에서 부결되었다. 그 이유는 국가 재정이 부족하므로 후에 실시하자는 것이었다. 순성여학교의 교장 및 찬양회의 회원들은 계속 관립여학교 설립을 위하여 노력을 하였으나 별 성과를 거두지 못하였다. 찬양회는 1900년 초에 사실상 해체되었고, 순성여학교는 재정난으로 1903년 이후 폐교된 것으로 보인다.[13]

　　관립여학교가 설립되지는 않았지만, 당시 학부는 13개조의 관립여학교 설립 관제를 마련하였다.[14]

2. 통감부 시기의 여성교육론과 정책

1) 국권회복기의 여성교육론

　　1905년에서 1910년 사이의 국권회복운동이 전개되었던 시기의 여성교육론[15]은 사회진화론적 시대인식을 바탕으로 한 실력양성론의 맥락에서 제기되었다. 계몽사상가들은 지금 우리나라가 국권을 빼앗기고 민이 위기에 처하게 된 원인을 궁극적으로 분석해 보면 과거 우리나라가 여자를 교육시키지 않아 현세계의 신문화를 받아들이지 못하고 개명진보에

---

13) 박용옥(1984), 『한국근대 여성운동사 연구』, 72~73쪽.
14) 「여학교록례」, 『시사총보』 1899년 5월 25일. 정부가 구상한 여학교 규칙을 보면, 제1조에서 여학교는 여아신체의 발달함과 생활에 필요한 보통 지식과 기능을 가르치는 것을 목적으로 한다. 제3조, 심상과와 고등과로 나눈다. 제4조, 심상과는 수신, 독서, 습학, 산술, 재봉 등이고, 고등과는 수신, 독서, 습학, 산술, 작문, 재봉, 지지, 역사, 이과, 국어 등을 교과목으로 한다.
15) 이송희(1995), 「대한제국말기 계몽단체의 여성교육론」, 『이대사원』 제28집, 261~284쪽.

이르지 못하였던 점에도 그 원인이 있었다고 인식하고, 나라와 민을 구하기 위해서는 무엇보다도 급선무가 여성교육임을 강조하였다.[16]

이들의 이러한 여성교육의 강조는 여성을 남성과 같이 활용하여 실력을 양성하자는 국가경쟁력을 위한 것이었다. 이천만의 절반인 천만 여성을 교육을 통해 야만에서 벗어나게 하여 실력을 갖게 하고 여성들도 노동을 통해 국가의 부강에 도움을 주도록 하자고 하였다.[17] 그러나 실력양성 중심의 여성교육론은 여성교육을 철저하게 국권회복 실력양성의 도구로서만 논의하고 한 주체적 인격을 갖춘 여성을 길러내는 것에 대하여는 중요시 하지 않았다.

그러면 여성교육이 어떻게 문명사회를 만들고 실력양성을 가져다주어 경쟁력을 키워주는가? 계몽사상가들은 여성 개인의 사회적 능력이 직접적으로 국가의 힘과 관련이 있다고 본 것은 아니고 여성의 역할을 대체로 가정내에서의 어머니로서의 역할과 아내로서의 역할, 가정의 운영자로서의 역할에 강조점을 두었다.[18]

그리하여 여성교육의 필요성과 실력양성의 필요성을 무엇보다도 가정교육 · 아동교육 · 태교에서 찾았다. 이들은 학교교육 · 사회교육의 기초가 되는 더 나아가 국가발전 문명화의 기초가 되는 것이 가정교육이라고

---

16) 金河琰, 「女子敎育의 急先務」, 『서북학회월보』 제15호, 12~18쪽: 「安岳郡女學校贊成會趣旨書」, 『대한매일신보』 1908년 8월 26일: 尹孝定, 「女子敎育의 必要」, 『大韓自强會月報』 제1호, 41쪽: 「女子敎育論」, 『대한매일신보』 1908년 8월11일, 寄書: 金致淳, 「女子敎育에 대하여」, 『대한매일신보』 1909년 10월 28일: 「女校敎科書寄附」, 『만세보』 1906년 11월 1일.

17) 朴殷植, 「女子普學院維持會趣旨書」, 『女子指南』 제1권 제1호(1908), 1~2쪽: 金河琰, 앞의 글,13쪽: 『대한매일신보』 1908년 12월 19일, 논설: 「여자교육이 부강지요」, 『대동보』 제3호(1907. 7): 윤효정, 앞의 글, 42쪽.

18) 李沂, 「家政學總論－家庭의 責任」, 『湖南學報』 제1호, 30~31쪽: 태백산인, 「結婚한 娘子에게 與한 書」, 『大韓興學報』 제5호, 47~51쪽.

보았는데19) 이 중요한 가정교육의 담당자가 여성이기 때문에20) 여성교육을 통하여 훌륭한 인재를 키워낼 수 있고 이로써 실력을 양성하여 경쟁력을 확보할 수 있다는 것이다.21) 결국 이들의 여성교육의 강조는 덕육을 담당할 가정교육과 아동의 정서를 길러주는 아동교육의 담당자, 어린이를 생산하는 태교의 담당자로서의 역할이었기에 이들이 여성교육의 내용으로 말하고 있는 것은 현재 문명한 사회의 가부장적 가정의 현모가 될 수 있는 그러한 교육이었다.

또한 계몽사상가들은 여성을 국가의 가장 기본조직인 가정의 현명한 운영자로서 키우기 위해 여성교육을 강조하였다.22) 가정을 잘 운영하여 국가의 발전을 꾀하기 위해서는 주부의 여성교육이 무엇보다 필요하다고 보았다. 이들은 여성의 가정운영 담당자로서의 책임과 직분으로 남편을 돕고 어린이를 돌보고 노인을 양호하는 것, 일가의 풍속과 규범을 선량하게 하는 것, 가족의 건강을 위해 위생에 신경을 써서 가족 모두가 건강을 유지하는 것, 가정경제의 담당자로서 가정경제의 안정과 번영을 꾀해 국가경제의 안정에 기여하는 것 등23)으로 보고 이러한 여성의 책임과 직분을 다하기 위해 여성교육이 가장 급무라고 강조하였던 것이다. 이렇게

---

19) 李沂, 「家庭學說」, 『호남학보』 제1호, 27쪽. 제6호, 13쪽: 金致淳, 앞의 글: 金洛泳, 「녀자교육」, 『太極學報』 제1호, 39쪽: 金壽哲, 「家庭敎育法」, 『태극학보』 제16호, 17~21쪽: 張啓澤, 「家庭敎育」, 『태극학보』 제2호, 10~12쪽.

20) 李喆柱, 「女子敎育이 爲急先」, 『畿湖興學會月報』 제6호, 2쪽.

21) 「여자의 교육」, 『황성신문』 1908년 2월 6일, 논설: 「여자교육론」, 『대한매일신보』 1908년 8월 11일, 奇書: 장기택, 「가정교육」, 『태극학보』 제2호, 11~12쪽.

22) 「婦人職務」, 『大韓日報』 1906년 1월 1일.

23) 李沂, 「家政學總論－家庭의 大綱」, 『호남학보』 제1호, 32~33쪽: 윤효정, 앞의 글, 40~45쪽: 윤효정, 「부인사회에서 잠간 생각할 일」, 『제국신문』 1906년 11월 16일: 「부인사회의 활동」, 『제국신문』 1906년 7월 12일: 안천강, 「가정경제론」, 『가정잡지』 제1년 제4호, 기서, 6~10쪽.

볼 때 당시 계몽사상가들은 바로 자본주의 사회의 가부장적 가정의 현모양처를 길러내고자 여성교육을 그토록 강조하였던 것이다.

2) 통감부 시기의 여성교육정책

일제는 1904년 제1차 한일협약에 의하여 고문정치를 실시하여 재정 외교 경찰 군부에 고문을 파견하고 학부에는 幣原坦을 참여관으로 두었다.[24] 그리고 통감부를 설치하면서 통감부 서기관 俵孫一을 학부촉탁에 배치하여 학제의 개편을 단행케 하는 등 한국교육행정을 장악케 하고, 정미7조약 이후에는 俵孫一을 학부차관에 임명하였다. 그리하여 한국의 교육은 일제의 식민화교육으로 치닫게 되었다. 때문에 통감부 설치 이후의 여성교육정책은 자연히 한국의 여성교육론을 반영하지 못하였고, 일제의 침략정책 속에서 전개되었다.

바로 이런 흐름 속에서 1908년(융희2년) 4월 4일에 이르러 학부는 여성의 중등교육을 위한 고등여학교령을 발표하고(시행세칙은 융희3년 1909년에 발표함) 관립한성여학교를 설립하였다.

고등여학교령에 따르면 고등여학교의 목적은 여성에게 필요한 高等普通教育과 技藝를 가르치는 것으로, 관립 · 공립 · 사립으로 하고, 수업연한은 3개년으로 하되 지방사정에 따라 이를 1년 이내로 연장할 수 있도록 하였다. 본과와 예과, 기예전수과를 두게 하였다.

본과의 학과목은 수신, 국어 및 한문, 일어, 역사, 지리, 산술, 이과, 가사, 도화, 재봉, 음악, 체조 등이었으며 수예 · 외국어를 첨가할 수 있었다[25]

---

24) 高橋濱吉(1927), 『朝鮮教育史考』, 제국지방행정학회, 123쪽.
25) 高橋濱吉(1927), 앞의 책, 290쪽: 이만규(1949), 앞의 책, 145~150쪽.

(<표1>참조). 여기에서의 특징은 국어 및 한문과 일어의 시수가 같다는
것이고 재봉시수가 그에 못지 않다는 것이다. 이는 여성교육이 당시 모든
분야의 식민지화정지작업 속에서 식민지화교육으로 치닫고 있음을 보여
줄 뿐 아니라, 부덕을 강조하는 교육으로 시작되고 있음을 볼 수 있다.

<표 1> 고등여학교 본과 학과과정 및 매주 교수시수표

學　年	第 1 學年		第 2 學年		第 3 學年	
學 科 目	時數	程　度	時數	程　度	時數	程　度
修　　身	1	實踐道德	1	同上	1	同上
國語及漢文	5	講讀, 作文, 文法, 習字	4	同 上	4	同 上
日　語	5	讀法, 解釋, 會話, 書藝	4	同上作文法, 文法	4	同 上
歷　　史	2	本國歷史	2	同 上	1	
地　　理		本國地理		本國關係有ル 外國地理		同上及地文
算　　術	2	整數, 分數	2	分數, 少數, 珠算	2	此例, 步合算, 珠算
理　　科	2	動物, 植物, 生物, 衛生	2	化學, 鑛物	2	物 理
家　　事	1	衣食住	2	同上及養老	2	育兒, 看護, 割烹, 家事, 經濟
圖　　畵	1	臨畵, 寫生畵	1	同 上	1	同上及考案畵
裁　　縫	4	運針法, 普通衣服,	5	同 上	5	同上及裁縫器械 使用法

		縫法, 裁法, 繕法				
音 樂	2	單音唱歌	2	同上	2	單音唱歌, 複音唱歌, 樂器使用法
體 操	2	遊戲, 學校體操	2	學校體操	2	同上
手 藝		編物, 造花 刺繡		同上		同上及袋物 組絲
外 國 語				讀法, 解釋, 書藝, 習字		讀法, 解釋, 會話, 文法
教 育						教育二關スル事 項
計	27		27		26	

출처: 高橋濱吉(1927), 『朝鮮敎育史考』, 290쪽.

예과의 학과목은 수신, 국어 및 한문, 일어, 산술, 이과, 도화, 재봉, 음악, 체조이며 수예를 첨가할 수 있다고 하였다. 기예전수과의 학과목은 수신, 국어 및 한문, 산술, 재봉 및 수예에 속하는 편물 · 조화 · 자수 · 양물 · 조사組絲 중의 한 과목 또는 몇 과목을 하고, 일어 · 가사 중에 한 과목 또는 두 과목 다를 첨가할 수 있다고 하였다.[26] 특히 기예전수과의 설치와 운영은 당시 통감부의 여성교육에 대한 태도를 적나라하게 보여주는 것이다. 말 잘 듣는 조신한 여성양성에 그 목적을 두고 있음을 알 수 있다.

이러한 한국 최초의 여성중등교육 내용은 일본의 학제를 그대로 따르고 교과목의 내용도 일본의 것 그대로였다. 당시 한국에는 일본인들이

26) 高橋濱吉(1927), 앞의 책, 285~286쪽.

들어와 학교를 설립하고 학생들을 교육하였는데, 1906년 서울과 부산에 공립고등여학교를 설립하였다. 처음에는 3개년으로 시작하였다가 4년제로 하였고, 부산공립고등여학교에는 전수과를 두었다.[27] 이렇듯 조선의 여성 공교육은 일본의 교육을 그대로 답습하고 있었던 것으로 여기에서 교육받은 여성들은 자연히 일제가 원하는 여성으로 길러질 수밖에 없었다.

한국의 여성 공교육은 그 기초를 다지기도 전에 일본의 요구에 따른 교육으로 변질되게 되었다. 일제의 반식민지 상황에서 여성 중등교육이 시작되었다는 것은 한국의 여성교육의 전개에 많은 문제를 남겨 주게 되었다. 국립·공립학교 등 제도권에서의 여성교육의 시작이 일제의 요구에 의해 시작되었던 것이다.

한편 1908년 8월 통감부가 사립학교령[28]을 발표하였는데 이는 당시 일제가 조선인의 민족교육운동이 지나치게 활성화된 것을 경계하여 발표한 법령으로 사립학교의 교육을 정상화시킨다는 미명하에[29] 사립학교 교육의 내용을 통제하려고 한 것이었다.[30] 사실 당시 사립학교들이 한국 교육의 주요 부분을 담당하고 있었다.

---

27) 조선총독부 내무부 학무국(1914), 『조선교육요람』, 106~107쪽.
28) 송병기(외)(편)(1971), 「구한국관보」 1908년 9월 1일, 『한말근대법령자료집』 VI, 서울, 국회도서관, 279쪽.
29) 당시 학부대신은 사립학교령의 반포경위를 사립학교들의 내용이 불비하고 조직이 불완전하여 교육기관으로서의 실질을 갖추지 못한 경우가 많아 이 폐단을 시정키위한 것이라고 밝히고 있다(高橋濱吉(1927), 앞의 책, 310쪽).
30) 일제가 염려하였던 것은 사립학교의 설립이 교육에 의거하여 국권을 회복하려는 의지에서 비롯되고 있고, 교육의 내용 방향이 애국주의교육 민족주의교육으로 흐르고 있다는 것이다(국사편찬위원회(편)(1965), 『독립운동사』 제1권, 907쪽).

<표 2> 1910년 5월 현재 인가된 사립학교 (『韓國敎育의 現況』에 依함)

府道＼學校別	普通學校	高等學校	實業學校	各種學校	宗敎學校	計
漢 城 府	1	1	2	66	24	94
京 畿 道	·	·	·	136	64	200
忠 淸 南 道	2	·	·	73	16	91
忠 淸 北 道	·	·	·	41	7	48
慶 尙 南 道	3	·	1	82	18	104
慶 尙 北 道	3	·	·	72	74	150
全 羅 南 道	1	·	·	31	4	36
全 羅 北 道	4	·	·	42	31	77
江 原 道	·	·	·	37	6	43
黃 海 道	·	·	·	104	182	286
平 安 南 道	·	·	·	189	254	443
平 安 北 道	·	·	1	279	121	401
咸 鏡 南 道	1	1	·	194	21	218
咸 鏡 北 道	·	·	3	56	·	59
계	16	2	7	1,402	823	2,250

출처: 이만규(1949), 『조선교육사』(하), 153~154쪽.

사립학교령의 주안점은 첫째 사립학교가 학부대신의 인가를 받아야만 존재를 인정받을 수 있다는 것이다.[31] 이는 사립학교의 설립을 억제하고 기존의 사립학교를 정리 또는 학부의 통제하에 두고 교육의 내용이 애국주의로 치우치지 못하게 하려는데 그 목적이 있었다. 이 때 학부는 기존의

---

31) 高橋濱吉(1927), 앞의 책, 311쪽.

사립학교의 인가를 관대하게 처리하였는데 그 이유는 사립학교들이 치외법권을 갖고 있는 선교사들의 관리 하에 들어갈 것을 우려한 때문이었으며 또한 일단은 사립학교령의 지배하에 두려는데 목적을 두었기 때문이다.[32] 1910년 5월 인가받은 사립학교의 숫자는 종교학교를 포함하여 2,250개교였다. 선교사가 운영하는 학교는 반드시 사립학교령에 따를 필요가 없었으나 종교학교 823개교가 인가를 받았다(<표 2> 참조).

사립학교령의 두번째 주안점은 학부대신이 사립학교를 통제할 뿐 아니라 폐교조치를 하는 등 감독권을 갖겠다는 것이었다(9조, 10조, 12조). 그리고 실제로 감독은 각 지방의 지방관이 하도록 규정하였다. 세번째 주안점은 학부대신이 사립학교의 교과서를 통제한다는 것이다. 즉 사립학교는 학부편찬교과서, 학부검정교과서, 학부인정교과용 도서만을 사용할 수 있다는 것이다.

이러한 사립학교령은 당시 무수히 설립되어 민족교육을 표방하고 있었던 사립학교들의 교육을 통제하고 구국교육운동을 저지하였던 것으로, 종교학교들의 경우에도 인가받지 않으면 안 될 정도의 통제력을 지녔던 것으로 보인다.

당시 여성교육기관들의 대부분이 사립학교에 속해 있었기에 사립학교령에 의해 영향 받은 바가 컸다. 1886년에서 1910년까지 사립여학교는 174개교가 설립 운영되고 있었는데 사립여학교의 지역별 설립자별 실태를 살펴보면 다음 <표3> 과 같다.

---

32) 국사편찬위원회(편)(1965), 『독립운동사』 제1권, 914쪽, 916쪽: 교과용도서와 같이 직접 생도의 두뇌에 위험 불온의 사상을 주입하는 것과 같은 것은 제외하고, 그 설비 교사 경비와 같은 것은 웬만하면 문제시 삼지 말고 인가하여 일단 많은 사립학교들을 사립학교령의 지배하에 두고자 하였다.

<표 3> 사립여학교의 지역별 및 설립자별 실태 (1886~1910)

地方別	紳士有志	現職官人	前職官人	社會團體及女性團體	基督宣敎會	宗敎團體	婦人	妓生·姜	其他	合計
서울	16	1	4	9	8	2	6	2	8	56
京畿道	2		1		1	2	2		7	15
黃海道	1	2				1	1		4	9
江原道	1									1
忠淸北道							1		1	2
忠淸南道				2					1	3
全羅北道		1			1					2
全羅南道				2	3				1	6
慶尙北道	1	1		1	1				2	6
慶尙南道	4			1	1	1	2	1	4	14
平安北道	4	3		2	5	3			1	18
平安南道	1	2	1	3		2			3	12
咸鏡北道	3			2	4	1	6		2	18
咸鏡南 道	3	3		1	2				3	12
合計	36	13	6	23	26	12	18	3	37	174

출처: 박용옥(1984),『한국근대 여성운동사 연구』, 보부록 3, 218~219쪽.

Ⅲ. 일제하 여성교육론과 여성교육정책

1. 1910년대의 여성교육론과 정책

1) 1910년대 민족주의적 교육 이념과 남녀동등 사상

한말부터 교육받은 여성들은 차츰 현모양처주의 교육관에서 벗어나 여성교육의 이상을 추구하였다. 당시 여성들은 여성교육에서 남녀동등과 민족주의를 부르짖었다. 한 일본 여자유학생은 「여자교육론」이라는 글에서 다음과 같이 주장하고 있다.[33]

> 그리하야 그들도 사회에서 완전한 사람으로 생존을 보존케 하며 사람의 행복을 누리게 할 것이외다. 사람을 만든다는 뜻은 무의미하고 철저치 못한 소위 현모양처라는 기계를 만들지 말고 독립한 인격을 양성하여 사회를 위하야 민족을 위하야 인도를 위하야 유용한 사람이 되게 할 것이외다.

즉 현모양처주의를 부정하고 새로이 남녀 동등한 인격을 갖춘 민족주의자를 이상적 여성으로 제시하였음을 알 수 있다.

동경유학생의 첫 졸업식에 보낸 한 후배의 축사에 의하면 "여러분의 졸업이야말로 우리 반도에 유사 이래로 초유한 귀한 사실이오며 캄캄하던 우리 여자계에 번쩍하는 귀한 광명이외다. 여러분은 깊이 병든 여자계를 소생케 하실 중추의 인물이오 교주가 되셔야 하겠습니다"라고 격려하며, 사회를 위하여 헌신 할 것을 당부하고 있다.[34] 이와 같은 사명감은 동경

---

33) 동경여자유학생친목회, 『여자계』 3호, 1919년 9월, 6쪽.
34) 현신덕, 「졸업생, 제형에게 드리는 말씀」, 『여자계』 3호, 4쪽.

여자 유학생들의 철저한 독립정신으로 승화되었다. 그리하여 3·1운동
전야의 준비단계에서부터 김마리아 등 여성참가자의 공헌이 컸다. 그리고
국내의 3·1운동의 전개에서 여성들의 역할이 두드러지게 나타났다. 수
많은 여학생들과 부인들이 시위를 주도하고 시위행진에 참여하는 등 적극
적 활동을 하였다. 이러한 3·1운동에서의 여성의 역할은 여성의 사회참
여를 공인하고 여성 교육에 대한 이념이 평등을 지향하게끔 해 주었다.[35]

하지만 당시의 여성교육정책은 이와는 전혀 다른 방향에서 추진되었다.

2) 제1차 조선교육령과 사립학교 규칙

식민지시대에 들어서 조선총독부는 1911년 8월 제1차 조선교육령을
발표하였다.[36] 이는 종래의 것을 계승하면서 일정하게 변경을 시도한 것
이었는데, 다만 조선인에 대한 것이었다. 조선인의 경우 보통교육·실업
교육·전문교육으로 나누어 보통교육은 보통학교(4년), 고등보통학교(4년),
여자고등보통학교(3년)의 과정을 두었다.[37]

여자고등보통교육에 관한 조항을 보면, 여자고등보통학교는 여자에게
고등한 보통교육을 하는 곳으로 부덕을 기르고 국민된 성격을 도야하며
그 생활에 유용한 지식과 기능을 가르친다고 하였다. 수업연한은 3년으로

---

35) 정세화(1972), 「일제치하의 여성교육」, 『한국여성사, 개화기—1945』, 이대출판부, 332쪽.
36) 조선총독부(1935), 『시정25년사』, 168쪽: 사내총독은 식민지교육의 근본을 "조선은 아
    직 내지와 다르다. 그러므로 교육은 특히 그 힘을 덕성의 함양과 국어(일어)의 보급에 힘
    써 제국신민으로서의 자질과 품성을 구비하여야 한다"고 하였다.
37) 조선 내의 일본인 교육은 조선인 교육과는 따로 1910년 통감부령으로 발표한 조선중학
    교 규칙에 이어, 1912년 조선공립소학교 규칙, 고등여학교규칙, 실업전수학교규칙, 간
    이실업학교규칙을 발포하였다. 소학교는 심상과가 6년, 고등과가 2년, 고등여학교는 그
    대로 4년제로, 중학교는 5년제로 하였다. 조선총독부 학무국, 『조선교육요람』(1915),
    90~91쪽: 조선총독부 학무국(1919), 『조선교육요람』, 118~119쪽.

하고, 입학자격은 나이 12세 이상으로 수업연한 4년의 보통학교를 졸업한 자 또는 이와 동등 이상의 학력을 가진 자로 하였다. 1학급의 정원은 약 50인으로, 교과목은 수신, 국어, 조선어 및 한문, 역사·지리, 산술, 이과, 가사, 습자, 도화, 재봉 및 수예, 음악, 체조 등 13개 과목이었다(<표4>참조). 그리고 여자고등보통학교에는 기예과를 두어 나이 12세 이상의 여자에게 재봉 및 수예를 전수케 하였으며, 수업연한은 3년 이내로 하였다. 기예과의 교과목은 재봉 및 수예와 본과의 교과목 중 적당하게 정하도록 하였다.

<표 4> 여자고등보통학교 교과과정 및 매주 교수 시수표 (1911년 제정)

학년 시수 · 과정 교과목	제 1 학년		제 2 학년		제 3 학년	
	시수	과 정	시수	과 정	시수	과 정
수 신	1	수신의 요지	1	수신의 요지	1	수신의 요지
국 어 (일본어)	6	읽기, 해석, 회화, 쓰기, 작문	6	읽기, 해석, 회화, 쓰기, 작문	6	읽기, 해석, 회화, 쓰기, 작문
조선어 및 한문	2	읽기, 해석, 쓰기, 작문	2	읽기, 해석, 쓰기, 작문	2	읽기, 해석, 쓰기, 작문
역 사	2	일본역사	1	일본역사		
지 리		일본지리			1	일본에 관계있는 외국 지리

산 술	2	정수, 소수	2	제등수, 분수, 주산	2	비례, 부합산, 구적, 주산
이 과	2	식물	4	동물, 인신, 생리 및 위생		물리 및 화학 (광물 포함)
가 사				의식주, 양로		
습 자	2	해서, 행서	1	해서, 행서		
도 화	1	자재화	1	자재화	1	자재화
재봉 및 수예	10	운침법, 보통의류 의재봉 재단수선 편물 조화 자수	10	운침법, 보통의류의 재봉 재단수선 편물 조화 자수	10	1,2학년 과정 외에 재봉기계 사용법 조사, 염직
음 악	3	단음 창가	3	단음 창가, 악기 사용법	10	단음 창가, 복음창가
체 조		유희, 교련		유희, 교련		유희, 교련
계	31		31		31	

출처: 부산광역시 교육위원회(1987),『釜山敎育史』, 116쪽.

관립여자고등보통학교에는 사범과를 두어 보통학교의 교원이 되려는 자에게 필요한 교육을 할 수 있는데 사범과의 수업연한은 1년으로 하고 사범과에 입학할 수 있는 자는 여자고등보통학교를 졸업한 자로 규정하고 있다.[38]

---

38) 조선통감부(1911),『施政年譜』, 369쪽: 大野謙一(1936),『朝鮮敎育問題管見』, 조선교육회, 36~37쪽, 57쪽: 이만규(1949), 앞의 책, 184, 195쪽: 오천석(1975), 앞의 책, 222쪽, 여자고등보통학교에 관한 규정은 1908년의 고등여학교령의 골자를 따르고 있는 것으로, 그 특징을 보면 관립여자고등보통학교에 1년 과정의 사범과를 두어 보통학교의 교

여자고등보통학교의 교과과정에서 가장 두드러진 것은 일어교육이 국어로서 주당 6시간씩 강조되었다는 점이다. 규칙 10조에서는 국어는 국민정신이 머무는 곳이며 또한 지식 기능을 습득케 하는데 불가결한 것이므로 어떤 교과목에 있어서나 국어의 사용을 정확하게 하고 그 응용을 自在케 할 것을 기하여야 한다고 규정하고 있는데[39] 한국어 및 한문이 매학년 매주 2시간임에 반하여 일어가 6시간이 배당되었던 것이다.[40]

또한 교과과정에서 강조된 것이 수예로서, 이는 필수과목이 되었으며 재봉 및 수예는 3개 학년에 주당 10시간씩 많은 시간을 배정받았다. 재봉 및 수예과에서는 재봉기계, 염색 및 기계 등을 가르치게 하였다. 이는 일제가 여성고등교육의 목적을 부덕을 기르는 것에 두었음을 드러내 준다. 여자고등보통학교규칙 제10조에서는 정숙하고 근검한 여자를 양성하는 것이 목적이므로 어떤 교과목이나 이에 유의하여 교수할 것을 강조하고 있다.[41]

이제 시작된 지 얼마 되지 않은 여성고등교육은 철저히 식민지교육으로 전개되었으며 부덕을 기르는 교육으로 강조되고 있었다.

그리고 1911년 일제는 사립학교에 대한 지도 감독에 힘을 쓰기 위해 앞서의 사립학교령을 개정한 사립학교규칙을 공포하였으며, 1915년 3월에는 사립학교규칙의 대폭 개정을 통하여 종교학교 등에 관한 규정을 새롭게 마련하였다. 당시 여성교육기관들은 사립학교나 종교학교가 많았기 때문에 이 법령에 따라서 교육이 시행되었다. 개정된 사립학교규칙의 핵심은 다음과 같다.[42]

원을 양성하겠다는 것이다(고교빈길(1927), 앞의 책, 410~411쪽).
39) 고교빈길(1927), 앞의 책, 410~411쪽.
40) 오천석(1975), 앞의 책, 226쪽.
41) 오천석(1975), 앞의 책, 410쪽: 이만규(1949), 앞의 책, 195~96쪽.
42) 고교빈길(1927), 앞의 책, 423~426쪽.

첫째, 이 규칙은 모든 사립학교에 적용되는 것으로, 사립학교로 보통학교 · 고등보통학교 · 여자고등보통학교 · 실업학교 및 전문학교로 인가받지 않은 학교는 전적으로 이 규칙의 지배를 받고, 위의 인가를 받은 각급 학교는 당해 학교규칙과 사립학교규칙의 적용을 더불어 받는다.

둘째, 사립학교를 설치하려 할 때는 이 규칙에 따라 조선총독의 인가를 받아야 하고, 인가 없는 사립학교의 경영은 절대로 금한다.

셋째, 각급 사립학교의 교과과정은 그에 해당하는 급의 규칙(보통학교규칙, 고등보통학교규칙, 여자고등보통학교규칙 등)에 규정된 교과과정에 준하여야 하며, 그 밖의 학과목은 일체 부가할 수 없다. 이 규정에 의하여 역사 지리는 보통학교에서 가르칠 수 없고, 성경은 선교계통학교에서 제외되어야 한다. 단 이 규정은 1915년 4월 1일 현재로 이미 인가받은 학교에 대해서는 1925년 3월 31일까지 그 적용을 유예한다. 신설사립학교에 대해서는 즉시로 적용한다.

넷째, 교과용도서는 당국에서 편찬한 것이나 또한 검정을 받은 것에 한한다. 그 외의 도서를 사용코자 할 때에는 정부의 인가를 받지 않으면 안 된다.

다섯째, 각급 사립학교교원은 국어(일어)에 통달하여야 하고 담당학과에 대한 학력이 있는 자라야 한다.

이러한 내용을 담고 있는 사립학교규칙은 많은 반발을 불러 일으켰다. 민족계 사립학교들의 경우 학교를 운영하려면 사립학교규칙에 따라야 하는데 일본어를 가르치고 학교명을 바꾸어야 하며, 일본어에 능통한 교사를 채용해야 한다는 것, 수신 · 일어 · 역사 · 체조만은 자격자를 써야한다는 점, 또한 교과서를 마음대로 쓸 수 없다는 것 등을 받아들일 수가 없었다. 특히 종교학교들의 경우 성경을 가르칠 수 없으며 종교적 의식을 가질 수 없다는 총독부의 명령에 굴복할 수 없었다. 종교학교의 문제는 과외로 방과 후에 할 수 있다는 선에서 조정되었지만 선교회에서는 계속 사립학교의 자유를 위해 투쟁하였다. 이후 사립학교는 계속 감소추세로 나갔다. 1910년과 1917년을 비교하면 1,973개교에서 868개교로 줄었다[43](<표5>참조).

<표 5> 私立學校統計(1910~1923)

年度1910 \ 學校種類	一 般	二 般	計
1910	1227	746	1973
1911	1039	632	1371
1912	817	545	1362
1913	796	487	1283
1914	769	473	1242
1915	704	450	1154
1916	624	421	1045
1917	518	350	868
1918	461	317	778
1919	444	298	742
1920	410	279	689
1921	356	279	635
1922	352	262	614
1923	376	273	649
1924	364	271	635
1925	347	257	604

출처: 오천석, 『신한국교육사』(하), 245쪽.

---

43) 오천석(1975), 앞의 책, 245쪽.

이 시기의 여성교육정책은 철저한 식민교육 속에서 전개되었으며, 일제가 길러내고자 하였던 여성상은 부덕을 함양한 여성이었다. 이러한 여성은 가정의 운영자로서 또한 아이들의 양육자로서 그 순종성을 가정 내에 널리 유포시킬 것이고, 또한 이러한 부덕을 지닌 여성들의 역할을 통해 조선 사회의 순화가 가능하리라고 보았기 때문이다.

2. 3·1운동 후의 여성교육론과 정책

1) 여성해방교육론의 대두

1920년대 들어서면서 비로소 여성해방의 의미를 담은 여성해방교육론이 대두되었다.[44] 이는 서구 여성주의의 수용과 사회주의사상의 수용에 따른 여성해방론의 대두에 의한 것이었다.

당시는 여성억압의 원인을 기존의 전통적 가치관과 제도, 여성 자신의 인간으로서의 각성 부족, 정치·경제·법률 등 사회제도면에서의 불평등 조건, 자본주의적 사회경제 구조 등의 관점에서 인식하고 있었다. 그리고 여성해방의 의미를 남성에 의한 노예적 삶과 노예적인 도덕에서 벗어나 자유와 권리를 갖는 하나의 인격체가 되는 것, 남성과 동등한 권리와 지위를 획득함으로서 자기를 실현하는 것, 여성을 억압하고 있는 사회구조

---

44) 1920년대의 교육론을 언급한 것으로는 졸고(1994), 「1920년대 여성해방교육론에 관한 일고찰」, 『부산여대사학』 제12집: 간단하게 언급하고 있는 것으로 몇 편의 논문이 있다. 김정희(1984), 「한말 일제하 여성운동 연구」, 효성여자대학교 대학원 석사학위논문: 이옥진(1979), 「여성잡지를 통해 본 여권사상─1906년부터 1929년까지를 중심으로─」, 이화여대 석사학위논문: 오숙희(1988), 「한국 여성운동에 관한 연구」, 이화여대 석사논문.

속에서 자유로와져 주체적 인간으로 서는 것 등으로 인식하였다.[45]

이러한 1920년대의 여성해방론의 인식과 궤를 같이 하면서 전개된 여성해방교육론은 무엇보다 여성교육의 후진성과 또 여성교육이 현실적으로 빚어내고 있었던 많은 문제점을 지적하고, 여성교육은 여성해방사상에 기초한 자아확립교육[46]과 여권동등교육[47]으로 나아가야 한다고 주장하였다. 이러한 교육을 통해서만이 여성들이 한 인간으로서 남성과 동등하게 이 사회에서 살아나갈 수 있으리라고 보았던 것이다.

그리고 이러한 여성해방교육을 위해서 내용면에서는 남녀평등주의 · 인격주의에 입각한 교육,[48] 사회와 연계를 갖는 교육,[49] 남성주의에 기초한 전통적 사고를 키우는 교육 배제,[50] 실용적 교육[51] 등을 강조하였다.

---

45) 졸고(1994), 「1920년대 여성해방론에 관한 연구」, 『부산사학』 제25 · 26합집, 부산사학회 참조.
46) 梁柱東, 「女子敎育을 改良하라」, 『동아일보』1922. 11. 15: 閔泰瑗, 「내가 여학교 當局者라면」, 『新女性』제3권 제1호, 17쪽: 鄭春溪, 「婦女解放運動에 대하여」(6), 『조선일보』1923. 8. 27: 張膺震, 「女子敎育問題」, 『조선일보』1929. 1. 1. 사설.
47) 「여성의 교육적 해방을 위하야－만천하 동포에게 다시 일언을 고함」, 『조선일보』1924. 4. 4. 사설: 「부인야학문제」, 『조선일보』1926. 12. 1. 사설: 유각경, 「나의 주의와 사업－배우고서야 해방과 동등이 있다」, 『중외일보』1924. 4. 1: 정춘계, 「부녀해방에 대하야」(7), 『조선일보』1923. 8. 28.
48) 「自己로 사는 婦人」(4), 『동아일보』1920. 6. 24: 安在鴻, 「自然스러운 人生을 짓도록」, 『신여성』제3권 제1호, 22쪽: 鳳西山人, 「人權과 男女平等」(2), 『동아일보』1920. 7. 9: 張膺震, 「女子敎育問題－女子도 個人으로 社會人으로 男子同樣敎育을 바다야 한다」, 『조선일보』1929. 1. 1.
49) 張膺震, 앞의 글: 閔泰瑗, 「내가 여학교 當局者라면 먼저 世上을 알리기에 힘쓰리라, 그리고 세상에 處할 길을 가르치자」, 『신여성』제3권 1호, 17쪽.
50) 鄭春溪, 「婦女解放運動에 對하야」(7), 『조선일보』1923. 8. 28: 白波, 「所謂 新女性과 良妻賢母主義」, 『現代評論』創刊號(1927. 2), 161~170쪽.
51) 咸世豊, 「女子解放이 卽 社會進步」, 『開闢』4호, 44~45쪽; 金明昊, 「朝鮮의 女性과 職業」, 『신여성』제4권 제2호, 9~10쪽; 閔泰瑗, 「내가 女學校 當局者라면」, 『신여성』제3권 제1호, 18쪽: 一記者, 「女性評壇－婦人職業問題」, 『신여성』제4권 2호, 22쪽.

제도면에서는 여성교육기관의 설치와 확대, 여성에 대한 고등교육 실시, 남녀공학 실시 등을 내세웠다.

그러나 당시 여성교육론에서 받아들이고 있는 '여성해방'의 의미는 극히 일부분적이고 편협된 입장에 그치고 있었다. 즉 女權論的 女性解放論의 범주에 머물러 있는 경우가 많았다. 때문에 당시 식민지적 조건에 있었던 수많은 여성들, 더욱이 반봉건적 사회에 뿌리를 내리고 있었던 우리 여성들의 문제를 철저하게 해결해 줄 수 있는 것이었는지에 관해서는 의문을 제기할 수밖에 없다.

그리고 여성해방교육론의 내용에서 볼 때 거기에서 주장하고 있는 자아확립교육과 여권동등교육 등이 역사적 조건을 무시한 '여성주의'와 '인간교육'으로만 갈 경우 자칫 일제의 '실력양성'교육 속에서 매몰 될 우려가 있었다. 실제로 일부의 여성해방교육론자들은 그러한 상황에까지 이르기도 하였다.

그러나 여성교육의 현장에서는 전혀 이러한 교육론이 반영되지 못하였다.

2) 제2차 조선교육령과 여성교육정책

앞서 보았던 사립학교에 대한 탄압은 1919년 3·1운동을 계기로 일부 완화되었다. 1919년 12월 고등보통학교와 여자고등보통학교의 규칙이 변경되고 그 교육내용이 수정되었다. 여자고등보통학교에서는 외국어를 선택과목으로 하고 산술을 수학으로 고쳐 일본 내의 상급학교와의 연결을 편리하게 하였다. 이는 일본 내의 학교와 비교할 때 지나치게 실업교육에 편중되었던 교육내용에 대하여 한국인들이 크게 불만을 갖고 있었기에 이를 완화하기 위한 조처였다. 그리고 1920년 3월에는 사립학교 규칙이 개정되어 정규의 보통학교·고등보통학교·여자고등보통학교로서 인가를 받지 않은 사립 각종학교의 교과목에 대한 제한이 철폐되고, 교원자격이 완화되었다. 각종학교에는 성경을 가르쳐도 좋다는 지침이 내려졌다.52)

그리고 조선총독부는 1922년 2월에 이르러 신교육령을 공포하였다. 이 신교육령에서 총독부는 일본 교육의 제도주의를 조선으로 연장하겠다고 내세웠는데, 즉 조선에 있는 국민은 일본인이건 조선인을 불문하고 동일의 교육을 시키겠다는 것을 표면에 내세웠다.53)

먼저 보통교육에 있어서는 일본어를 상용하는 학교와 그렇지 않은 학교의 명칭을 다르게 칭하였다. 즉 일본어를 상용하는 학교는 소학교 · 중학교 · 고등여학교로, 그렇지 않은 학교는 보통학교 · 고등보통학교 · 여자고등보통학교라고 칭하였다(제2조, 제3조).

그리고 초등교육부터 전문교육에 이르기까지 각종의 학교는 입학자격, 수업연한, 학과 등 그 내용을 조선인과 일본인 모두에게 같이 적용시키고자 하였다. 보통학교의 수업연한을 4년에서 6년으로, 고등보통학교는 4년에서 5년으로, 실업교육 전문교육 대학교육 등은 일본의 제도에 따랐다(11조, 12조). 또한 새로 사범학교와 대학 설치의 길을 마련했다. 이러한 점이 구 교육령과의 차이점이었다.54)

특별한 사정이 있는 경우는 소위 상호 입학의 규정을 정하여, 일본어를 상용하지 않아도 소학교 · 중학교 · 고등학교 등에, 또한 일본어를 상용하여도 보통학교 · 고등보통학교 · 여자고등보통학교 등에 입학하는 것을 허락하였다.55)

---

52) 오천석(1975), 앞의 책, 251~252쪽.
53) 조선총독부 학무국(1926), 『조선교육요람』, 21쪽.
54) 조선총독부(1935), 『시정 25년사』, 478~479쪽.
55) 손인수(1975), 『한국근대 교육사』, 166~169쪽: 고교빈길(1927), 앞의 책, 381~384쪽.

여성교육의 경우 여자고등보통학교는 종래 관립 사립에 한정하였던 것을 도지방비 혹은 학교비로써 설립할 수 있게 하였으며, 수업연한을 종래의 3년에서 4년으로 연장하고, 입학자격은 수업연한 6년의 보통학교 졸업정도로 하였다. 교과목의 경우 조선어와 한문을 나누어 조선어를 필수로 한문은 선택으로 하였으며, 역사 및 지리에 있어서는 조선에 관한 사항을 상세히 하고, 실과를 두지 않고, 기타는 일본의 고등여학교의 것에 준한다고 하였다. 그리고 사범교육의 경우 종래의 1년의 사범과제를 폐지하고 사범학교를 독립기관으로 설립하되, 여자사범학교는 5년제로 보통과 4년 연습과 1년을 두도록 하였다.56) 이로써 교육연한이 과거의 11년 내지 12년이던 것이 11년에서 16년 내지 17년으로 연장되었으며 일본의 학제와 비슷한 학제가 되었다.

이 때 경남을 비롯하여 많은 지역에서 공립여자고등보통학교가 설립되었다.

3. 일제의 대륙침략전쟁과 여성교육정책

1927년에 부임한 山梨총독은 1922년의 완화책을 다시 수정하였다. 1922년의 교육령에서 축소되었던 실업교육이 다시 강조되었다. 즉 1929년 보통학교규칙을 개정하여 종래 선택과목이었던 직업과를 필수과목으로 함으로써 寺內總督시대의 실과 훈련시대로 되돌아갔다.

그리고 더욱이 1931년 취임한 宇垣은 대륙침략을 시작하면서 한국을

---

56) 조선총독부(1922),『施政年報』, 160~162쪽; 이만규(1949), 앞의 책, 270~271; 오천석 (1975), 앞의 책, 255~256쪽: 고교빈길(1927), 앞의 책, 482~83쪽. 남자 사범학교는 6 년이었다.

일본의 충성스러운 동맹자로 만들고, 한국의 공업화를 실시하여 전쟁의 전초기지를 확보하고 일본의 식량보급지가 되게 할 필요성을 절실히 느꼈다. 이러한 필요에 따라 1934년에는 농촌간이학교제도를 창설하기까지 하였다. 그러나 거기에 비하여 중등학교교육에는 별다른 관심을 보이지 않아 중등교육이 자연히 저조할 수 밖에 없었다.[57)]

이미 1931년 만주침략에서 시작된 일제의 전시지배정책은 1937년 중일전쟁을 일으키면서 1938년 3월 제3차 조선교육령의 발표로 이어졌다.[58)]

이 교육령에서는 조선인 학교의 명칭과 일본인 학교의 명칭을 동일하게 하여 종래의 보통학교를 심상소학교로, 고등보통학교를 중학교로, 여자고등보통학교를 고등여학교로 개칭하였다. 이는 조선인과 일본인이 동일하다는 내선일체를 강조하고자 한 것이었다.

그리고 조선인의 교육목적을 "국민도덕을 함양함으로써 충량유위의 황국신민을 양성하는 것"으로 강조하였다. 교육내용으로 일본적인 정신을 강화하기 위한 일본어 · 일본사 · 수신 · 체육 등의 교과를 강화하였다. 한편으로 조선어를 못 쓰게 하여 모두 일본어로 강의하고, 학생들도 일본어를 사용하도록 하였다. 또한 일제는 사립학교의 설립을 불허하였다. 1938년부터 1943년까지 공립중학교 17개교, 공립고등학교 22개교를 설립하면서도 사립중학교의 설치를 억제하였다.

여성고등교육도 이에 따라 몇 가지 변화가 있었다. 첫째, 여자고등보통학교의 명칭을 고등여학교로 칭하고(제1장 제2조), 고등여학교는 여자에게 필요한 고등보통교육을 하는 곳으로 특히 국민도덕의 함양과 부덕의

---

57) 오천석(1975), 앞의 책, 261~263쪽.
58) 조선총독부 학무국(1938), 『조선에 있어서 교육 개혁의 전모』, 23~24쪽 ; 『부산일보』 1938. 3. 6.

양성에 뜻을 두고 양처현모의 자질을 얻도록 한다. 그리고 이로써 충량지순忠良至醇한 황국여성을 양성하는데 힘쓰도록 한다(제1장 제1조). 둘째, 고등여학교에는 고등과 · 전공과 · 보습과를 두며, 수업연한은 5년 또는 4년으로 하되 사정에 따라 3년으로 할 수 있다. 셋째, 교수요지, 교과목, 교과과정 등에 관하여는 조선어 이외의 것은 양국인의 것을 같이 하기로 한다. 넷째, 교과서는 총독부 또는 문부성 검정의 것을 총독부의 인가를 받아 사용하는 것을 원칙으로 하되, 한국의 특수한 실정에 비추어 총독부 편찬의 것을 사용하도록 한다. 다섯째, 고등여학교의 학과목은 수신, 공민公民, 교육, 국어, 역사, 지리, 외국어, 수학, 이과, 실업, 도화, 가사, 재봉, 음악, 체조 등으로 하고 조선어를 필수에서 선택으로 한다.[59)

이러한 개정안은 외형상으로는 학교 명칭을 바꾸는 정도인 것으로 보이지만, 목표와 내용에 있어서는 황국신민화를 철저히 추진하려는 의도가 역력히 나타나고 있다. 무엇보다도 조선어를 필수에서 선택으로 밀어내고 있는 것인데, 실제로 이는 선택으로의 변경이 아니라 조선어를 교과과정에서 제외시키기 위한 것이었다. 총독부는 사립학교에 자진하여 조선어과목을 폐지토록 강요하였다. 그리고 교수요지, 교과목, 교과과정을 한일 양국이 같이 한다는 것은 조선인의 교육의 질을 높히겠다는 의지가 아니라 바로 내선일체를 내세워 조선인을 황국신민으로 만들겠다는 의도인 것이다. 앞서 제1조에서도 보았듯이 황국여성을 양성하는데 그 목표를 두고 있다. 또한 제12조에서 생도를 교양하는데 8가지 점을 들고 있는데 이 역시 황국신민과 황국여성을 양성하는데 역점을 둘 것을 강조하고 있다. 당시 총독 南次郎은 개정교육령의 근본정신을 국체명징國體明徵,

---

59) 조선총독부(편)(1940), 『조선법령집람』, 32~38쪽.

내선일체內鮮一體, 인고단련忍苦鍛鍊에 있다고 밝히고 있는데,[60] 역시 교육의 목표가 황국신민화에 있었음을 보여준다.

또한 일제가 이러한 여성고등교육을 통하여 길러내고자 하는 황국여성은 황국신민으로서의 한 사람일 뿐 아니라 부덕을 함양한 양처현모였다. 제1조에서 양처현모의 자질을 키우는데 주력하자고 하였으며, 또한 제12조에서도 고등여학교가 생도를 교양시킬 때 유의할 점을 강조하고 있는데 품성의 도야, 정조의 함양에 주력하여 순량정숙順良貞淑하고 온량자애溫良慈愛하며 순풍미속醇風美俗을 숭상한 여성을 양성하여 가정에 대한 임무를 중시하고 국가사회에 봉사하도록 하자고 강조하고 있다. 궁극적으로 황국여성이 되어야 하는데 그 여성상은 주부와 어머니의 책무를 다하는 양처현모로 가정에 봉사하는 여성이다. 제12조 8항에서는 각 학과목을 가르칠 때 장래 주부와 어머니의 책무를 다 할 수 있는 교육을 시킬 것을 강조하고, 특히 가정생활에 필요한 사항은 반복하여 훈련시킬 것을 주장하고 있다.

바로 이러한 교육정책이 우리 여성교육의 내용을 좌우하게 되었다. 여성교육론은 내면에서 드러나지 않게 또는 제도권 밖의 교육에서 그 기반이 되었으나, 제도권교육에서는 교육의 내용이 철저하게 교육정책에 의하여 좌우되었다.

1943년 조선총독부는 교육체제를 전쟁 수행을 위한 군사목적에 맞게 개편하기 위하여 제4차 조선교육령을 발표하였다. 이는 수업연한의 단축과 동시에 '황국의 도에 따르는 국민연성'을 기본 정신으로 하였다. 고등여학교도 이때 수업연한을 4년으로 단축하였다.

---

60) 오천석(1975), 앞의 책, 300~302쪽.

IV. 맺음말

본고에서는 현재의 여성교육의 올바른 방향정립을 위해 근대 이래의 여성교육의 구체적 실상을 고찰해보고자 하는 일 시도로서, 한말과 일제하의 여성교육론과 교육정책을 정리해 보았다.

우리나라에서 근대여성교육론이 대두된 것은 개화사상가들에 의해서였다. 이들은 전통적인 여성교육관을 대신해 여성에게도 교육을 실시하여 개화자강을 실시하자고 하였다. 특히 이들은 서양여성의 개화를 소개하고, 이러한 개화는 여성교육에서 비롯되었음으로 시급히 근대적 여성교육을 실시하자고 주장하였다. 국권회복기의 계몽주의자들은 여성교육을 더욱 강조하였다. 그것은 국권회복과 관련하여 실력을 양성하자는 국가경쟁력을 위한 것이었다. 특히 이들은 여성의 역할을 가정 내에서의 어머니로서의 역할과 아내로서의 역할, 가정의 운영자로서의 역할에 강조점을 두었다. 그리하여 가정교육의 담당자, 가정의 현명한 운영자로서 여성을 길러내기 위한 여성교육을 강조하였던 것이다.

즉 개화론자들은 여성은 가정에서는 교양있고 능력있는 현모양처로서 국가사회를 위해서는 새 사회건설에 유익한 일꾼으로서의 역할을 기대하고 그를 위해 여성교육을 강조하였던 것이다. 그리고 계몽사상가들은 바로 자본주의 사회의 가부장적 가정의 현모양처를 길러내고자 여성교육을 강조하였던 것이다.

1910년대에 들어서면서 서서히 여성들 자신의 여성교육론이 제기되었다. 당시 여성들은 여성교육에서 남녀동등과 민족주의를 부르짖었다. 이들은 이제 현모양처주의 교육을 비판하고, 남녀동등한 인격을 갖춘 민족주의자를 이상적 여성으로 제시하였다. 그리고 1920년대에 이르러 여성해방론이 풍미하면서 여성교육론에도 여성해방교육론이 대두되었다. 이 때 와서 비로소 여성교육이 자아확립교육과 여권동등 교육으로 나아가야 한다는 주장이 제기되었다. 여성해방교육을 위해 내용면에서 남녀평등주의 · 인격주의에 입각한 교육, 사회와 연계를 갖는 교육, 남성주의에 기초한 전통적 사고를 키우는 교육배제, 실용적 교육 등이 강조되었다.

이러한 개화기 이래의 여성교육론은 단계 단계마다의 특성을 갖고 민족문제와 여성문제를 동시에 풀어나가는 실마리로서의 역할을 하였다. 그리하여 많은 한계가 있는 것이었지만 여성교육이 전개될 수 있는 이론적 기반을 마련해 주었다. 그러나 식민지하에 들어서면서 이 이론들은 현실 속에서 그대로 받아들여질 수 없었다. 오히려 여성교육론은 제도권의 교육이 아닌 여학생들의 생활이나 이념, 또한 여성 민족운동의 이론적 틀이 되었다.

여성교육정책은 1895년 8월에 소학교규칙이 발표되면서 비롯되었으며, 1908년에는 고등여학교령이 발표되었다. 공교육에서의 여성교육의 시작이 통감부 치하에서 이루어지면서 여성교육정책은 왜곡될 수 밖에 없었다. 한국의 여성 공교육은 그 기초를 다지기 전에 일본의 요구에 따른 교육으로 변질되었다. 그러나 아직은 국가 차원의 여성교육은 일부였고, 선교사 등 종교단체들에 의한 사립여성교육이 주를 이루었다. 때문에 일제는 당시 교육의 주요부분을 담당하고 있었던 사립학교를 심히 통제하였다.

일제통치하 1911년 공포된 제1차 조선교육령은 여자고등보통교육에 관한 조항을 발표하여, 여성교육을 철저히 식민여성, 부덕을 갖춘 여성을 길러내는 것으로 규정하였다. 3 · 1운동 이후에는 조선인들의 항거를 의식한 문화정치가 시행되면서 내용이 약간 완화되어 조선인 교육체계가 일본인 교육과 같아지면서 여성의 상급학교로의 진학을 어느 정도 가능하게 하였다. 그리하여 1920년대 후반에는 각 지역에서 공립여자고등보통학교들이 설립되었다. 그러나 역시 이 교육에서도 일제가 원하는 여성상은 부덕을 갖춘 식민지의 여성이었다. 실제 조선 여성들의 전문학교나 대학으로의 진학은 극히 어려웠다.

1931년 일제는 만주를 침략하고 1937년에는 중일전쟁을 도발하였다. 전쟁을 진행하면서 일제는 전쟁체제에 맞는 교육제도를 시행하고자 하였으며, 이를 위해 1938년 제3차 조선교육령을 공포하였다. 여성교육을 보면, 1938년 개정교육령으로 여자고등보통학교의 명칭이 고등여학교로 바뀌었으며, 교과내용은 철저히 전쟁에 좀 더 집중하는 황국신민 · 황국여성을 양성하는 것으로 개정되었다. 조선어가 폐지되고 전쟁과 관련한 과목들이 개설되었다. 1943년 교육령은 전쟁의 인력 동원을 위해 교육연한을 줄였다. 물론 여학교의 연한도 줄였다.

바로 이러한 교육정책들이 우리 여성교육의 내용을 좌우하게 되었다. 여성교육론은 내면에서 드러나지 않게 또는 제도권 밖의 교육에서 그 기반이 되었으나, 제도권 교육에서는 교육의 내용이 철저하게 교육정책에 의하여 좌우되었다.

따라서 자연히 일제하 교육을 통하여 여성들은 식민지교육에서 추구한 황국신민으로서 철저한 현모양처로서의 교육을 받게 되었다. 이러한 여성교육을 통하여 길러진 여성들은 식민성을 담보한 황국신민으로서 또한 현모양처로서 주체적이지 못한 여성으로 키워질 수밖에 없었다.

그리고 해방 이후 일제의 교육관에서 벗어나지 못하였던 우리의 현실 속에서 여성교육은 계속 확대 발전 되었지만 식민지적 잔재를 갖고서 현모양처 교육에서 벗어나지 못하였다.

이러한 여성교육의 전통은 외형에서는 변화를 거듭하고 있는 것으로 보이지만, 많은 부분 잠재되어 있어 올바른 여성교육의 정립에 방해가 되고 있다. 현재 여성교육이 남성교육과 묶여 인간교육으로 가고 있는 듯이 보이지만 여전히 성역할을 강조하고 자본주의질서 내에서의 가부장적 질서를 이어나갈 새로운 모형으로서의 현모양처 역할을 은연중 가르치고 있는 실정이다.

(『여성연구논집』 제16권, 2005년, 신라대학 여성문제연구소)

❏제2장 참고문헌❏

사료

『구한국관보』1908년.

『가정잡지』.

『개벽』4호(1920. 10).

『기호흥학회월보』.

『대한매일신보』1908년, 1909년.

『독립신문』1896년, 1898년, 1899년.

『대동보』제3호(1907. 7).

『대한일보』1906년.

『대한흥학보』제5호.

『동아일보』1922년.

『만세보』.

『부산일보』.

『서북학회월보』15호.

『신여성』3권 1호(1925. 1), 4권 2호(1926. 2).

『시사총보』1899년.

『여자지남』제1권 제1호.

『중외일보』1924년.

『조선일보』1923년, 1924년, 1926년, 1929년.

『제국신문』1906년.

『한성순보』 1884년.

『호남학보』 제1호.

『황성신문』 1899년.

『현대평론』 창간호(1927. 2).

『태극학보』 제1호.

『여자계』 3호(1919. 9).

단행본

정　교,『대한계년사』.

유길준(1895),『서유견문』.

조선총독부 내무부 학무국(1911),『조선교육요람』.

조선총독부 내무부 학무국(1914),『조선교육요람』.

조선총독부 내무부 학무국(1915),『조선교육요람』.

조선총독부 내무부 학무국(1919),『조선교육요람』.

조선총독부 학무국(1926),『조선교육요람』.

조선총독부 학무국(1938),『조선에 있어서 교육 개혁의 전모』.

조선총독부(1935),『시정 25년사』.

조선총독부(1922),『시정연보』.

조선총독부(편)(1940),『조선법령집람』.

국사편찬위원회(편)(1965),『독립운동사』 제1권.

국회도서관(1971),『한말근대법령자료집』 VI, 서울.

高橋濱吉(1927),『朝鮮教育史考』, 제국지방행정학회.

『근대한국명논설집』,『신동아』 1966년 1월 부록.

大野謙一(1936),『朝鮮教育問題管見』, 조선교육회.

박용옥(1984),『한국근대 여성운동사 연구』, 한국정신문화연구원.

손인수(1975),『한국근대 교육사』, 연세대학교출판부,

오천석(1975), 『한국신교육사』(상), 광명출판사.

이만규(1949), 『조선교육사』(하) 신교육편.

이화여자대학교(1971), 『이화 80년사』.

학술논문 및 기타

김옥란(2004), 「근대 여성 주체로서의 여학생과 독서체험」, 『상허학보』 제13
집, 상허학회.

김재인(2001), 『한국 여성교육의 변천과정 연구』, 한국여성개발원.

김정희(1984), 「한말 일제하 여성운동 연구」, 효성여자대학교 대학원 석사학위
논문.

노인화(1982), 「한말 개화자강파의 여성교육관」, 『한국학보』 27집, 일지사.

박선미(2004), 「가정학이라는 근대적 지식의 획득−일제하 여자일본유학생을
중심으로」, 『여성학논집』 21−2, 이화여대 한국여성연구원.

유봉호(1999), 「신여성교육론의 전개」, 『대한제국사연구』, 백산자료원.

이송희(1994), 「1920년대 여성해방교육론에 관한 일고찰」, 『부산여대사학』 제
12집.

이송희(1994), 「1920년대 여성해방론에 관한 연구」, 『부산사학』 제25 · 26 합
집, 부산사학회.

이송희(1995), 「대한제국말기 계몽단체의 여성교육론」, 『이대사원』 제28집.

이옥진(1979), 「여성잡지를 통해 본 여권사상−1906년부터 1929년까지를 중심
으로−」, 이화여대 석사학위논문.

오숙희(1988), 「한국 여성운동에 관한 연구」, 이화여대 석사학위논문.

정세화(1972), 「일제치하의 여성교육」, 『한국여성사, 개화기−1945』, 이대출판부.

정미경(2000), 「일제시기 '배운 여성'의 근대교육 경험과 정체성에 관한 연구」,
이화여대 여성학과 석사학위논문.

채성주(2000), 『1920년대 여성교육 연구』, 고려대 교육학과 석사학위논문.

최숙경(1983), 「한말 여성해방이론의 전개와 그 한계점」, 『한국문화연구원논총』, 이화여자대학교.

최숙영(2004), 「일제시대 여성교육에 관한 고찰: 제천공립실과여학교를 중심으로」, 세명대 교육대학원 석사학위논문.

제3장 1920년대 여성해방교육론에 관한 일고찰

I. 머리말

보통 어느 나라에서든지 여성의 현실을 직시하고 여성문제를 제기하면서 가장 먼저 논의되는 것이 여성교육이었다. 우리의 경우에도 역시 마찬가지로 여성교육론이 가장 먼저 제기되었다. 그러나 여성교육론의 주장은 여성 자신들에서 시작된 것이 아니고 초기 개화파들의 근대문명사회로 나아가고자 하는 개화의 논리에서 비롯되었다. 이들은 內修自强을 추진하는데 선결요건인 국민적 통일을 위하여 남녀간 신분간의 봉건적 위계질서의 철폐와 국민에게 국가적 의무를 자각시키기 위한 균등교육의 실시가 필요함을 강조하였다. 이때 제기된 여성교육론은 독립협회운동 속에서 널리 퍼져 나갈 수 있게 되었다.『독립신문』은 많은 논설에서 여성교육의 문제를 다루었다.

이러한 배경 속에서 여성들의 잠재적인 자기인식은 贊讓會찬양회의 결성으로 이어지고 찬양회 회원들은 天賦의 權利로서 남녀가 동등됨을 믿으며 종래 부당하게 가해진 차별제도는 철폐되어져야 하고 여성에게 개화교육을 시킴으로서 여성도 남성과 똑같은 능력자로 국가사회에 이바지

할 수 있을 것이라는 기대에 부풀기도 하였다. 1905년 이후 국권회복기에는 실력양성론 속에서 여성교육이 강조되었다. 이 가운데 일부의 여성들이 여성도 교육을 받아 지식이 생기면 남자에게 억눌리지 않고 자유로운 삶을 살 수 있으리라는 생각에서 여성교육을 주장하기도 하였다.

그러나 여성교육 등 여성문제에 관한 여성 자신들의 본격적 인식은 1920년대에 가서야 이루어졌다. 이는 3·1운동의 경험과 1920년대 본격적으로 수용되고 있었던 서구사상의 영향이었다.

이렇게 여성교육론이 여성문제를 인식하고 문제를 제기하는데 있어서 출발점이라고 할 수 있기에 여성교육론에 관한 연구는 여성문제 인식을 다루는데 있어서 가장 선행되어야 할 연구라고 하겠다. 그러나 지금까지의 연구는 여성교육론을 여성문제의 인식과 관련하여 본 경우는 극히 미미하고[1] 주로 교육사적 측면에서만 다루어 왔기 때문에 여성교육의 발전적 측면만 고려되었을 뿐이고 여성교육론이 과연 여성문제를 직시하고 그 대안을 제시해 줄 수 있는 것이었는지에 대한 검토는 별달리 없었다.

그리하여 본고에서는 여성교육론이 본격적으로 여성해방의 의미로 파악되기 시작하였던 1920년대를 대상으로 우리의 현실 속에서 여성교육론이 과연 여성문제를 특히 여성해방을 해나가는데 있어서 그 근본 문제를 해결해 줄 수 있는 것이었는지를 보고자 한다. 1920년대에는 여성해방론이 본격적으로 주장되면서 특히 자유주의적 여권론의 입장에서는 女性敎育＝女性解放이라고까지 주창하고 있었는데 이들의 여성교육론을

---

1) 1920년대의 교육론을 간략하게 언급하고 있는 것으로 몇 편의 논문이 있다. 金貞姬 (1984), 「韓末 日帝下 女性運動 研究」, 曉星女子대학교 대학원 석사학위 청구논문: 李玉鎭(1979), 「女性雜誌를 통해본 女權思想－1906년부터 1929년까지를 중심으로－」, 이화여자대학교 대학원 석사학위 청구논문: 오숙희(1988), 「한국 여성운동에 관한 연구」, 이화여자대학교 대학원 석사학위 청구논문.

구체적으로 분석하여 봄으로써 당시의 조건 속에서 女權論的 인식이 타당한 것이었는가를 고찰하여 보고자 한다. 이는 현재 우리가 어떠한 여성교육관을 갖고서 여성교육에 임하고 여성의 문제를 풀어나갈 것인가를 제시해 줄 수 있는 중요한 논의가 될 것이다.

II. 1920년대 여성해방론

1920년대에 들어서 3·1운동의 유산을 토대로 하여 새로운 新思想의 수용을 계기로 민족해방 운동의 각 부문운동이 활성화되기 시작하였는데 여성운동 역시 다른 사회운동과 더불어 부문운동으로 발전하여 여성문제가 社會總體的 矛盾構造에서 비롯된다는 인식하에 그 사회구조의 모순을 타파하려는 운동으로까지 발전하게 되었다. 이러한 여성운동의 변화와 활성화에 뒷받침이 된 것은 물론 당시의 여성해방론이었다. 이때의 여성교육론은 바로 여성해방론과 밀접한 관계를 갖고 전개되었다. 본고에서 다루려 하는 여성교육관이 바로 이에서 출발하고 있기 때문에 여기에서는 여성교육론을 이해하고 그 위치를 가늠해 보기 위해 당시 1920년대의 여성해방론을 정리해 보려 한다.[2]

1. 여성 억압의 원인

그러면 1920년대에는 여성을 억압하는 것이 무엇이라고 보았는가? 당시의

---

2) 이에 대한 자세한 내용은 이 책 5장 여성해방론을 참조.

입장을 몇 가지로 분류해 볼 수 있겠다.

첫째, 기존의 전통적 價値觀과 制度, 즉 전통적인 道德, 倫理 그리고 家族制度, 結婚制度 등이 여성을 억압하는 장본인이라고 보고 있다. 남자 중심의 전통적 도덕과 윤리가 가정에서는 물론이고 사회통념으로 자리 잡고 있어서 여성들은 항상 남성의 소유물로 간주되어 왔다는 것이다. 그리고 이러한 가치관에 기반하여 가족제도·결혼제도 등은 바로 여성을 억압하는 기제였다는 것이다.3) 특히 중매결혼, 조혼,4) 당시 늘어나고 있었던 이혼5)과도 관련하여 결혼제도의 모순점이 여성을 억압하여 왔다고 강조하였다.

둘째, 여성 자신의 인간으로서의 각성이 부족한데 그 원인이 있다고 보는

---

3) 滄海居士, 「家族制度의 側面觀」, 『開闢』 1920. 8월호, 24~27쪽: 過去의 여성은 남편과 시어머니 아이에게 奉仕하는 奴隷的 自己이었으나, 이제 賢母良妻主義나 女子家庭中心說은 否認한다고 하고, 家族의 합의로 성립한 가정이 아니면 우리들이 요구하는 新時代의 가정이라고 할 수 없다고 강조하고 있다(「自己로 사는 婦人」(2), 『동아일보』 1920. 6. 21. 이후 『동아』로 표기): 종래 여성의 지위, 여성을 억압하고 있었던 내용으로 蓄妾이 허용되고 三從之道에 얽매이고 財産相續權이 없고 잘못된 婚姻制度, 男女隔離法, 賣春의 問題 등을 거론하고 있다(文一平, 「歷史上으로 본 朝鮮女性의 社會的 地位」(7)~(12), 『조선일보』 1929. 9. 17~9. 27. 이후 『조선』으로 표기).

4) 柳尙黙, 「早婚과 性의 關係」, 『동아』 1922. 12. 24: 「婚姻問題와 民衆保健−早婚 地方婚 階級婚 濫婚의 諸弊害」, 『조선』 1929. 5. 10. 社說: 「早婚의 弊害를 打破하자」, 『시대일보』 1924. 5. 22. 이후 『시대』로 표기: 梁承煥, 「早婚을 打破하자」, 『동아』 1924. 11. 27.

5) 당시의 離婚問題는 여성문제와 관련하여 사회문제와도 관련하여 관심거리였으며 논의의 대상이었다. 사랑 없는 結婚, 부모들의 강요에 의한 結婚은 결국 離婚으로 이어질 수밖에 없다고 강조하고 있다(鄭壽榮, 「離婚은 不可避」 『東亞』 1924. 1. 1. 雜報): 아내가 이혼에 응하면 좋겠지만 공방지키는 이를 차버림은 불가하다고 하며 사랑을 희생하자고 주장(李起旉, 「離婚問題의 可否」, 『동아』 1924. 1. 2): 이제는 부부간의 조화나 타협의 여지가 없을 경우에 이혼으로 갈 수 밖에 없다고 주장(「離婚은 當然」, 『時代日報』 1924. 4. 30); 사랑이 없는 結婚이 離婚으로 가는 것은 당연하다고 주장(「離婚은 眞理」, 『시대일보』 1924. 5. 28).

시각이다. 즉 여성 자신들이 기존의 가치관과 가족제도를 비롯한 사회제도에 젖어있으면서 그것을 문제 삼지 않고 당연시하는 것, 교육의 기회를 잘 활용하지 않은 것, 자신들의 권리를 주장하지 않은 것 등을 지적하였다. 여성 자신이 주체가 되어 여성의 억압을 이겨 나가야 한다고 보는 시각이다.

여성 자신이 각성하지 못하고 자신의 존재 가치를 깨닫지 못한 경우, 자기의 능력을 깨닫지 못하고 자기의 가치를 스스로 발견하지 못하게 된다고 보고 여성 자신의 각성을 촉구하였다.[6] 더욱이 당시 교육받은 신여성까지 남성의 사랑을 받고 안락한 생활을 하는 것에 만족하고 있었던 것에 대하여 크게 비판하고 여성 스스로가 殉教的 精神으로 여성운동에 참여할 것을 강조하였다.[7]

셋째, 정치·경제·법률 등 사회제도 면에서의 불평등한 조건이 바로 여성 억압의 원인이라고 보고 있다. 당시 사회에서의 제도가 모두 남성 중심으로 되어 있어서 여성들은 이 제도 속에서 억압받고 있다는 것이다. 즉 경제적인 면에서 정치적인 면에서 여성들이 인간답게 살 수 있는 권익을 찾아볼 수 없다는 것이다. 여성의 不自由는 바로 경제적 독립이 없었던 것에 비롯하며[8] 또한 정치적으로 법률적으로 불평등한 위치에 처해 있었

---

6) 부인해방운동은 부인들의 自身의 覺醒에서 출발해야 한다고 강조하였다(「日本의 婦人運動」, 『동아』 1923. 3. 2); 여자가 참여자가 되게 하고 여자로서의 사명을 완전히 수행케하야 남자와 대립 혹은 공동하여 참말로 합리적 社會 家庭을 건설하는 것은 남자의 책임이 아니라 여자 스스로의 책임입니다. 여자는 스스로 壓迫과 拘束과 輕蔑을 타파치 아니하면 안됩니다(「女子의 責任」, 『시대일보』 1925. 8. 6).

7) 洞泉生, 「新女性의 자랑은 과연 무엇인가?」, 『中外日報』 1926. 12. 31; 소수 교육 받은 여성들이 눈만 높고 현실적이지 못한 점 지적(「教育받은 朝鮮女性의 앞길」, 『동아』 1926. 1. 7~1. 19); 교육 받은 신여성들의 자각하지 못함을 비판하고 있다(李素傘, 「現下 朝鮮이 요구하는 女性」, 『동아』 1926. 1. 5).

8) 오늘날 여자가 진실로 解放을 요구하려면 먼저 經濟的으로 男子와 同一한 勢力을 얻어야 할 것이지 男性에게 經濟的으로 寄生하는 생활을 해서는 안 된다고 하고 있다(李根苾,

음9)에서 비롯되었다고 강조하고, 아무리 여성 자신이 자각을 하고 여성 해방을 부르짖는다 하더라도 경제적인 면에서 뒷받침이 되지 않을 경우에는 다시 남성에게 예속된다고 보았다. 그리고 정치적으로 選擧權 등의 권한을 갖지 못하고 남성과 불평등 관계를 유지할 경우 여성에 대한 억압은 지속될 수밖에 없다는 것이다. 또한 민법 형사법에서 보더라도 이러한 법률적인 뒷받침이 없으면 계속 굴종적인 삶을 살아가야 한다는 것이다.

넷째, 여성억압은 바로 사회구조적이라는 시각이다. 사회경제구조의 변화 속에서 여성의 현실적 위치가 결정되어왔다고 보고 바로 당시의 資本主義的 사회경제구조가 여성을 억압하는 장본인이라는 시각이다.10) 즉 여성이 교육을 통하여 자각을 하게 되고 그리고 그것을 기반으로 경제적 독립력을 갖거나 또 선거권을 갖게 된다고 하더라도 사회 전반적 구조가 바뀌지 않는 한 그것은 개별적 사항으로 그치고 근본적 해결을 가질 수 없다는 것이다.11)

이들은 구체적으로 서구의 예를 들어서 이점을 주장하고 있다. 서구의

「解放을 바라는 여성들에게-經濟的으로 獨立하여 享樂的 結婚을 폐하라」, 『동아』 1927. 2. 5): 婦女의 사회상 지위를 참으로 향상시키는 진정한 女子解放과 男女平等을 기도하려면 무엇보다 먼저 그의 경제적 平等과 경제적 解放을 얻도록 노력하여야 할 것이다(燕京學人, 「婦人과 經濟」, 『동아』 1927. 7. 21. 婦人講座).

9) 「英國女性의 選擧權擴張」, 『동아』 1927. 6. 16. 時評: 朗山生, 「法律상으로 본 女子의 地位」 (1~3), 『동아』 1927. 7. 29~7. 31. 婦人講座. 女子는 法律적으로도 매우 열악한 위치에 있었음을 설명하고 있다. 즉 정치적 권리가 없고 刑法 民法에 있어서도 不利하게 되어 있다는 것으로 女子解放運動은 이러한 差別을 撤廢하는데서부터 시작해야 한다고 강조하고 있다.

10) 「婦人運動과 新女性」, 『동아』 1926. 1. 4: 여성을 억압하는 장본인은 資本主義라고 하고 있다(山川菊榮, 「東洋婦人의 解放」, 『동아』 1925. 1. 3: 李賢卿, 「經濟狀態의 變遷과 女性의 地位(1)~(5), 『現代評論』 1927. 2~6).

11) 여성 抑壓의 요인은 經濟的 體制에 있으므로 여성해방은 經濟的 獨立을 실현함으로써 가능하다고 보고 경제적 독립을 실현하자고 주장하고 있다(「女性解放運動에 대하여」, 『시대일보』 1924. 5. 16): 그리고 경제적 독립은 社會的 生活의 意識이 갱신될 때 가능하다고 강조(「經濟獨立이냐 知識向上이냐」, 『동아』 1927. 10. 23. 婦人時評).

산업혁명 이후 여성들이 진정한 경제적 독립은 하지 못하였다고 보았다. 그 이유는 바로 자본가에게 사역을 당하였기 때문이라는 것이다. 즉 생산물이 생산자 자신인 노동자에게 귀의하는 시대가 오기 전에는 진정한 의미의 경제적 독립은 없다고 보고 이 점이 부인문제가 무산계급과 동일한 해결을 요하는 점이라고 강조하였다.12)

이 입장에 서 있었던 사람들의 여성문제를 보는 시각은 앞서의 女權論的인 것과는 상당한 차이를 드러내고 있었다. 이들은 당시 서구의 부르주아 여성운동 즉 교육 및 직업의 자유, 참정권의 획득과 같은 것은 재래의 여권론적 여성운동이라고 정의하고, 새로운 부인운동은 무산계급여성이 주체가 되어 목전의 문제에 목적을 두지 않고 참된 인류의 자유 평등을 실현하고자 하는 운동이라고 강조하였다.13)

여성교육을 강조한 경우는 첫째 · 둘째 · 셋째의 여성억압론에 근거를 두고 있다.

2. 여성해방의 의미

이러한 여성문제를 해결해줄 여성해방이란 당시 어떻게 인식되었는가? 여성해방이란 용어는 언론 속에서 무수하게 다루어졌는데 다양한 의미로 쓰여졌다. 대체로 세 가지 관점으로 인식되었다고 볼 수 있다.

첫째, 여성해방이란 여성들이 재래의 남성에 의한 노예적인 삶과 노예

---

12) 許貞淑, 「婦人運動과 婦人問題 硏究—朝鮮 女性 地位는 特殊」(1)(2), 『동아』 1928. 1. 3~4.
13) 李鵬坡, 「전환기에 임한 조선의 여성관」, 『신사회』 1926. 2월호, 38~39쪽; 박원희, 「부인운동이란 무엇인가? —그 대강에 대한 일반적 상식」, 『중외일보』 1926. 12. 19.

적인 도덕에서 벗어나[14] 자유와 권리를 갖는 하나의 인격체가 되는 것이라는 관점이다. 즉 여성이 개인으로서의 각성과 인생으로서의 각성을 통해서 진정한 인격체-자유인이 되는 것이다.[15]

특히 이 관점에서는 여성의 개인으로서의 각성 인생으로서의 각성이 性的 道德에 대한 혁명적인 新道德의 형성을 가져다 준다고 보았다. 그 구체적 내용으로 연애의 자유, 연애결혼, 이혼의 자유 등을 들기까지 하였다.[16]

두 번째, 여성해방이란 여성들이 남성과 동등한 권리와 지위를 획득함으로서 自己를 실현하는 것이라고 보는 관점이다. 즉 구체적으로 知的能力面에서, 生存權의 면에서, 정치적인 면에서 여성들도 남성과 동등한 권리와 이익을 획득하는 것이다. 이는 당시 서구여성들을 완벽한 것은 아니지만 지향해야 할 바로 보고 그것을 모델로 하여 여성문제를 풀어나가고자 하였던 인식이다.[17]

이 관점에서 무엇보다 중요시 하고 있는 권리가 지적 능력면에서의 것, 즉 교육상의 권리와 자유였다. 지식면에서 남성과 동등권을 갖기 위해서는 여성교육이 강화되어야 한다고 보았다.[18] 배우고서야 남녀동권 부인

---

14) 權九玄,「女性運動의 一考察」,『中外日報』1927. 8. 30:「朝鮮女子여 太陽에 面하여 立하라」,『동아』1922. 1. 8.

15) 「婦人問題의 槪觀」(1),『동아일보』1922. 6. 12. 이 글(1회~16회: 22년 7월4일까지)은 서구 부르주아 여성운동을 소개하고 있는데, 이는 生田長江 本間久雄의 저술 "社會問題 12강" 중에서 수집 소개한 것이다. 여기에서는 부인의 문제로 新道德, 自由離婚, 參政權, 職業, 母性保護, 戰爭 등에 관한 것을 소개하고 있다.

16) 신영숙(1986),「日帝下 新女性의 戀愛 結婚問題」,『韓國學報』제45집. 이 논문에서는 1920년대 1930년대의 新女性들의 戀愛와 結婚에 대하여 다루고 있다.

17) 一記者,「婦人問題의 槪觀」,『동아일보』1922. 6. 12~ 6. 30: 鄭春溪,「婦女解放運動에 對하여」,『조선일보』1923. 8. 22~23: 天華散人,「世界婦人運動의 史的考察」,『조선일보』1929. 1. 1~1. 9: 鄭權,「女權運動의 史的考察」,『조선일보』1929. 12. 4~12. 11.

18) 敎育에서 同等權을 갖기 위해서 男女共同의 敎育을 實施해야 하는데 이는 男女同校의 實行을 말함이다. 鄭春溪의 앞의 글(1923. 8. 28일자).

해방이 올 수 있다고 보고 부인해방의 첫걸음으로 교육을 강조하였다[19].
그리고 교육의 자유에 이어 강조한 것이 여성들의 사회진출, 직업문제였다.
 또한 여성해방의 내용으로 참정권의 획득을 크게 강조하였다. 특히 서
구의 부르주아 여성들이 교육·직업의 문제를 거론하고 그에 관한 권익
을 획득하기 위해 투쟁하는 과정에서 절실히 느끼게 되는 것이 정치적인
권익으로, 이에서 서구의 여성운동이 참정권 획득 운동으로 귀결되었다
는 것을 면면히 증명해가며 강조하였다.[20]
 세 번째, 여성해방이란 기존의 구조 속에서 남성에 대항하여 여성의 권
익과 지위를 획득하는 것만으로는 이루어지지 않고 여성을 억압하고 있
는 사회경제적 불평등을 초래하는 그 근본적 원인에서 벗어나는 것이라
고 보는 시각이다[21]. 이는 단순히 남성의 억압에서 벗어나 자기실현을

---

19) 여자들은 남자와 같이 동일한 생활을 그 질과 양에서 分有하여야 한다(「自己로 사는 婦
 人」, 『동아』 1920. 6. 23): 조선여자기독교청년회연합회장이던 유각경은 男女同權 이
 니 婦人解放이니 하고 떠들기 전에 먼저 實力을 養成해야 한다고 하고 교육을 위해 여자
 기숙사를 건립할 계획이며 우선 여자전용도서관을 건립하려한다고 하고 있다(兪珏卿,
 「나의 主義와 事業-배우고서야 해방과 동등이 있다」, 『시대일보』 1924. 4. 1): 張應震,
 「먼저 教育問題를 解決함이 急務」, 『開闢』 4호, 29쪽: 朝鮮 女性이 取할 바는 공부할 기
 회를 得하는 것이다. 「朝鮮女子여, 太陽에 面하여 立하라」, 『동아』 1922. 1. 8.
20) 一記者, 「婦人問題의 槪觀」(7)~(11), 『東亞日報』 1922. 6. 19~24: 天華山人, 「世界婦人
 運動의 史的 考察」(1)~(5) 『朝鮮日報』 1929. 1. 1~1. 9: 日本 中國에서의 參政權運動에
 대해서도 소개하고 있다(「日本婦人과 參政權」, 『동아』 1926. 3. 1: 「日本의 婦人 參政權
 問題」 『중외』 1928. 6. 21. 社說: 「中國女性運動槪觀」 『중외』 1928. 12. 4).
21) 「女性解放運動에 대하여」, 『시대일보』 1924. 5. 16. 필자는 이 글에서 女性을 無産女性
 과 有産女性으로 구분하여 그들의 抑壓을 분석하고, 女性解放運動의 두 개의 조류로 하
 나는 남성에 대한 反抗만을 목표로 하여 男女의 平等과 戀愛의 自由와 參政權의 獲得을
 주장하는 부르주아 여성의 것이 있고, 또 하나는 이 보다 일보 나아가 經濟的 社會的 생
 활에 대한 그러한 不平等이 緣由되는 그 기원을 교정하려는 無産 女性의 것이 있다고 정
 리하고 있다. 그런데 여성 隸屬의 기원은 經濟的 동기에서 구할 수 있으므로 여성의 참
 다운 해방은 경제적으로 독립하는 것이고 경제적으로 독립하기 위하여는 사회적 生活
 의 樣式을 바꿀 수 밖에 없다고 보고 있다.

하는 것이 여성의 진정한 해방은 아니라는 것으로, 사회구조 속에서 자유로와져 주체적 인간으로 설 때 진정한 해방이 이루어진다는 것이다. 여기에서는 여성문제가 남성과의 갈등구조 속에서만 나온 것으로 보는 시각에 대하여 극히 경계하고 인간 전체의 문제로 볼 것을 강조하고 있다.

따라서 이 시각에서는 여성들이 현실적으로 안고 있는 경제적 독립이라던가 생활에서의 불평등 등 몇몇 문제를 해결한다고 하여 여성해방이 이루어지는 것이 아니고 여성문제를 유발하는 사회 근본적 변혁에서만이 여성해방이 이루어진다고 보고 있다.22) 즉 資本主義的 生活樣式이 근본적으로 변개되기 전에는 여성들이 그 예속의 지위에서 벗어나지 못한다고 강조하였다.23)

이러한 다양한 시각 속에서 여성해방교육론이 기초한 여성해방의 의미는 첫번째·두번째의 의미에서였다.

III. 여성해방교육론

1. 여성교육 현실에 대한 비판

위와 같은 여성해방론에 이론적 근거를 두고 출발하였던 여성교육론은

---

22)「經濟獨立이냐 知識向上이냐」,『동아』1927. 10. 23. 여성문제를 해결하기 위하여는 私有財産制度를 해결함이 선결문제로, 經濟的 獨立이 女性解放의 근본조건이라 할 수 있는데 경제적 독립을 순전히 社會制度 하에서 法律上으로 財産權을 승인한다든지 또는 職業婦人으로서의 독립생활, 단순한 재산소유자로서의 독립생활을 의미한다면 이는 부인의 해방과는 아무런 관계가 없다고 강조하고 있다.

23) 앞의 글: 앞으로 올 新社會에서는 婦人의 幸福을 약속할 수 있다고 강조하였다(尹狂波,「無産運動과 婦人運動」,『동아』1924. 12. 8).

무엇보다도 여성교육 현실에 대한 반성과 비판으로부터 출발하였다. 여성교육이 여전히 무시되고 있는 현실과 기존의 여성교육이 갖고 있었던 문제점을 하나하나 지적하고 바로 이를 극복하는 여성교육을 강조하였다.

당시 제기 되었던 문제점을 보면 대체로 다음과 같이 정리할 수 있다.

첫째, 무엇보다도 오랫동안 여성교육이 등한시 되어 여성들의 知的 發達이 뒤떨어질 수밖에 없었던 점을 지적하고 있다. 남성교육의 주요 방향이 知能의 啓發에 있음에 반해 여성들에 대한 교육은 무시되고 있을 뿐만 아니라[24] 교육을 하는 경우에도 지적발달을 등한시하고 저지하고 억압해왔으며 감정의 발달에 치중하는 교육을 하여 지적발달이 뒤떨어지고 靈的인 생활과 감정만이 극도로 자극되어 미신과 사기 기적과 같은 것에 쉽게 빠지게 되었음을 지적하고 있다.[25] 그리고 여성교육을 한다고 하더라도 남성과 동등한 교육이 아닌 보통학교 수준 정도로 약간의 문자나 알고 산수의 加減乘除나 알면 충족하다고 생각하는 경우가 대부분이라는 것이다.[26]

둘째, 시행되고 있는 교육의 내용을 보면 여성교육이 여성들을 오히려 가정과 사회로부터 격리시키고 있음을 지적하고 있다. 교육이란 단순히

---

24) 硏究生, 「婦人의 知的 能力」, 『신여성』 제3권 2호, 5쪽. 부인들은 수천년 동안 심한 압박 속에서 자라난 까닭으로 지적으로 발전할 기회를 빼앗겼다.

25) 여자가 힘과 용기와 결단성과 같은 특성을 갖는 것은 여자답지 않다고 비난하고 있는 것에서 보듯이 여성교육에 차별을 두고 있다(硏究生, 「결혼 때문의 교육」, 『신여성』 제3권 제6호(1925. 6~7) 7~13쪽). 여성교육의 뒤떨어짐에 대해 논평(김기전, 「조선의 절뚝바리교육」, 『신여성』 제2권 제3호(1924. 3) 2쪽).

26) 春史, 「現代敎育의 缺陷에 대하여」, 『現代評論』 2호 (1927. 3), 100~102쪽: 남존여비의 전통적 사상이 일반 사람의 머리를 굳게 지배해와 신지식과 신사상을 가졌다는 남자 중에서도 아직 전통사상에서 벗어나지 못하고 있다. 그리하여 남자에게 고등교육이 필요하다고 생각하면서도 여자가 학문을 많이 배우면 주제넘고 건방지게 된다고 생각하고 있다는 것이다.

교육자의 노력과 격리된 학교교육으로만 되는 것이 아니고 가정과 사회의 모든 분위기가 영향주는 總和에 의하여 결정되는 것인데 지금의 학교교육은 학생들을 사회와 가정으로 부터 격리시킴으로써 원래의 교육의 성과를 거두지 못하고 있다는 것이다.[27]

셋째, 실제 행해지고 있는 학교교육을 보면 현 사회에 대한 비판력을 빼앗는 교화기관에 불과하다는 것이다. 현대의 학교교육은 현 사회에 대한 상당한 비판을 얻는 상식을 키워주는 곳이 되어야 하는데 그렇지 못하다는 것이다. 즉 학교교육이 원래의 목적과 달리 도구화함으로써 우리가 실제 가져야 할 비판력까지 마비시키고 있다는 것을 크게 지적하고 있다.[28] 당시 일부 여자학교의 교육방침을 보면 우리 민족의 문제를 풀어줄 그리고 여성의 해방을 가져다줄 그러한 교육이 아니고 학교교육이라는 이름아래 보수적이고 패쇄적이었으며 체제에 순응하는 인간을 만드는데 머무르고 있었다.

넷째, 조선여자교육의 시설과 그 방침이 저급이고 수구적인 것은 두말할 필요가 없거니와 더욱 기독교설립 학교교육의 시설과 그 방침이야말로 많은 문제가 있음을 지적하고 있다. 모든 것을 하느님의 명령대로 복종하자는 극히 비현실적인 논리에 빠져 있다는 것이다. 이는 非基督敎側의 여성교육론자들에 의해서 주장되어진 것이다.[29] 당시 여학교의 경우는

---

27) 閔泰瑗, 「내가 女學校 當局者라면 먼저 世上을 알리기에 힘쓰리라, 그리고 세상에 처할 길을 가르키자」, 『新女性』 제3권 제1호, 17쪽: 여자도 사람인 이상 여자다운 교육이 아니라 사람다운 교육을 하여야 할 것이고, 이를 위해 교육자가 제일 먼저 주력해야 할 것이 독립생활 능력의 양성인데 그러기 위해서는 대담하게 개방적 교육을 시행해야 한다.
28) 金明姫, 「時評-女子苦學生 本末錯誤」, 『新女性』 제3권 제1호(1925. 1), 11쪽: 현사회에 대한 상당한 비판을 얻는 것이 상식이며 현대의 학교교육은 실로 이것을 목적으로 하는 데 그렇지 못한 점을 비판하고 있다.
29) 晶淑, 「錯誤된 敎育方針」, 『新女性』 3권 11호(1925. 11), 29쪽: 당시의 기독교 측의 교육

특히 기독교 계열의 학교가 많았는데 이 학교들이 지나치게 억압적이고 시대착오적인 교육을 시행함에 대하여 많은 이들이 공감하고 있었다.

다섯째, 당시의 여성교육이 양처현모주의로 치닫고 있음을 크게 경계하고 교육이 혼돈에서 벗어나야 함을 강조하였다. 과거 우리나라는 여자교육을 등한시해왔고 여자교육무용론이 4천년을 지배해 왔는데 1876년 개항 이래 신식교육이라는 명칭 하에 여자도 다소간 교육을 받게 되었으나 이번에는 현모양처를 양성한다는 소위 현모양처주의 하에서 역시 남자와 대등하게 자유인으로서 교육을 받지 못하게 되었다. 즉 신식의 탈을 쓴 현대의 여성교육은 여자를 완전한 자유인으로서 인도하자는 것이 아니라 보다 더 공손한 노예를 만들어내고자 한다고 강조하였다.[30]

여섯째, 과도기적 현상이라고 볼 수도 있지만 여학생들의 경우 대체로 지금 하고 있는 공부를 부귀영화를 끌어오는 유일한 방법으로 알고 있다는 것이다.[31] 교육자들의 경우도 그렇고 피교육자들의 경우도 교육에

자들에게 상당히 많은 건의가 있었다. 여러 가지 시설의 미비함이라든가 억압적인 학교의 교육방침에 대한 건의가 그것이다. 특히 기독교학교에서 동맹휴학 등이 많이 일어나고 있는 것은 시대착오적이고 너무나 억압적인 경영방식에서 비롯되고 있음을 지적하고 있다(松都忙人, 「개성 호수돈여고 교장에게」, 『신여성』 2권 10호(1925. 11), 68~70쪽; 趙尙亢, 「서양선교사들의 학교당국자에게」, 『신여성』 2권 10호, 81~82쪽).

30) 소위 여자교육이라는 것도 역시 그 근본적 정신에는 지배계급(남성)의 이상과 이익의 선전 중 하나에 지나지 않는다. 이 이상과 이익을 가장 표현하는 표어는 소위 良妻賢母主義이다(白波, 「所謂 新女性과 良妻賢母主義」, 『現代評論』 창간호(1927. 2), 161~170 쪽; 여성의 모성으로서의 책임과 의무가 중요한 것은 사실이나, 그렇다고 賢母良妻라는 이름으로 여성을 目的物視 機械視하는 것은 인생을 모독하는 것이다(安在鴻, 「自然스러운 人生을 짓도록」, 『신여성』 제3권 1호, 22쪽).

31) 金起田, 「내가 여학교 當局者라면 自己反省, 自己煩悶을 갖게 하리라」, 『新女性』 3권 1호, 20쪽: "여자의 책임과 부담이 남자만 못지아니하거늘 그 책임과 부담을 도외시하고 오직 보고 들리는 것이 추잡하고 비루한 행동뿐이다"고 당시 여학생들의 태도를 비난하고 있다. 本誌記者, 「女學生誘惑問題解剖」(1), 『신여성』 제4권 10호(1926. 10), 40쪽.

대한 정신을 보면 심지어 더욱 남자의 화려한 장식품 또는 완구가 되고자 교육을 받는 것—結婚하기 위하여, 出嫁하기 위하여—처럼 보인다.[32] 그리고 얼마 되지 않은 교육받은 신여성들이 허영심에 들뜨고 사치만 하려고 한 점을 여성교육에서 크게 경계해야 할 문제로 지적하고 있다.[33]

교육론자들은 이러한 여성교육의 문제점을 지적하고 이것들을 극복하고 진정하게 여성해방을 가져다 줄 교육론을 제기하였다.

2. 여성해방교육

1) 자아 확립 교육

위와 같은 여성해방론을 기초로 하고 여성교육의 현실을 비판하고 있는 여성교육론에서는 어떠한 인간을 길러내려 하였는가? 먼저 여성들이 교육을

---

32) 玉順喆, 「自己解放을 忘却하는 朝鮮의 新女性」(4), 『동아』 1926. 10. 15. 출가하기 위한 교육이라고 하면 재래의 인형에 신채색을 가한 격으로 교육이라는 신화장품으로 내부의 변화를 그대로 두고 외부만 발라서 미화시켰다고 하겠다.

33) 一憂生, 「新教育바든 女子에게」, 『동아』 1924. 7. 4 : 우리 여성도 이제 교육을 맛보게 되었으나 소수의 여성만이 혜택을 받고 있을 뿐 많은 여성들이 그렇지 못하는데 소위 선각자란 여성들이 허영심으로 가득하여 현재의 우리의 처지라든가 장래의 의무를 깨우치기 보다는 신분이상의 사치를 하고 졸업장으로 남의 재취나 첩이 되어 비평만 우박같이 받아 여자교육의 장래에 큰 방해가 되고 있다(朴仁德, 「現代朝鮮과 男女平等問題」, 『동아』 1920. 4. 2): 신문화를 받아들인다고 하고 허영심만 가득하여 증오를 금할 수 없다(「新女子의 解放運動」, 『동아』 1924. 8. 12): 金善讓, 「教育으로 宗教로」, 『동아』 1921. 3. 9 : 소위 新女子의 裏面은 어떠합니까? 殘忍 牽制 慘憺莫甚한 생활을 싫은 줄도 모르고 하고 있지 않습니까. 어떠한 好奇心에 팔려서 자기를 속여 男子의 노리개가 되는 자 自身의 解放을 招致할 뿐만 아니라 여자해방운동에 막대한 해독을 끼치는 것입니다(李敬淑, 「女子解放과 우리의 必然的 要求」, 『신여성』 제3권 1호(1925. 1), 76쪽): 紅蘭, 「評論—妾으로 가는 新女性」, 『신여성』 제3권 2호(1925. 2), 13~15쪽.

통해 깨우쳐 한 인격체로서의 자아를 확립시켜 나가야 한다고 강조하였다. 여성들이 오랜 동안의 부자유한 노예적 삶과 도덕에서 벗어나 한 인격체로서 우뚝 서야 한다고 보았다. 즉 여성의 자아 확립을 교육의 제일 목적으로 삼았다. 이는 앞서 살펴 본 여성해방론과 연계되었으나 이 경우에는 첫 번째의 여성해방론에 입각하고 있었다. 자아확립을 강조한 교육론자들의 경우에는 여성해방의 의미를 대체로 다음과 같이 정리하고 있다.

여자해방이란 인간에 내재하는 정신적 생명을 충분히 발휘케 하여 원만한 인격을 양성하는 것, 각개 여자의 생활범위를 확대하여 그 의의를 더 심중히 하여 인생의 내용을 풍부히 하고 개성을 충분히 발휘할 수 있도록 하는 것이라고 보고 있다.[34] 즉 여성도 원만한 인격을 양성하고 개성을 발휘하여 한사람의 인간으로서의 자유로운 삶을 살 수 있는 주체적 인간으로서 우뚝 서는 것이라고 보고 있다.

婦女解放이란 무엇이냐? 滿天下 可憐한 婦人들이 역사상 사회상 種種 色色으로 壓迫과 束縛을 받아 남성의 附屬品 즉 奴隸된 것을 痛恨 蹶起하야 남성의 노리개적 지위에서 離脫하야 여성 자신의 사람적 地位를 회복하려는 여성 대 남성의 反抗的 大革命을 위함이라[35]

그리고 바로 이러한 여성해방을 위한 제일의 방법으로 교육을 주장하였다.[36] 이들은 여성들이 진정한 인격체를 갖고 자유인으로서 해방되기

---

34)「女子解放의 問題」,『동아』1920. 6. 2:「女子教育會의 巡廻 講演, 女子의 新運動」,『동아』1921. 7. 11. 社說: 조선의 여성은 묵은 인습과 썩은 도덕으로 인하여 개성의 자유를 잃고 따라 비인간의 대우를 받게 되었다. 그러므로 무엇보다도 먼저 개성회수운동에 착수하지 않으면 아니 될 것입니다. 그렇지 않으면 앞으로 살 방도가 없습니다. 七寶山人,「成品人間運動에 個性을 回收하는 思想革命에」,『신여성』제4권 제2호 (1926. 2), 4~6쪽.

35) 鄭春溪,「婦女解放運動에 대하여」(1),『조선』1923. 8. 22.

36) 여자해방의 제일보로 여자교육을 주장(「조선여자교육회」,『동아』1921. 4. 4. 사설).

위해서는 무엇보다도 여성교육을 우선할 수밖에 없음을 강조하고 있다. 여성에게 교육받을 기회와 자유를 줄 것을 주장하였다.[37]

> (女性을 解放시키려면) 먼저 朝鮮女子에게도 敎育의 機會를 주어야 하며 自己生長에 대한 모든 障害를 一掃하여야 할지라. 이 목적을 달하기 위하여 일어나는 운동이 곧 女子解放의 運動이니 그 처음에는 敎育運動으로서 나타나고 그 다음에는 社會運動으로서 나타나는 것이다.[38]

> 女子解放의 本質은…… 원만한 人格을 養成케함이니 그 第一의 方法은 敎育의 振興이다.[39]

그리고 그 교육의 내용은 여성을 "한 인간으로서 길러내는 것"이어야 한다고 보고 있다. 즉 여성교육은 우선 사람교육으로서 여성을 사람다운 여성 즉 남성과 동등한 인격, 독립된 인격을 갖춘 여성으로 완성케 하는 것이라고 보고 있다.[40] 그러므로 교육방침으로 사람으로서의 교육을 먼저 해야 할 것을 강조하고 있다.[41]

---

37) 여자가 사람이라면 반드시 차등이 없어야 한다…… 진실한 생을 맞으려면 자유를 이해해야 하며 이 의미에서 여자에게 자유를 주라는 것이다. 첫째 교육의 자유를 주라는 것이다(김려생, 「여자해방의 의의」, 『동아』 1920. 8. 16).
38) 「여자교육회의 순회강연, 여자해방의 신운동」, 『동아』 1921. 7. 11. 사설.
39) 「여자해방의 문제」, 『동아』 1920. 6. 2. 사설.
40) 梁柱東, 「女子敎育을 改良하라」, 『동아』 1922. 11. 15: 여자도 사람인 이상에는 여자다운 교육을 한다는 것보다는 사람다운 교육을 하여야 할 것 (閔泰瑗, 「내가 여학교 當局者라면」, 『신여성』 제3권 제1호. 17쪽): 여자로 하여금 독립적 인격을 완성케 하는 교육이 진정한 교육 (鄭春溪, 「婦女解放運動에 대하여」(7), 『조선』 1923. 8. 27).
41) 장응진, 「여자교육문제」, 『조선』 1929. 1. 1. 사설.

대개 敎育은 人으로 하여금 人이 되게 하는 所이라 환언하면 敎育은
人生에 내재하는 生命을 充分히 발달케 함으로써 목적하고…… 과거 조
선에서는 여성을 볼 때 一個의 人格者 곧「사람」으로 하지 않고 오직
「사람」의 관계되는「母」나「妻」로 인정하여 소위 살림살이에「何有必
要」오 하였으니 이엇지 人格養成을 목적으로 하는 교육의 善解함이라
하리요.42)

2) 女權同等교육

여성해방 교육론자들은 한편 여성들이 교육을 통해 남성과 동등한 권
리를 확보해 가야 한다고 강조하였다. 즉 여성들이 남성과 같은 동등한
위치에 서는 것, 다시 말하여 정치적 경제적 사회적 법적인 면에서의 권
익을 찾아 남성과 동등한 위치에 서는 것을 교육의 주요 목표로 삼았다.
이 경우에도 앞서 두 번째의 여성해방의 의미와 연계되어있지만 특히 지
적인 면에 대해서 강조하고 있다.

이들은 여성해방이란 여성이 남성과 대등의 자유와 권리를 갖는 것, 남
성들과 동등한 지위와 대우를 받는 것이라고 보고 있다.43)

女性解放에 대한 要諦는 무엇인가?…… 다시 말하면 지금까지 남자
가 여자에 대하여 오던 그 태도를 일변하여 同等의 地位와 待遇를 주어
야 하겠습니다.44)

---

42)「女子解放의 問題」,『동아』1920. 6. 2. 社說.
43) 여자의 해방은 남자와 대등의 자유와 권리를 인정하는 것…… 여기에 여성해방의 진의가
함재한 이상에는 먼저 여자에게 지식개발의 기회를 많이 주어 남자와 상적할만한 지식과
기능을 얻게 하라(朱基璿,「여자해방의 근본 방침」(1),『동아』1921. 7. 20. 독자문단).
44) 張膺震,「먼저 敎育問題를 解決함이 急務」,『開闢』제4호(1920. 10), 30쪽. 여자해방문제
에 동정이 있고 성의가 유하신 이는 무엇보다도 먼저 여자교육의 문제를 노력 해결함이
급선무라고 하고 있다.

이처럼 이들은 여성해방의 의미를 여성의 동등권 확보로서 풀이하고 있다. 그리고 이들은 여성들이 현실적으로 약자의 입장에 서게 된 것은 다름 아닌 여성의 지식 면에서의 뒤처짐에 연유하고 있다고 보았다.[45]

> 母系社會에서는 女性의 地位가 男性보다도 우월하였다. 그러다가 父權이 擴大함을 따라 女子의 地位는 退縮하였으며 여자의 知識은 不振하였으며 女子의 體格은 劣弱하여졌다. 이로 볼 때 男性과 女性의 優越의 문제는 先天적인 것이 아니고 後天的인 것이다. 현재 여자의 지위가 남자보다 劣하게 된 것은 다름이 아니라 여자의 知識이 男子에 미치지 못한 때문이고 이는 過去에 女子의 교육받을 機會가 男子와 不如하여 이로 인하여 能力上의 差가 생겼으며 能力상의 差가 變하여 政治上의 不平等을 作하였다.[46]

이 글에서 볼 수 있듯이 현실에서 여성들이 남성에게 굴종적이고 부속물로서 전락하게 된 것은 선천적 능력의 차이에서 비롯된 것이 아니고 여자의 지식이 남성에 미치지 못함에서 비롯되었다고 보고[47] 이는 과거 여성들이 지적 능력을 기를 수 있는 교육의 혜택을 거의 받지 못하였기 때문으로 보았다.[48] 그리고 현재 그나마 시행되고 있는 교육의 현실을 보더

---

45) 金美理士, 「一千萬의 女子에게 새생명을 주고자 하노라」, 『동아』 1921. 2. 21.

46) 「女子敎育會의 事業―朝鮮 文化史上의 第一 記錄이 된다」, 『동아』 1921. 10. 10. 社說.

47) 재래 여자가 남자에게 屈伏하고 그 附屬物을 作하게 된 원인은 女子의 知識이 또는 體力이 남자에게 미치지 못한 所以다(「新婦人에게 望함, 知的 自立 性的 自立」, 『동아』 1921. 6. 18. 사설) : 智力이 남자와 平等되지 못한다고 말하나 이는 여자의 天性이 남자에 劣等된다는 증거는 아니다. 이는 오로지 敎育關係에서 비롯된 결과이다(咸世豊, 「女子解放이 卽 社會進步」, 『開闢』 4호(1920. 10) : 여성과 남성의 우월 차별을 짓게 하는 것은 선천적 이유에 있는 것이 아니라 후천적 즉 인위적 장애로 말미암아 예속되어온 것입니다(「婦女解放運動史(1)― 婦人運動의 潮流」, 『신여성』 제3권 2호, 8쪽).

48) 부인들은 수 천년동안 심한 압박 속에서 자라난 까닭으로 지적으로 발달할 기회를 빼앗겼습니다. 硏究生, 「婦人의 智的 能力」, 『신여성』 제3권 제2호, 5쪽.

라도 여성교육기관은 없는 실정이어서 다수의 여성이 여전히 교육의 함양을 받지 못하고 있다는 것이다.[49] 바로 여기에서 이러한 남녀의 차이를 극복해 줄 수 있는 것으로서 교육이 강조되고 있다.[50]

> 男女同校의 制를 施行하면 男女의 知識이 平等하야 何等의 差別이 없음으로 반드시 女子의 地位를 고상케하며 女子의 知識이 남자로 부터서도 平均할지라.[51]

그리고 당연히 교육의 내용으로 여성이 동등권을 되찾을 수 있는 교육을 강조하였다.

이제까지 살펴본 自我確立教育과 女權同等教育을 통해 여성해방에 이르고자 하였던 여성해방교육론은 구체적으로 어떠한 내용의 교육으로 자아확립과 여권동등을 이루려 하였는가?

먼저 내용면에서 몇 가지로 정리해 볼 수 있겠다.

첫째, 남녀평등주의와 인격주의에 입각하여 교육시키고자 하였다.[52] 여

---

49) 「朝鮮女子教育會(상)-朝鮮에 感激이 有한가」, 『동아』 1921. 4. 4.

50) 目下 朝鮮社會에서 가장 緊急한 문제는 女性的 教育이다. 과거의 교육은 오직 남성만의 교육이요 여성들은 교육의 혜택을 받지 못하였다. 근래에 와서도 여성교육은 너무나 영성한 현상에 있어서 다수의 여성이 교육의 함양을 받지 못하였다. 그리하여 여성들은 처질 수밖에 없었다「女性의 教育的 解放을 爲하야 - 滿天下 同胞에게 다시 一言을 告함」, 『조선』 1924. 4. 4. 社說): 여자가 남자보다 더 한층 低劣한 地位에 있는 터인즉 이 부족한 이들에게 교육으로 더욱 用力하여 引導할 필요가 있다「婦人夜學問題」, 『조선』 1926. 12. 1. 社說). 우리가 지식으로 남성에게 지지 않으면 동등을 구하지 아니하여도 절로 동등이 될 것이요 해방을 부르짖지 않아도 절로 해방이 될 것이다(유각경, 「나의 主義와 事業 - 배우고서야 解放과 同等이 있다」, 『中外일보』 1924. 4. 1).

51) 정춘계, 「부녀해방운동에 대하여」(7), 『조선』 1923. 8. 28.

52) 「自己로 사는 婦人」(4), 『동아』 1920. 6. 24. 교육상으로 논하면 소중학에서 대학에 이르기까지 남녀공학의 교육을 요구하며 현모양처주의의 대신으로 남녀평등주의와 인격주의에 입각한 교육을 요구한다.

성이라기 보다는 한사람의 인간으로서의 자각과 관념을 심어주는 것이어야 하고 남성과 동등한 권한을 확보해 줄 수 있는 차별 없는 교육이어야 함을 강조하였다.[53] "교육의 平等을 주장하자, 교육의 平等은 모든 機會 均等을 의미함이다"고 주장하며[54] 여성이기 때문에 남성과 구분하는 교과의 내용을 가르친다거나 지적 발달을 소홀히 하고 감정에 치우치는 교육을 하는 것을 경계하고 남성과 똑같은 사람교육을 할 것을 강조하였다.[55]

둘째, 여성교육도 남성교육과 같이 사회에서 필요로 하는 교육을 시키기 위해서 개방교육을 시킬 것을 주장하였다. 여성이라고 하여 사회와 격리된 교육을 시킨다면 사람다운 사람을 키워낼 수 없으므로 교육의 시선을 가정 외의 세계로 연장하여야 할 것을 강조하고 있다. 그래야만 여성들도 자신의 독특한 개성을 충분히 발휘할 수 있으리라는 것이다.[56]

---

53) 여자교육에 관하여는 다만 「자연스러운 인생을 짓도록」 힘썼으면 좋을 줄 생각한다. 여성들은 인습과 제제의 질곡하에서 매우 상처가 많은 기형적 인생을 살아왔는데 여성이라는 것보다는 먼저 인생이라는 관념 자각부터 억세게 갖도록 넣어주어야 할 것이다(安在鴻,「自然스러운 人生을 짓도록」,『신여성』제3권 제1호, 22쪽).

54) 여기서 말하는 평등교육은 인격적 자유를 주안점으로 하는 교육을 남녀 구분 없이 하자는 것이다(鳳栖山人,「人權과 男女平等」(2),『동아』1920. 7. 9).

55) 女子를 男子同樣으로 교육하야 그의 인격과 지위를 향상시키고 남녀가 서로 대할 때에는 대등의 인격과 인격이라는 관념으로서 피차 존경하는 마음을 가져야할 것은 인도상으로 보아 당연하다. 그러므로 여자의 교육방침도 사람으로서의 교육을 먼저하라(張膺震,「女子敎育問題」,『조선』1929. 1. 1): 여성에게도 남성과 같이 임해학교 임간학교의 시설을 통해 자연과 친하여지게 하라고 하고 있다. 이는 여성에게 남성과 같은 교육과정을 받게 하여 남성과 같은 기풍을 이루게 하라는 것이다(「夏期와 女性」,『조선』1927. 7. 27. 社說); 張膺震,「女子敎育問題-女子도 個人으로 社會人으로 男子同樣 敎育을 바다야 한다」,『조선』1929. 1. 1.

56) 금후 신시대에 처할 여자의 교육은 장차 어떠한 이상과 방법으로써 행할 것인가? 신시대 여자 교육의 시선은 가정외의 세계로 연장하여야 할 것이다 남자가 개성을 발휘하듯이 여자도 여자 독특의 개성을 발휘하도록 하여야 할 것입니다(張膺震,「女子敎育問題」,『조선』1929. 1. 1): 교육이란 단순히 교육자의 노력에 의해서만 이루어지는 것이 아니

즉 사람다운 삶, 또 사회에서 남성과 동등한 위치에서 살아가기 위해 사회적 지식과 활동을 함양하여줄 개방적 교육이 필요하다고 보았다.

셋째, 현대교육이라는 미명하에 자칫 잘못하면 남성중심주의에 기초한 전통적 사고 윤리를 그럴듯하게 포장한 현모양처주의의 교육관에 빠질 우려가 많은데 이를 경계할 것을 주장하였다. 만일 현모양처주의로 나간다면 이는 여성의 독립적 인격을 완성케 하는 교육과 배치된다고 보았다. 물론 이것이 필요 없다는 것이 아니고 有夫有子 婦女의 일부 책임에 불과하고 여성의 전인생적 목적은 아니기 때문에 여성교육이 현모양처주의로 나아가서는 안 된다고 강조하였다.[57] 특히 당시 일본의 여성교육이 현모양처주의로 일관하고 있는 것이 우리 여성교육에 영향을 주고 있음에 크게 우려하였다.[58]

당시 한 지식인은 현모양처주의의 교육이 왜 문제가 되는가를 구체적으로 지적하였다. "이는 모든 여자를 良妻와 賢母로 양성하려는 교육으로, 男子專制의 왕국인 가정의 臣隷로서 만들기 위한 것이며, 이는 모든 여자를 家庭 所用으로 훈련시키는 것이다. 그리고 이는 여자를 인간으로 즉 남자와 對等한 것으로 교육시키지 않는 것을 의미한다. 현모양처주의의 가장 주목할 특징은 여자에게 全人格的 敎育을 거부한다는 점에 있다.

고 가정과 사회의 모든 분위기가 어떤 개성에게 영향주는 총화에 의하여 결정된다는 것이다(閔泰瑗,「내가 여학교 當局者라면 먼저 世上을 알리기에 힘쓰리라, 그리고 세상에 處할 길을 가르치자」,『신여성』제3권 1호, 17쪽).

57) 과거 조선에서는 여성을 볼 때 일개의 人格者 곧 사람으로 보지 않고 母나 妻로서만 보았다. 그런데 여성 新敎育을 한다고 하면서도 過去의 전통적 觀念을 떨쳐버리지 못하고 현모양처주의의 교육을 하고 있다는 것이다(정춘계,「부녀해방운동에 대하야」,『조선』1923. 8. 28).

58) 鳳西山人,「人權과 男女平等」(2),『동아』1920. 7. 10. 寄書.

또한 이는 여자에게 대하여 社會的 知識과 社會的 活動을 거절함에 있다. 바로 奴隸敎育의 일종이다."[59]

그러나 '여성교육은 현모양처주의로 나가야 된다. 또 여성교육은 모성 중심의 교육이어야 한다'는 여론 또한 만만치 않았다. 당시 남성 식자층들의 경우 이러한 주장을 펴는 이들이 상당수 있었다. 문화주의자이면서 문필가였던 李光洙의 경우가 그 대표적 예라 할 수 있겠는데, 그의 여성 교육관을 보면 "여자교육은 모성중심교육이어야 한다. 여자의 인생에 대한 의무의 중심은 남의 어머니 되는 데 있다. 여자의 반생은 어린아이를 낳아 기르는 것으로 보내게 되며 어린아이는 에미의 품에서 성격의 토대가 잡히는 것이다. 나쁜 어미의 품에서 자란 아이는 나쁜 성질을 갖게 되는 것이요…… 좋은 어머니가 되어 좋은 아이를 길러내는 것이 오직 여자의 인류에 대한 의무요 국가에 대한 의무요 사회에 대한 의무요 또 여자가 아니고는 하지 못할 것이다"[60]고 하고 있고, 역시 문필가인 李殷相의 경우에도 "女性을 母性의 의미에서 離脫시키면 그도 역시 아무 尊貴함이 없다고 생각한다. 여성의 敎育을 母性의 중심으로 하라"[61] 고 하고 있다.

심지어 당시 평양 숭의학교의 교원인 張永德은 "우리의 身體 構造와 性格에 合當한 家庭의 주부가 되어 至情의 愛로써 가정교육 사회사업에 노력하야 약점이 많고 결함이 많은 우리 조선을 改革하자"며 여성의 역할을 가정내로 한정시키기까지 하였다.[62]

---

59) 白波, 「所謂 新女性과 良妻賢母主義」, 『現代評論』創刊號(1927. 2), 161~170쪽.
60) 우리나라와 같이 민족적 개조가 긴급한 국민에게는 무엇보다도 많은 좋은 어머니가 필요하다. 우리 조선여자에게는 모성중심의 교육을 깊이 넣어주지 않으면 여자를 교육시킨다는 것이 아무 의미가 없는 줄 안다고 강조(李光洙, 「母性中心의 女性敎育」, 『신여성』 제3권 제1호, 19~20쪽).
61) 李殷相, 「朝鮮의 女性은 朝鮮의 母性」, 『신여성』 제3권 제6호(1925. 6~7), 2~5쪽.
62) 張永德, 「女子와 事業」, 『靑年』 제7권 제2호(1927. 3).

이러한 입장이 사회전반에 강하게 있었기 때문에 여성해방교육론에서는 현모양처주의를 더욱 경계해야 할 것으로 강조하였던 것이다.

넷째, 여자교육에서도 실용적 교육을 해야 할 것을 주장하고 있다.[63] 현대의 여자교육을 보면 직업에 관한 교육은 없고 자칫 사치와 허영심만을 길러주는 교육뿐인 것을 볼 수 있는데 과연 교육받은 여성들의 앞으로의 진로는 어떻게 되겠는가? 과거 우리 여성들은 직업이 없는 것이 당연시 되었는데 그것은 여성이 남성에 부속되었을 때이고 이제 여성을 한사람의 인격자임을 인정하는 이상에는 직업도 따라서 자기의 것이 있어야 한다는 것이다.[64] 독립한 인격과 개성을 발휘하기 위해서는 제 손으로 제 밥을 작만하고 제 능력으로 제 몸을 길러야 한다. 그리고 교육받은 여성으로서 한 인격체로서 남성과 동등한 사회활동을 해나가기 위해서도 직업을 갖는 것은 필수적이기 때문에 직업 교육이 이루어져야 한다고 보았다.[65]

제도면에서는 첫째 여성교육을 위한 교육기관을 급히 설치하자고 주장하고 있다. "어머니와 아내는 벌써 學齡이 지났으니 臨時講習所를 설치하여 과정을 가르치고 어린 누이와 딸은 어서 어서 학교에 보내자. 조선에는 학교의 수가 적으니 書堂規例에 의해서라도 面面 洞洞에 각각 兒童

---

63) 여성교육이 실용적이면서도 자유적이어야 한다고 강조(咸世豊, 「女子解放이 卽 社會進步」, 『開闢』 4호, 44~45쪽).

64) 직업이 없음으로 인하여 여자의 비애 고통 천시가 심하여질 것은 새삼스럽게 말할 필요가 없다고 하고 있다(金明昊, 「朝鮮의 女性과 職業」, 『신여성』 제4권 제2호, 9~10쪽).

65) 여자도 사람인 이상 사람다운 품격을 유지하게 하려면 불가불 독립생활을 유지할만한 능력과 기능부터 단련하여야 한다(민태원, 「내가 여학교 당국자라면」, 『신여성』 제3권 제1호, 18쪽) 개성을 가진 한 완전한 인간으로서의 직업부인은 비로소 사회를 알게 된다. 이때에 그는 한걸음 더 진보된 사상 의식을 얻게 될 것이다. 그러므로 우리 여성은 무엇보다도 먼저 직업부인이 되어야 할 것이다(一記者, 「女性評壇—婦人職業問題」, 『신여성』 제4권 2호, 22쪽): 여자의 경제상 독립을 위해서도 직업교육이 필요하다(C. Y. 「寡婦解放論」, 『學之光』 1920. 7).

機關을 설치하고 가르치는 과정과 방식은 보통학교와 비슷하게 하자"고 하고 있다.[66] 중국의 경우는 여성교육기관이 남성교육기관의 3할은 된다고 강조하고[67] 여성교육이 너무 과도히 많아서 폐해가 생긴다는 말은 있을 수 없다고 하였다.

둘째, 남성과 마찬가지로 고등교육을 실시할 것을 주장하였다. 남성에게 고등교육이 필요하다면 여성에게도 상응의 고등교육이 필요하다고 강조하였다. 여성에게 남성과 같은 교육을 시행치 않음은 시대착오적인 것이라고 하였다.[68] 심지어 고등교육을 받은 여성들의 출산율이 쇠퇴한다는 여론까지 있었기 때문에 어느 잡지에서는 그 실상을 미국의 스미스대학을 예로 조사하여 전혀 근거가 없고 심지어 스미스대학 출신의 여성들이 교육받지 않은 여성들보다도 출산율이 높게 나타났음을 발표하고 있다.[69]

셋째, 남녀공학을 주장하고 있다. "男女同校의 制를 施行하면 男女의 知識이 平等하여 何等의 차별이 없슴으로"라고 하여 남녀공동의 교육을 강조하였는데 이것이야말로 부녀해방운동상 극히 중요한 문제라고 인식하였던 것이다.[70] 소학교에서부터 대학까지 남녀공학을 하게 된다면 우리 여성들이 남성들과 동일한 생활을 그 質과 量에서 나누어 갖게 될 것이고 이는 "全視野를 領有한 個性의 소유자로서 人格的으로 獨立한다는 것"이라고 하였다.[71]

---

66) 朴思稷,「婦人敎育問題로 動議하야」,『開闢』제9호(1921. 3), 38쪽.
67) 崔東昕,「中國女子界를 보고 우리 女子界를 봄」,『開闢』제19호(1922. 1), 58쪽.
68) 春史,「現代敎育의 缺陷에 대하여−女子敎育에 대한 根本的 錯誤」,『現代評論』제2호(1927. 3), 101~103쪽.
69) 一記者,「女子의 高等敎育과 結婚」,『靑年』1922. 5. 11~13쪽.
70) 정춘계,「부녀해방운동에 대하여」(7),『조선』1923. 8. 28.
71)「자기로 사는 부인」(2)(4),『동아』1920. 6. 21~6.24.

3. 여성해방교육론의 한계

이처럼 여성해방교육론에서는 여성해방을 목표로 자아확립교육과 여권동등교육을 주장하고 그를 위한 구체적 내용들을 제기하였다. 이는 한편 기존의 여성교육론의 흐름을 계승한 것이기도 하였지만 또 한편 1920년대의 여성해방론을 그 근간에 놓고서 논리를 전개시켜 나가고 있었던 점에서 진일보한 것이었다고 하겠다.

그런데 여기에서 검토해 보아야할 것은 과연 그 여성해방교육론이 당시 식민지적이며 반봉건적 조건 속에서 진정 우리 조선의 여성을 해방시켜주어 인간으로서의 삶을 살아가도록 할 수 있는 것이었는가 하는 점이다.

먼저 그들이 강조하는 여성해방의 개념에 대한 것이다. 이 교육론에서는 여성해방의 의미를 우리가 앞서 살펴본 분류에서 볼 때 첫번째 두번째 것과 유사하게 보고 있으나 오히려 그것보다도 편협하게 보고 있는 면이 강하다. 또 여성억압의 원인에 대한 분석을 보더라도 첫번째 두번째 세번째의 것을 따르고 있으면서 극히 여성주의적 시각에서 출발하고 있는 것을 볼 수 있다. 즉 우리가 일반적으로 말하는 여권주의적 관점에 서 있음을 알 수 있다. 따라서 이 논리에 따를 경우 여성문제를 당시의 역사적 조건―시대적 상황이나 사회적 문제에 기반을 두고 풀어나가기 보다는 여성 대 남성의 대결구조 속에서 풀어나가려는 포괄적이지 못한 입장에 빠지게 된다. 여성해방이란 단순히 남성의 억압으로부터 벗어나 자기 실현을 하는 것이 아니고 사회구조―경제체제 속에서 자유로와져 주체적 인간으로 서는 것이다.

실제 1920년대의 여성들의 역사적 조건을 보면 일제의 수탈에 따라 민중이 빈궁화되고[72] 이는 당시 여성들의 삶에도 많은 변화를 주었다. 식민지적 반봉건적 구조 속에서 여성들은 가난한 살림살이를 위해 거리로 나가 행상을 하거나 공장으로 나가 노동을 하며 남의 집 식모살이로 식구들의 생계를 꾸려나가게 되었다. 많은 여성들이 생존하기 위해 점차적으로 임금노동자화해 갔다. 즉 여성들이 식민지 조건에서 생계유지의 책임을 갖고 이식자본주의 구조 속에서 착취의 최하층을 이루게 되었던 것이다.[73]

그리하여 800만이 넘는 농촌의 여성은 토지에 매인 무보수 가사노동자로 착취될 뿐 아니라 일제의 산업자본을 발전시키는데 있어서 저임금 노동력으로 존재하기에 이르렀다. 젊은 부녀자와 아동들은 생존에도 못 미치는 저임금으로 일본 산업이 요구하는 노동력을 제공할 수밖에 없었는데 특히 일제의 가부장적 이데올로기, 위계적 성별 분업을 이용해 여성노동력의 가치를 하락시켰다.

따라서 조선 식민지 여성들은 극도의 착취 속에서 자신을 억압하는 일본제국주의, 기존의 이데올로기, 일제와 결탁한 친일 지주계급 또는 자본가계급에 투쟁해야만 하는 입장에 있었다. 봉건모순 계급모순 민족모순을 척결해야만 하는 입장에 있었다.[74]

당시의 이러한 역사적 조건 속에서 교육론에서 인식되고 있었던 여성해방론이 여성문제를 풀어나갈 수 있는 범위는 어느 정도였을까? 이 점을 생각한다면 이러한 여성해방론에 근거를 둔 여성해방교육론이 포괄적인 여성문제의 해결방안이 아닌 부분적인 것일 수밖에 없다는 것은 자명한

---

72) 강만길(1987), 『日帝時代 貧民生活史 硏究』, 창작사, 제1장 본 장에서 식민지시대 농촌 빈민의 생활을 사례를 통하여 밝히고 있으며 농민의 임노동화를 분석하고 있다.

73) 女性賃金勞動者의 形成과 成長에 대하여는 이효재(1977), 「日帝下의 韓國女性勞動問題」, 『韓國近代史論』3, 지식산업사, 92~140쪽을 참조; 이효재(1989), 「日帝下의 韓國女性勞動狀況과 勞動運動」, 『한국의 여성운동』, 정우사, 73~126쪽.

74) 강인순(1988), 「植民地 時代의 女性運動에 관한 소고」, 『가라문화』 제6집, 73~78쪽.

사실이다. 역시 여성해방교육론은 과거의 여성교육론과 비교해 본다면 여성해방을 근거로 한 것이기 때문에 크게 발전된 것이라고 할 수 있으나 여전히 부르주아 여성들의 입장을 반영한 것이었다. 당시 조선의 천만 여성들의 구체적 삶을 해결할 수 있는 전지전능의 것은 아니었다. 그러나 그렇다고 하여 여성해방교육론이 무의미하였다는 것은 아니다.

이러한 문제점은 교육받을 수 있었던 대상에서도 분명히 드러난다. 물론 모든 여성이 교육을 통해 해방되기를 바라는 것이 여성해방교육론의 입장이었지만, 당시의 조건 속에서 교육받을 수 있는 층은 역시 한정된 숫자일 수밖에 없었다.

다음으로 여성해방교육론에서 문제될 수 있었던 것이 일제의 정책과의 관련이다. 일제는 문화정치를 통치책으로 하면서 신사회 신문명으로 나아가기 위해서는 무엇보다도 '民族性改造, 自治, 實力養成'을 해야 한다는 민족개량주의를 유포시키고, 실제 당시 李光洙·崔南善·崔隣 같은 민족주의계열 인사들을 통해 사회분위기를 그 방향으로 이끌어가기 위해 노력하고 있었다. 때문에 현실 속에서 역사적 조건을 배제한 '女性主義' 여성교육의 강조는 자칫 '실력양성론' 차원의 교육과 차별성이 없이 그 속에서 혼돈 되어버릴 수 있는 우려가 있었다.

예를 들면 앞서의 현모양처주의 여성교육관의 문제에서 보았듯이 여성해방론자들은 현모양처주의 교육관을 극히 비판하고 경계하였으나 일본과 타협적이었던 대표적 지식인들은 '실력양성' 이라는 이름 아래 현모양처주의를 여성교육관으로 제기하여 여성교육의 방향을 오도하려 하였다. 심지어 어느 한 여학교의 교사는 교사의 신분을 밝히면서 현모양처주의를 부르짖기까지 하였다. 또 상당히 많은 여학교에서 현모양처주의를 표방하고 있었다. 이 분위기에서 여성해방교육관이 '실력양성론'적 여성교육관과 혼돈될 우려가 있었다.

또한 어떤 여자학교에서는 사회주의운동을 했다는 이유로 학생을 퇴학시키기도 하였으며, 純宗의 장례 시에 학생들이 애도의 뜻을 표현하려는 것을 막는 등 학교교육이라는 이름 아래 학생들의 사상과 행동을 일제가 원하는 방향으로 끌어갔던 사실도 많이 있었다. 이처럼 여자학교교육이 '실력양성'이라는 이름 아래 일제의 교육정책과 맞아떨어지는 부분들이 있었기에 여성해방교육론이 진정한 여성의 해방을 이루기 위해서는 극히 조심해야할 부분이 많았다.

그리고 당시 일부의 교육론에서 위생사상 · 육아 · 가정의 개조 등을 여성교육의 중점으로 크게 부각시키고 있었던 것도 여성교육의 방향을 지엽적인 것으로 돌려 교육 속에서 나올 수 있었던 비판적 요소를 제거하려는 일제의 정책과 맞아떨어진 것이기도 하였다.

이러한 상황이었기에 여성해방교육론이 당시의 역사적 조건을 무시한 채 '여성주의'적 입장에 서있을 경우 자칫 생각지 못한 일제의 함정에 빠질 수도 있었던 것이다.

그리고 마지막으로 지적하고 싶은 것은 '人間的 敎育'이 빠질 수 있는 함정이다. 교육이란 원래 진정한 인격형성을 목적으로 한 것이어야 하고 그 외 목적적이 되어서는 안 되지만 당시의 역사적 조건 -植民地 構造, 半封建的 構造- 속에서 인간교육만을 주장하게 될 때 상당히 당시의 시대적 문제를 반영하지 못한 비현실적 교육이 될 것이고 이는 더 나아가 목적성을 잃고 방향을 상실하여 일제의 교육정책 속에서 그 뜻을 펴지 못할 우려가 있었다는 점이다. 그리고 실제 1930년대 말 1940년대 초 민족주의계열 여성지식인들의 일제에 대한 협조적 태도는 이러한 입장과 관련이 있는 것이었다.

IV. 맺음말

　본 소고에서는 1920년대 여성해방이론을 펴나가는데 있어서 핵심적이었던 여성해방교육론이 어떤 내용을 담고 있었으며 당시의 여성문제를 적극적으로 해결해 줄 수 있는 것이었는지를 검토해 보고자 하였다.

　이를 위해 먼저 1920년대의 여성해방론을 당시 잡지와 신문에 실린 지식인의 글을 통해서 분석해 보았다. 이는 여성해방교육론의 위상을 알기 위한 전제로서 분석해 본 것이다. 지식인들은 여성억압의 원인을 기존의 전통적 가치관과 제도, 여성 자신의 인간으로서의 각성 부족, 정치 · 경제 · 법률 등 사회제도면에서의 불평등 조건, 자본주의적 사회경제구조 등의 관점에서 인식하고 있었다. 그리고 여성해방의 의미를 남성에 의한 노예적 삶과 노예적인 도덕에서 벗어나 자유와 권리를 갖는 하나의 인격체가 되는 것, 남성과 동등한 권리와 지위를 획득함으로서 자기를 실현하는 것, 여성을 억압하고 있는 사회구조 속에서 자유로워져 주체적 인간으로서는 것 등으로 인식하였다.

　이러한 1920년대의 여성해방론의 인식과 궤를 같이 하면서 전개된 여성해방교육론은 무엇보다 당시의 여성교육의 후진성과 또 여성교육이 현실적으로 빚어내고 있었던 많은 문제점을 지적하고 여성교육은 여성해방사상에 기초한 자아확립교육과 여권동등교육으로 나아가야 한다고 주장하였다. 이 같은 교육을 통해서만이 여성들이 한 인간으로서 남성과 동등하게 이 사회에서 살아나갈 수 있으리라고 보았던 것이다.

　그리고 여성해방교육을 위해서 내용면에서는 남녀평등주의 · 인격주의에 입각한 교육, 사회와 연계를 갖는 교육, 남성주의에 기초한 전통적 사고를 키우는 교육 배제, 실용적 교육 등을 강조하였다. 제도면에서는 여성교육기관의 설치와 확대, 여성에 대한 고등교육 실시, 남녀공학 실시 등을 내세웠다.

1920년대 여성해방교육론의 분석을 통해서 볼 수 있는 것은 무엇보다도 그 이전의 시대에는 찾아볼 수 없는 여성해방론과 크게 밀착되어 있다는 것이다. 용어 그 자체를 '여성해방교육론'이라고 칭할 수 있을 만큼 그 출발과 그 목표가 여성해방이 되고 있다. 이 점은 여성교육론의 전개에서 볼 때 크게 발전된 모습이었다.

그러나 문제는 1920년대 여성해방이론을 분석하고 비교했을 때 여성교육론에서 받아들이고 있는 여성해방의 의미는 극히 부분적인 입장에 그치고 있다는 것이다. 여권론적 여성해방론의 범주에 머물러 있다. 때문에 당시 식민지적 조건에 있었던 수많은 여성들, 더욱이 반봉건적 사회에 뿌리를 내리고 있었던 우리 여성들의 문제를 철저하게 해결해 줄 수 있는 것이었는지에 관해서는 의문을 제기할 수밖에 없다. 여러 가지 문제점으로 보았을 때 여성해방교육론은 부르주아 여성들의 문제를 철저하게 해결해 주는 데는 성과를 거둘 수 있는 것이었지만 당시 대부분의 농촌여성에게는 근본적이지 못한 처방이었다고 볼 수 있겠다.

그리고 여성해방교육론의 내용에서 주장하고 있는 자아확립교육·여권동등교육 등이 당시의 역사적 조건을 무시한 '여성주의'와 '인간교육'으로만 갈 경우 자칫 당시 일제의 실력양성 교육 속에서 매몰 될 우려가 있었다. 실제로 일부의 여성해방교육론자들은 그러한 상황에까지 이르기도 하였다.

이렇게 볼 때 전시대와는 달리 여성해방을 목적으로 주장되었던 여성해방교육론은 여성들의 억압을 풀어주고 여성의 해방을 가져다줄 실마리로서의 역할을 했다고 할 수는 있으나 여성문제를 근본적으로 해결해 줄 수 있었던 것은 아니었다.

우리가 여성해방운동이란 어떤 것이어야 하는가를 정리해 보면 그것을 더욱 쉽게 인식할 수 있다. 여성해방은 여성이 기존의 억압 차별 착취에 저항하여 평등한 남녀관계를 쟁취해 내어 주체적 인간으로 서는 것, 즉 인간해방이다. 그러면 여성을 억압하고 차별하고 착취하는 것은 무엇인가? 그것은 해당사회의 기본모순(그 사회의 총체적 모순)에 기인한다. 즉 여성문제는 한 사회구조 내에서 해당사회의 기본모순이 성을 매개로 하여 나타난다. 여성을 불리하게 규정하는 불평등은 단순히 여성에 대한 것만이 아니라 기본적으로 그 사회 그 민족 내부를 규정하는 불평등구조에서 비롯되고 있다. 그러므로 인간해방을 추구하는 여성운동은 당사회의 불평등구조를 철폐해 나가는 사회변혁운동의 범주 속에서 여성들의 성차별폐지라는 독자적인 문제를 통일적으로 제기하면서 비로소 성취될 수 있다.

(『釜山女大史學』 제12집, 1994, 부산여자대학교 사학회)

□제3장 참고문헌□

사료

『開闢』제3호(1920. 8), 제4호(1920. 10), 제8호(1921. 2), 제9호(1921. 3), 제19
　　　호(1922. 1).

『동아일보』1920년~1928년.

『시대일보』1924년~1926년.

『新女性』2권 3호(1924. 3), 2권 10호(1924. 10), 3권 1호(1925. 1), 3권 2호
　　　(1925. 2), 3권 6호(1925. 6~7), 4권 2호(1926. 2), 4권 6호(1926. 6), 4권
　　　10호(1926. 10).

『조선일보』1923년~1929년.

『중외일보』1924년~1928년.

『靑年』1922년 1월호, 1922년 6월호.

『學之光』1920년 7월호.

『現代評論』창간호(1927. 2), 2호(1927. 3).

단행본 및 학술논문

강만길(1987),『日帝時代 貧民生活史 硏究』, 창작사, 제1장.

박용옥(1984),『한국근대여성운동사연구』, 한국정신문화연구원.

강인순(1988),「植民地 時代의 女性運動에 관한 소고」,『가라문화』제6집.

金貞姬(1984),「韓末 日帝下 女性運動 硏究」, 曉星女子대학교 대학원 석사학위
　　　청구논문.

김현옥(1988),「동학의 여성개화운동연구-만해의 여성관을 중심으로」,『성신사학』6, 성신여대사학회.

노영택(1978),「한말 일제하 여성교육운동론의 성격」,『여성문제연구』7, 효성여대 여성문제연구소.

박용옥(1981),「동학의 남녀평등사상」,『역사학보』91, 역사학회.

신영숙(1986),「日帝下 新女性의 戀愛 結婚問題」,『韓國學報』제45집.

오숙희(1988),「한국 여성운동에 관한 연구」,이화여자대학교 대학원 석사학위 청구논문.

유봉호(1983),「대한제국시대의 여성교육론」,『대한제국연구』1, 이대 한국문화연구원.

이송희(1994),「1920년대 여성해방론에 관한 연구」,『부산사학』제25 · 26합집, 부산사학회.

李玉鑌(1979),「女性雜誌를 통해본 女權思想-1906년부터 1929년까지를 중심으로-」, 이화여자대학교 대학원 석사학위 청구논문.

이효재(1977),「日帝下의 韓國女性勞動問題」,『韓國近代史論』3, 지식산업사.

이효재(1989),「日帝下의 韓國女性 勞動狀況과 勞動運動」,『한국의 여성운동』, 정우사.

정세화(1972),「일제치하의 여성교육」,『한국여성사, 개화기-1945』, 이대출판부.

정세현(1963),「일제치하의 여성운동소고」,『아세아여성연구』2, 숙대아세아여성문제연구소.

최숙경(1980),「한말여성해방사상의 성립」,『한국사학』1, 한국정신문화연구원 사학연구실.

최숙경(1983),「한말 여성해방이론의 전개와 그 한계점」,『한국문화연구원논총』, 이화여자대학교.

최숙경 · 정세화(1976),「개화기 한국여성의 근대의식형성」,『논총』28, 이대 한국문화연구원.

제2편

근대사에 등장한 신지식층 여성들

■제4장
한국 근대사 속의 여성 리더십

■제5장
1920년대 여성해방론에 관한 연구

■제6장
부산지역 신지식층 여성들의 등장과 단체 활동

■제7장
신여성 나혜석의 민족의식과 민족운동

제4장 한국 근대사 속의 여성 리더십

I. 머리말

아직은 많은 제약이 있지만 현대 한국 여성들의 사회활동은 놀라울 정도로 증가하였고, 여성들의 역할은 확대되어 가고 있다. 이에 다수의 여성 리더들이 배출되어 교육 · 정치 · 경제 · 법 · 예술 · 과학 등 다양한 분야에서 괄목할만한 성과를 거두고 리더십을 발휘하고 있다. 또한 차세대 리더로서 성장할 수 있는 잠재력을 지닌 많은 여성들이 현재 준비 중에 있다. 이러한 현상을 반영하여 2000년대 들어서면서 각 학문 분야에서 여성 리더십에 대한 논의가 이루어지고 그 성과물들이 나오고 있다. 그리고 실제 여성 리더십을 교육하는 기관들이 설립되어 운영되고 있는 실정이다.

그러나 여성사학계가 중심이 되어 이러한 연구를 본격적으로 한 바는 없었다. 여성 인물들에 대한 연구는 있어왔지만 여성 리더십이라는 관점에서의 논의는 별로 이루어지지 못하였다.[1] 그것은 역사학이

---

1) 여성인물에 관한 연구는 꾸준히 이루어져 왔다. 근래 여성 리더십에 관한 연구가 이루어지면서 전근대 사회에서의 여성들의 리더십을 조명한 연구들이 나오고 있다. 정지영

갖는 특성상 실증적 연구와 나아가 그 실천적 미래적 방향성을 제시하기 위한 치밀하고 성찰적인 작업을 필요로 하기 때문이다.

그리하여 본 연구는 현재 한국 사회에서의 여성 리더십의 현주소 또한 그 미래를 제시하기 위한 준비 작업으로서 다음 몇 가지의 목적을 갖고 시작해 보고자 한다.

첫째, 현재 여성 리더십의 시작이라고 할 수 있는 근대 여성 리더십의 형성을 보려고 한다. 전통 시대에도 여성 리더십이 있었지만 그것은 일부 특수층의 여성들에게만 주어진 것이었다고 할 수 있다. 근대사 속에서의 여성 리더십은 봉건적 신분제를 벗어나 대중적인 다수의 여성들에게서 구현된다.

둘째, 여성 리더십이 근대 역사 속에서 어떻게 그 역할을 하였고 변화하였는가를 보려고 한다. 한국의 근대는 봉건적인 문제와 민족문제를 동시에 해결해야 했기에, 또한 식민지적 조건에서 계급문제가 첨예하게 드러나기에 이제 형성되기 시작한 여성 리더십이 이와 어떻게 관계되는가를 볼 것이다.

셋째, 마지막으로 위의 내용에서 한국 근대 여성 리더십이 갖는 특수성, 강점과 약점을 정리해 볼 것이다.

이러한 한국 근대의 여성 리더십을 중국 · 일본과 비교해 본다면 때로는 유사하게 때로는 조금 다른 모습으로 형성되어 그 역할을 다 하였을 것으로 예상된다. 이 같은 연구가 현재 한국 여성 리더십의 정체성을 찾아가는데 그 일조가 되기를 바란다.

(2007), 「가부장제 역사와 리더의 흔적: 조선시대 강빈의 기억찾기」, 『여성주의 리더십』, 이화여대 출판부, 139~186쪽.

II. 여권통문과 찬양회

1. 여권통문(女權通文) 발표의 배경

조선 후기 성리학적 이데올로기의 강화와 가부장제의 공고화 속에서 여성들의 밖에서의 활동은 거의 통제되었다. 다만 여성들의 가정 내에서의 역할은 나름대로 유지되어가고 있었다. 양반가의 여성들은 가족 내에서의 리더로서의 역할을 하기도 하였다. 대가족 내에서의 종부의 역할 등이 그러한 모습을 보여준다. 즉 지배계급의 여성들은 가부장적 구조 내에서이긴 하지만 리더로서의 역할을 꾸준히 해 왔다고 볼 수 있다.

그러나 조선 사회의 변화에 따른 내부에서의 새로운 여성인식, 동학의 근대적 여성관의 등장, 서세동점의 물결 속에서의 평등사상을 기초로 하는 천주교의 전파는 한국 사회의 전통적 여성관에도 변화를 초래하였다. 이는 여성들의 의식전환에 영향을 주었고 그들을 밖으로 끌어내는데 일정한 역할을 하였다.

그리고 1876년 개항 이후 개화론의 등장은—나라를 개화하기 위해서는 여성도 개화를 해야 한다는 주장—전통적 여성관에 변화를 가져다주었다. 박영효는 그의 「開化에 대한 上疏」[2]에서 四民의 養生과 平等을 주장한 가운데 여성 문제에 주목하였다. 그리고 남자와 나란히 여성에게도 교육의 기회를 부여할 것을 주장하고 女性敎育을 의무교육의 하나로 실시해야 한다고 강조하였다. 유길준은 『西遊見聞』에서 서양 여성의 개화를 소개하고 이러한 개화는 여성교육에서 비롯되었음을 강조하고 이를 통해 여성에 대한 불평등한 제도를 타파하고 여권을 신장시킬 것을 주장

---

2) 박영효(1888), 「開化上疏」, 『근대한국명논설집』(『신동아』 1966년 1월호 부록), 10쪽.

하였다.[3] 그 외 많은 개화사상가들은 여성문제를 개화와 관련하여 인식하고, 개화사상의 맥락 속에서 특히 여성교육을 강조하였다.

개화운동이 무르익으면서 대중을 기반으로 운동을 전개한 獨立協會와 그의 사상적 기반이었던『獨立新聞』은 한층 더 여성의 권리 찾기, 남녀평등의 실현을 구체적으로 인식하고 그 해법으로 여성교육을 강조하였다.[4]

한편 기독교 포교를 위해 한국에 입국한 선교사들은 포교의 방편으로 근대학교를 설립하기 시작하였고 1886년에는 최초의 여학교인 이화학당(감리회, 서울)을 설립하였다. 그리고 1895년 정신여학교(감리회, 평양), 1895년 일신여학교(장로회, 부산), 1896년 숭현여학교(평양), 1898년 영화학교(감리회, 인천), 배화여학교(감리회, 서울) 등의 여학교를 연이어 설립하였다.[5]

2. 여권통문의 발표

이러한 변화를 배경으로 1898년 9월 1일 드디어 서울 북촌의 양반 여성들은 최초로 자신의 권리를 주장한「여학교 설시 통문」, 이른바 女權通文을 발표하였다.[6] 이소사 · 김소사의 이름으로 발표된「여학교 설시

3) 유길준은『서유견문』12편『孩영 撫育하는 規模』와 15편『女子 接待하는 禮貌』등에서 서양 여성의 개화를 소개하고, 이러한 여성의 개화는 여성교육에서 비롯되었음을 강조하였다.
4) 독립신문은 여성들이 교육을 받아 여성의 권리를 찾고 남녀평등을 이루어야 한다고 강조하였다. 그리고 국민교육을 널리 펴기 위해서는 동몽교육과 여성교육이 시급하다고 보고, 정부에서는 남자학교를 하나 지으면 여자들을 위해서도 학교를 지어야 한다고 강조하였다.『독립신문』1896년 4월 21일, 9월 5일, 논설. 5월 12일. 1898년 9월 21일.
5) 정세화(1971),「한국 여성교육」,『한국여성사』II, 이화여대 출판부, 291~292쪽: 한국여성사편찬위원회(1971),「한국 사립여학교 일람」,『한국여성사』부록, 이화여대출판부, 135~136쪽.
6)「五百年有」,『皇城新聞』1898년 9월 8일. 論說:「여학교」,『독립신문』1898년 9월 9일.

통문」 즉 여권통문은 최초로 여성들의 근대적 권리를 주장한 선언서로 여권운동의 발단이 되었다.

「여학교 설시 통문」에서 강조하였던 것은 첫째 문명 개화 정치를 수행함에 여성들도 참여할 권리를 갖고 있다는 것이었다. 즉 "이제 우리 이천만 동포 형제가 성의를 효순하여 전일 해태하던 구습을 영영 버리고 각각 개명한 신식을 좇아 행할 새 사사이 취서되어 일신 우일신함은 영영한 소아라도 저마다 아는 배어늘 어찌하여 우리 여인들은 일향 귀먹고 눈 어두운 병신 모양으로 구규만 지키고 있는지 모를 일이로다"고 하고 있다. 여성들도 새롭게 변화하는 시대에 맞게 구습을 버리고 문명개화로 나아갈 것을 권하고 있다.

둘째, 여성들도 남성과 평등하게 직업을 가질 권리가 있음을 말하고 있다. 여권통문에서 "혹자 신체와 수족과 이목이 남녀가 다름이 있는가. 어찌하여 병신 모양으로 사나이의 벌어주는 것만 먹고 평생을 심규에 처하여 그 절제만 받으리오…… 슬프다 도리혀 전일을 생각하면 사나이의 위력으로 여편네를 누르려고 구설을 방자하여 여자는 거내이불언의하며 유주식시의라 하니 어찌하여 신체 수족 이목이 남자와 다름없는 한 가지 사람으로 심규에 처하여 다만 밥과 술이나 지으리오"라고 하였다. 즉 여성들도 남자와 평등하게 직업을 가지고 활동할 권리, 경제적 자주권을 주장하였다. 독립된 인격을 향유하기 위해서는 경제적 자립이 선행되어야 하기 때문이다.

셋째, 여성도 남성과 평등하게 교육 받을 권리가 있음을 주장하고 있다. "이왕에 먼저 문명개화한 나라를 보면 남녀가 일반 사람이라 어려서부터 각각 학교에 다니며 각항 재조를 다 배우고 이목을 넓혀 장성한 후에 사나이와 부부지의를 정하여 평생을 살드래도 그 사나이의 일호 절제를 받지 아니하고 도로혀 극히 공경함을 받음은 다름이 아니라 그 재조와 권리와 신의가 사나히와 일반인 연고라…… 도금에 구규를 진폐하고 신식을 시행함에 우리도 혁구종신하여 타국과 같이 여학교를 실시하고 각각 여아들을 보내어 각항 재조와 규칙과 행세하는 도리를 배와 일후에 남녀가 일반 사람이 되게 하올 차 방장 여학교를 실시하오니"라고 하였다. 문명개화한 나라의 여성들이 남성과 동등하게 같이 살아가는 것은 여성들이 남성과 같이 재주와 권리와 신의를 갖고 있기 때문인데 이는 여성들도 남성들과 같이 어려서부터 학교에 다니며 교육을 받은 것 때문이라고 보았다. 즉 남녀 평등의 근저에 교육이 있음을 인식하고 여성교육을 강조하였다. 모든 것의 출발이 교육에 있음을 주장하였다.[7)]

이처럼 여권통문은 개화에의 참여, 경제활동 참여를 강조하고 이 모든 것이 교육을 통해 이루어진다는 대 전제 아래 교육권 등을 통해 다수 대중 여성들의 공적 영역으로의 진출을 주장한 것이었다. 이는 여성들의 근대적 리더쉽—다수의 대중적 여성들이 사회적 변화를 주도해 가는 것—이 발휘될 수 있는 단초를 마련한 것이었다. 특히 여권통문은 이러한 주장을 통해 그 권리들을 얻기 위해 현실적으로 가장 중요한 여성교육을 실현하기 위한 방법을 얻고자 하였고, 그 방법으로 우선 여자교육기관을 설립하고자 하였다.

3. 찬양회(贊襄會)의 설립과 활동

1898년 9월 1일 여권통문을 발표한 여성들은 수많은 찬동자를 규합하였다. 발표 이전부터 300명 정도의 찬동자로 출발하였는데,[8)] 발표 후에는

---

7) 박용옥(1984), 『한국근대 여성운동사』, 한국정신문화연구원, 57~60쪽.
8) 「冀望女校」, 『제국신문』 1898년 9월 13일, 논설.

400~500명 정도로 증가하였다.[9] 여권통문의 주장에 찬동한 여성들은 서울에 거주하는 양반 부인들이 중심세력을 이루었으며 일반 서민층 부녀 및 기생들도 이에 참여하고 있다. 그리고 지방의 부인들도 이 뜻에 동조하여 정식으로 협조하였다. 이러한 과정에서 여권통문의 발표는 자연히 여권운동으로 이어졌다.

여권운동 지도자들은 당시 상황에서 여성들의 권익을 찾기 위해 시급한 것이 교육받을 권리를 얻는 것이라고 보고 통문 발표에 참여하였던 여성들을 규합하여 찬양회라는 최초의 근대적 여성단체를 조직하였다.

1898년 9월 12일 북촌 부인 대표들은 남자 협찬원 安永洙ㆍ申錫麟ㆍ李廣夏 등과 더불어 李時善의 집에 모여 여성권익을 얻기 위한 그 기초로 여성교육을 강조하고 교육을 실천할 여학교 설립 문제를 논의하였다. 그 결과 한국인 최초의 사립여학교로 順成女學校를 설립하기로 결정하고, 이것을 여성의 힘으로 운영하기 위해 후원단체인 찬양회贊襄會를 조직하기로 하였던 것이다.[10]

회원 자격은 신분 직업 등 일체의 제한 없이 순성여학교 운영을 담당할 회비를 내기만 하면 누구나 회원이 될 수 있었다. 초기 임원으로 회장에 李養成堂, 부회장에 金養賢堂, 총무원에 李昌吉堂과 태양진당, 사무원에 高貞吉堂 등이 선정되었다.

찬양회는 그 사업으로 크게 두 가지를 추진하였다. 하나는 여학교 설립 운동이었고, 또 하나는 여성계몽 사업이었다. 이 사업을 위해 찬양회는 매주 일요일 정기 집회를 열고 연설회 토론회를 개최하였다. 초기 참여

---

9) 『제국신문』(9월 13일자 논설)에는 300명이라고 하였고, 『독립신문』에는 400명(9월 15일 「여학교 찬성」)이라고 하였는데, 『黙庵備忘錄』에서는 500명이라고 하였다.
10) 「녀학교 찬성」, 『독립신문』 1898년 9월 15일, 찬양회의 명칭은 養成院, 찬양회, 순성회 등으로 지칭되었다.

인원을 보면 100여명이 참여하였고, 특히 개화파들의 관심이 많았으며 외국인들도 방청하였다.11)

하지만 가장 중요한 사업은 관립여학교 설립운동이었다. 이 취지는 국민의 一成員으로서의 여자교육을 위해 국가가 당연히 관립여학교를 설립하여야 한다는 것이다. 즉 여성도 국민이기에 국가가 운영하는 교육기관에서 교육을 받고 남성과 동등하게 애국할 기회를 가져야만 한다는 것이다.

그리고 이러한 맥락에서 찬양회는 여성단체로서 당시 독립협회 중심의 개화운동에 참여하였고, 특히 만민공동회에도 참가하였다.

최초의 여성단체인 찬양회의 설립과 이들의 활동은 이제 여성들을 밖으로 끌어내어 사회활동과 정치활동을 할 수 있는 계기를 마련해 준 것으로 근대적 여성 리더십 형성의 기초를 제공한 것이었다. 즉 이 같은 정치운동 · 사회운동에의 참여는 여성 리더십의 일단을 보여주는 것이라고 할 수 있다. 이제 여성들도 개화라는 민족적 과제에 남성과 같이 민족의 일 구성원으로서 참여하게 된 것이다.

찬양회는 관립여학교 운동에 대한 정부 측의 미온적 태도에12) 1899년 2월 26일 서울 느릿골에 30명 정원의 순성여학교를 개교하였다.13) 이 학교는 한국 여성에 의해 설립된 최초의 여학교로서 7 · 8세에서 12 · 13세 연령의 학생을 대상으로 하는 초등과정의 교육기관이었다. 교장에 김양현당을, 교원으로 고정길당 및 몇 명의 외국부인을 임명하였다. 그리고 한편

---

11) 「부인개회」, 『독립신문』 1898년 9월 27일: 「부인회 연설」, 『독립신문』 1898년 10월 7일: 「외국인 의연」, 『독립신문』 1898년 10월 7일.

12) 사실 찬양회의 관립여학교 설립운동은 처음 고종의 우호적 태도로 고무되었지만, 이미 독립협회 관련의 개혁파 정권이 끝난 상황에서 독립협회 운동과 맥을 같이 했던 여학교 설립 안은 1899년 9월 부결되고 말았다.

13) 「女校私設」, 『황성신문』 1899년 2월 24일: 「여자교육」, 『독립신문』 1899년 3월 1일.

이를 관립여학교로 만들기 위해 많은 노력을 하였다. 그러나 별다른 성과를 거두지 못하고 사립으로 운영하였는데 문제는 경제적 어려움이었다. 학생들도 대체로 아직은 의지할 데가 없는 어려운 학생들이 많았다. 순성여학교는 독자적 학교 시설을 갖지 못하였고 김양현당의 개인적 역량으로 운영되다가 1903년 2월 그가 죽고 난 이후 그 활동을 찾아 볼 수 없다.[14]

순성여학교는 여러 가지 제약으로 지속되지 못하였지만 종교교육기관과는 다른 여성들에 의해 설립된 민간인 여성교육기관이라는 점에서 역사적 의미를 갖는다.[15] 특히 교육 내용에서 민족의 일 성원으로서 개화에 참여해야 한다는 것 등 당시 우리 사회가 안고 있는 현안을 강조하고 거기에 합당한 인물을 키워내려 하였다. 이는 바로 한국 근대 사회의 여성 리더 양성의 기반이 되었다.

Ⅲ. 근대 여성 리더십의 형성

1. 여성교육, 여성 리더

여권통문과 찬양회의 여권운동을 계기로 단초를 열었던 여성들의 사회적 활동에 이어 여성 리더십이 활성화될 수 있었던 것은 1905년 을사

---

14) 찬양회는 1900년 초에 사실상 해체되었고 재정적 후원 없는 학교 경영을 김양현당 혼자서 이끌어 갔다. 그가 죽은 후 1903년 5월 이자현당이 교장에 취임하였으나 이 뒤로는 신문 등 자료에서 기사를 찾아볼 수 없다. 박용옥(1984), 앞의 책, 64~73쪽.
15) 당시 정부는 관립여학교를 설립하지는 않았지만, 13개조의 관립여학교 관제를 마련하였다. 「여학교록례」, 『시사총보』1899년 5월 25일.

늑약 이후 국권회복운동의 전개 속에서였다.[16] 여성교육이 확대되고 다수의 여성단체가 출현하였던 것이다.

앞서 보았듯이 근대 여성교육의 시작은 일찍이 1880년대 선교사들에 의해 시작되었다. 하지만 순성여학교를 시작으로 하는 민족 여성교육은 1905년 국권의 피탈로 半植民地的 상황에 이르면서 확대되었다. 이는 여성의 의식성장에 기인하기 보다는 국가의 위기 상황에서 啓蒙運動家들이 여성교육을 추진하였기 때문이었다.[17]

啓蒙思想家들은 지금 우리가 국권을 빼앗기고 민이 위기에 처하게 된 원인을 궁극적으로 분석해 보면 과거 우리나라의 여자를 교육시키지 않아 현세계의 신문화를 받아들이지 못하고 開明進步에 이르지 못하였던 점에도 그 원인이 있었다고 인식하고, "나라와 민을 구하기 위해서는 무엇보다도 급선무가 여성교육"임을 강조하였다.[18] 이러한 여성교육의 강조는 여성을 남성과 같이 활용하여 실력을 양성하자는 국가경쟁력을 위한 것이었다.

이러한 분위기 속에서 여성교육에 대한 사회적 요구가 급증하여 많은

---

16) 국권 회복운동의 일 조류였던 애국계몽운동은 우리나라가 국권을 빼앗기고 민이 위기에 처하게 된 것은 실력이 부족했기 때문이라고 보고 敎育과 殖産을 통한 실력양성을 강조하였다. 그리고 실력양성을 위해 교육구국운동, 언론계몽운동, 민족종교운동, 국학진흥운동, 산업진흥운동, 국채보상운동 등 다양한 운동을 전개하였다. 그리고 여성교육의 강조도 이에서 비롯된 것이었다.

17) 이송희(2005), 「한말 일제하의 여성교육론과 여성교육정책」, 『여성연구논집』 제16권, 신라대 여성문제연구소, 194~195쪽; 당시 남성들은 여성교육의 목표를 애국심이 강한 어머니로서 애국적인 자녀를 길러내게 하는데 두고 있었다. 노인화(1982), 「한말 개화자강파의 여성교육관」, 『한국학보』 27, 일지사: 이송희(1995), 「대한제국말기 애국계몽단체의 여성교육론」, 『이대사원』 28집, 이대 사학과.

18) 金河琰, 「女子敎育의 急先務」, 『西北學會月報』 제15호, 12~18쪽: 尹孝定, 「女子敎育의 必要」, 『大韓自彊會月報』 제1호, 41쪽. "國家之知愚貧富가 實有關於女子之敎不敎則 此實自强基本之所在也니": 「女子敎育論」, 『大韓每日申報』 1908년 8월 11일.

여학교가 설립되고 기존의 학교들도 여성에게 개방되는 예가 늘어났다. 이 무렵 전국에 세워진 여자학교는 170여개로 나타났다.[19] 밝혀지지 않은 학교와 남녀공학교 그리고 교회에서 설립한 학교까지 더한다면 그 수는 더욱 증가할 것이다.

이 같은 여성교육의 확대는 다수의 여성 리더를 배출하는 계기를 가져다 주었다. 1910년대 이후 민족운동 · 여성운동에서 리더십을 발휘한 많은 여성 리더들이 등장하게 된 것은 이때의 여성교육의 확대에서 비롯된 것이라고 하겠다.

그리고 여성교육의 확대와 함께 많은 여성단체들이 생겨났다. 여성 자신들의 자발적인 것도 있었고, 심지어는 일본 측이 친일여성들을 동원하는 경우도 있었다. 진명부인회와 대한부인회, 친일적인 여자교육회와 자선부인회 자혜부인회 등이 설립되었다.

여성단체들의 주된 활동은 여성교육의 후원이었고, 그 외 여성과 관련한 몇 가지 이슈를 제기하였다. 자선사업과 미신타파, 폐습타파 등의 계몽활동을 전개하였다.[20]

2. 구국운동에서의 여성 리더십

위와 같은 여성교육의 확대와 여성단체의 설립 등은 여성 리더십 발휘로 이어졌다. 여성들이 구국운동에서 그 역량을 크게 발휘하기 시작하였다.

그 대표적인 것이 國債報償運動이었다. 부산에서 상인들의 국채보상에 대한 논의를 시작으로 1907년 1월 대구의 徐相敦과 金光濟는 담배를

---

19) 박용옥(1984), 앞의 책, 보부록 3, 218~219쪽.
20) 정경숙(1989), 「대한제국 말기 여성운동의 성격연구」, 이화여대 박사학위논문.

끊는 단연회斷煙會를 조직하여 일본에 진 빚 1,300만원을 갚아 일본의 보호국으로부터 벗어나자는 국채보상운동을 발의하였고 이에 온 국민의 열렬한 지지와 호응이 있었다. 이 운동은 전국적인 규모의 운동으로 확대되었고 다양한 사람들의 참여로 이어졌다.[21]

이 때 여성들도 적극 참여하였다. 여성들은 개인적으로 의연금을 기탁하기도 하였지만, 특히 놀라웠던 것은 여성들만의 조직을 만들어 국채보상운동에 앞장섰다는 점이다. 전국에 30여개에 이르는 국채보상부인회가 설립되었다. 그 중 대표적 10개의 조직을 보면 서울 북촌 양반가 부인들의 大安洞 國債報償婦人會, 진주 기생이 중심이 된 진주 愛國婦人會, 인천의 기독교 부인 중심의 捗米積誠會, 부실(첩) 여성들의 婦人減餐會, 부산여성들의 부산항 佐川里 減膳義捐婦人會, 서울 여성들의 國債報償脫環會, 평남의 三和港 幣物廢止婦人會, 김포군 黔丹面 國債報償義務所, 江界夫人汲水報償會, 문중 여성들의 집단적 조직인 延安李氏一門 婦人會 등이었다.[22] 여성 조직에는 양반층과 지역유지의 부인들이 다수 참여하고 있지만 한편 기독교 여성, 상인층 여성, 첩 출신, 기생 출신 여성들까지 다양한 층의 여성들이 등장하였다.

당시 부인회의 발기문이나 취지문에는 봉건적인 충렬관의 잔재가 남아 있긴 하지만 그 이면에는 남녀 동등의식을 기반으로 '여성이 국민된 의무를 다 하면 남녀동등권을 찾을 것'이라는 기대를 담고 있었다. 즉 남녀동등권을 찾으려는 강한 여성 해방에의 욕구를 드러내고 있었다.

그리고 여성들은 손에 낀 가락지 또는 비녀를 내놓거나 쌀 모으기, 반찬수 줄이기, 물 길어다주기 등 가능한 모든 방법을 동원하여 기금을 마련하

---

21) 이송희(1978), 「한말 국채보상운동에 관한 일 연구」, 『이대사원』 15집, 이화여대 사학과.
22) 박용옥(1998), 「국채보상을 위한 여성단체의 조직과 활동」, 『1900년대의 애국계몽운동』, 아세아문화사, 271~283쪽.

는데 크게 기여함으로써 여성 역량에 대한 사회적 인식을 높이기도 하였다.

이러한 민족운동에의 참여를 통하여 여성들은 운동상에서 남성들과 동등하게 독자적인 조직 결성의 경험을 갖게 되었다. 과거의 여성교육운동으로 한정되었던 조직이 일반 민족운동 조직으로 바뀌게 되었다. 그리고 국채보상운동에의 참여 속에서 여성 리더들의 증가와 확대를 볼 수 있다. 이를 통해 평민층의 여성이나 기생 같은 이들이 부상함으로써 여성 리더들이 양반 여성들로만 한정되지 않고 다양화하였다.[23]

또한 의병운동에서도 여성들의 활약이 있었다. 윤희순(1860~1935)의 경우 이미 을미의병 시에 시아버지 유홍석이 거병하자 자신도 출정하려 하였는데, 시아버지의 제지로 이루지 못하자 「방어장」을 내어 전국의 청년들에게 투쟁할 것을 권고하였고, 안사람 의병가를 지어 각 가정의 안사람에게 돌렸으며 드디어 여자 의병으로 출정을 하였다. 을사늑약이 체결되고 의병운동이 다시 일어나자 윤희순은 안사람 의병 30여명과 함께 참여하여 훈련을 받았으며 의병들의 뒷바라지를 하였다. 또 의병 군자금을 마련하기도 하였다.[24]

이 같은 1905년에서 1910년 사이의 여성들의 구국활동은 다음 몇 가지 점에서 전시대와 다른 변화를 보여준다. 무엇보다 아직 초보이긴 하지만 여성들이 일반 민족운동의 조직을 남성들과 동등하게 따로 만들기 시작하였다는 점이다. 둘째, 민족문제와 여성문제를 동시에 해결해야 하는 여성들로서 당시의 절실한 문제로 민족문제를 전면에 내세우고 있으나 남녀동등권을 찾으려는 女權에 대한 주장을 갖고 있었다는 것이다. 하지만 아직 여권 평등에의 주장은 약하고 그 논의도 원시적이다. 셋째, 아직

---

23) 박용옥(1984), 앞의 책, 121~156쪽.
24) 박용옥(1984), 앞의 책, 145~156쪽.

소수이지만 여성 리더들이 등장하여 운동을 이끌어 갔다는 것이다. 넷째, 계급적으로 기존의 양반 여성 중심의 리더만이 아닌 평민, 심지어 기생 출신까지도 등장하게 되었다는 점이다.

이러한 변화들은 근대 여성 리더십이 형성되어 가고 있었음을 보여 준다.

3. 1910년대 민족운동에서의 여성 리더십

1) 기독교 여성과 松竹會(송죽회)

1910년대의 여성 리더십 역시 민족운동에서 그 역량을 발휘하였다. 이는 개화기와 한말의 여성 리더십의 경향을 그대로 계승한 것으로 1910년대는 특히 민족문제가 긴급하였기에 여성들의 관심이 이에 집중되었다. 하지만 한말과 달랐던 점은 기독교 여성들이 운동의 주체세력으로 등장하였고 지속적으로 그 운동을 전개해 나가기 시작하였다는 점이다.

이 시기 기독교 여성들은 한말 이래 전개되어 왔던 여성운동을 지속적으로 발전시키면서 여성도 남성과 마찬가지로 민족을 위해 나서야 한다는 독립론에 입각하여 정치운동에 앞장섰다. 이는 기독교 속에서 한국여성들이 자신도 하나님 앞에서 남성들과 똑같이 하나의 인격을 가진 인간이라는 것을 자각하고, 이를 당시의 현실문제의 해결로 풀어나가려고 하였던 것이다. 그리하여 일제의 강점에서 벗어나기 위한 많은 활동을 벌였다.[25]

먼저 3·1운동 이전의 여성들의 활동을 보면, 당시 여성들은 소규모 비밀조직을 만들어서 저항운동을 하고 있었다. 특히 기독교 여성

---

25) 윤정란(2003), 『한국 기독교 여성운동의 역사』, 국학자료원, 32~40쪽.

들은 비밀결사를 조직하여 구국민족문제와 여성문제를 공부하고, 실제 독립운동과 연결하여 활동을 전개하였다. 숭의여학교와 기전여학교의 공주회, 천안 양대여학교의 기도동지회, 김애일라의 주도로 만들어진 연습회, 보신여학교의 9송결사대 등의 소조직이 있었고 송죽회 등이 있었다.

가장 대표적인 조직은 송죽회였다. 송죽회의 활동은 1910년대 여성들의 민족독립운동 중 두드러진 것이었다. 이는 1913년 평양의 숭의여학교 교사 황애덕 · 이효덕 · 김경희, 교회부인 안정석 등이 당시 일제의 무단통치 속에서 독립을 위한 비밀결사의 필요성을 인식하고 박혜숙 · 이마대 · 채광덕 · 송복신 · 황신덕 등을 포섭하면서 약 20명의 여성들이 모여 松형제로 뭉치면서 창립되었다. 이 단체의 구체적 목표는 여성들에 대한 애국심과 우국적인 자각의 고취, 독립지사 가족의 생활보조, 독립운동의 연락 활동 등이었다.[26]

1919년 3 · 1운동을 준비하기 위해 황에스터(황애덕)와 김마리아가 국내에 들어와, 김마리아는 부산 · 대구 · 전주 · 서울 · 황해도 등지를 두루 다니면서 만세시위를 독려하였고, 황에스터는 서울을 거쳐 평양에서 거사를 준비하였다. 이들이 이처럼 여러 곳을 돌아다니며 여성 참여를 촉구한 것은 송죽회의 조직을 이용하기 위한 것이었다.

평양 등 각 지역의 만세 시위에서의 여성의 주도와 참여는 송죽회의 기반 위에서였으며 대한애국부인회도 그 기본조직의 배경은 송죽회였다고 할 수 있다.[27]

---

26) 송죽회에 관한 직접자료는 찾기 힘들고 식민지시대『조선일보』기자를 지냈고 여성운동을 하였던 최은희의 저술(1991), 『한국근대여성사』(상), 조선일보사, 336~380쪽을 참고하여 정리하였다.
27) 박용옥(1984), 앞의 책, 172~173쪽.

2) 3·1운동의 참여와 비밀결사단체의 조직과 활동

3·1운동 시 여성들은 그 역량을 크게 발휘하였는데, 이는 여성교육의 증가와 기존의 비밀결사 조직에 힘입은 바가 컸다. 3·1운동에서는 특히 당시 여성종교인, 여교사, 유관순 열사와 같은 여학생 등 여성 지식층이 전면에 나서 운동을 주도하였으며, 선언문을 인쇄 배포하여 운동을 전국적으로 확산시키는데 선도적 역할을 하였다. 여기에서 민족운동 속에서의 여성 리더십의 확산을 볼 수 있다. 부산 등 각 지역의 3·1운동의 전개에서도 여성들의 역할이 컸다.[28] 이는 한국 근대 여성 리더십이 갖는 특수성을 다시 한번 드러내 준다.

그리고 3·1운동의 전개과정에서 서울에서는 대한민국애국부인회·대한애국부인회 등 비밀단체가 곳곳에서 결성되었다. 조직원들은 교사·간호사·학생 등으로 처음에는 애국지사 뒷바라지와 구속된 가족들에 대한 원호활동 등 보조적 활동을 하였으나 차츰 임시정부의 군자금모집, 조직원 보호활동, 문서 배포 등 적극적 활동까지 하게 되었다.[29] 이 때 오면 여성들의 민족운동에서의 역할이 상당히 전문화하고 있음을 볼 수 있는데 이는 여성 리더십의 확대를 보여 주는 것이다.

이렇게 당시의 여성들은 독자적 비밀조직을 만들어 민족운동을 전개하였다. 물론 식민지 구조에서의 여성문제를 따로 끌어내지는 않았지만

---

28) 부산지역의 경우 선교사들이 설립한 일신여학교의 교사 주경애, 박시연이 고등과 학생 11명과 함께 밤 9시 준비한 태극기를 들고 독립만세를 부르면서 기숙사를 뛰쳐 나와 좌천동 거리를 누비며 만세시위를 전개하였다. 이 사건이 부산 경남 3·1운동의 효시였다. 이송희(2005), 「부산지역 신지식층 여성들의 등장과 단체활동」, 『여성과 역사』 3집, 86~87쪽.

29) 최은희(1991), 앞의 책, 18~27쪽, 137~149쪽: 국사편찬위원회(1968), 『한민족독립운동사』 8, 30~33쪽: 김정명(1967), 『조선독립운동』 1권, 분책, 461~465쪽.

여성들만의 조직을 만들어서 운동을 전개코자 하였던 것은 그 근저에 '민족운동에서의 남녀동등'이라는 이념을 갖고 있었다고 하겠다. 이러한 여성들의 독자적 활동은 실제로 임시정부헌장에 '남녀평등'이라는 조항을 명문화하도록 하였다.

이처럼 1910년대 여성 활동은 전 시기와 같이 민족문제 해결에 집중하였다. 그런데 전 시기와는 달리 기독교 여성들이 주체가 되어 운동을 지속적이고 조직적으로 전개하였다. 즉 이 때 오면 주도층의 여성들 중 기독교계의 여성들이 다수를 차지하고 있다. 그리고 특히 3·1운동을 전후하여 일본 유학의 경험을 가진 여성들이 리더로 등장하기 시작하였다. 그만큼 선진적 사상을 수용한 여성들이 등장하였기에 여성문제를 바라보는 시각도 달라지고 있다고 보아야 할 것이다. 하지만 아직 이 단계에서는 그들의 여성문제에 대한 새로운 인식은 크게 드러나지 않는다. 또한 이 시기에 오면 신분적으로도 다양한 계층의 여성들이 운동의 주체로서 여성 리더십을 발휘하였다. 3·1운동이 갖는 대중성과 연결되는 점이다.

이러한 특성은 한국 근대 여성 리더십 형성의 특수성을 보여준다. 민족문제라는 배경과 함께 기독교가 거기에 첨가되고 있다는 것이다.

IV. 근대 여성 리더십의 발전과 전개

1. 신사상의 수용과 여성해방론의 전개, 신여성의 등장

1910년대 기독교 여성 중심으로 민족운동 속에서 발휘되었던 여성 리더십은 1920년대 들어서면서 그 변화를 보이기 시작하였다. 그 변화의 핵심에는 민족운동의 각 부문운동의 활성화, 신사상의 보급과 여성해방론의 논의, 신여성의 등장이 있었다.

1) 부문운동의 활성화와 신사상의 보급

일제하 民族解放運動은 1920년대에 접어들면서 새로운 단계에 접어들게 되었다. 특히 3·1운동에 참여하여 민족대연합전선을 폈던 각계각층의 사람들은 운동의 경험 속에서 차츰 각기 자신들의 입장에서 민족해방의 문제를 직시하게 되었으며 기초를 닦아나갈 수 있는 저력을 키우게 되었다. 그리하여 1920년대에 접어들면서 부문운동이 그 기초를 닦아가기 시작하였다. 즉 청년운동을 비롯하여 노동·농민·학생·형평 등 부문운동이 활성화되기 시작하였으며 여성들의 활동도 다른 부문과 궤를 같이하여 활성화되기 시작하였다.

그리고 이러한 부문운동이 좀 더 본격적으로 전개될 수 있게끔 그 사상적 뒷받침을 해 주었던 것은 社會主義思想이었다. 이 신사상은 1921년을 전후하여 일본유학생들을 통해 우리사회에 소개되기 시작하였다. 일본유학생들인 朝鮮學生同友會의 회원들은 1922년 1월 신사상의 보급을 위해 서울에 들어왔다. 그리고 2월 4일자 『조선일보』에 「全國 勞動者 諸君에게 檄함」이라는 이른바 「同友會宣言」을 발표하여, 동우회가 계급투쟁의 직접적 행동기관임을 선언하였다.[30] 이즈음 국내에서는 無産者同志會

---

30) 朝鮮總督府警務局(1922), 『朝鮮治安狀況』, 17쪽: 京畿道 警察部(1925), 『治安槪況』, 6쪽. 이것은 한국 초유의 階級鬪爭文書로 金若洙, 金思國, 鄭泰信, 鄭泰成, 李龍基, 李益相, 朴錫胤, 박열, 원종린, 洪承魯, 黃錫禹, 林澤龍 등 12인이 연서한 것이다.

(1922. 1. 19),[31] 新生活社(1922. 1. 15)[32] 등 사회주의적 색채를 띤 단체
들이 태동하였다. 한편 코민테른 극동기관에서는 1923년 꼬르뷰로 국내
부를 설치키 위해 사회주의자들을 국내에 잠입시켰다. 이러한 새로운 사
상의 수용과 운동의 전개는 이제 막 기초 작업을 하고 있었던 민족운동의
각 부문운동에 커다란 영향을 주어 각 부문별 단체의 결성, 운동의 활성
화로 이끌어 주었다.

여성들의 활동도 다른 부문운동과 같이 1920년대의 분위기와 사회주
의 사상의 수용 속에서 활성화되고 다변화되었다.

2) 女性解放論의 논의

1920년대에 들어서 여성활동의 변화와 활성화에 뒷받침이 된 것은
무엇보다도 당시에 대두된 여성해방론이었다.[33] 1920년대 여성해방론
은 여성억압의 원인과 그 억압에서 벗어나는 해방에 대한 논리를 전개
하였다.

먼저 억압의 원인을 네 가지 정도로 보았다.

첫째, 기존의 전통적 가치관과 제도, 즉 전통적인 도덕, 윤리 그리고 가
족제도, 결혼제도 등이라고 보았다.[34] 둘째, 여성 자신의 인간으로서의

---

31) 尹德炳, 金翰, 申伯雨, 元貞龍, 李準泰, 白光欽, 陳炳基, 金達鉉, 金泰煥 등 각 사회단체의
    지도적 인물 19명이 결성.
32) 朴熙道, 李永駿 등이 발기하고 金明植, 辛日龍, 李星泰, 鄭知鉉, 申伯雨 등이 발족.
33) 이송희(1994),「1920년대 여성해방론에 관한 연구」,『부산사학』25 · 26집, 부산사학회,
    81~120쪽.
34) 滄海居士,「家族制度의 側面觀」,『開闢』1920년 8월호, 24~27쪽:「强制結婚의 罪惡」,
    『동아일보』1924년 1월 27일, 잡보: 李笑古,「强制結婚의 弊害를 보고」,『동아일보』
    1924년 8월 28일, 잡보.

각성이 부족한데 있다고 보았다.[35] 셋째, 정치 · 경제 · 법률 등 사회제도 면에서의 불평등한 조건이라고 보았다.[36] 넷째, 社會構造的인 것이라고 보았다. 바로 당시의 자본주의적 사회경제구조가 여성을 억압하는 장본인이라는 시각이다.[37]

그리고 억압을 풀어내는 여성해방의 논리를 다음과 같이 세 가지로 정리하였다.

첫째, 여성해방이란 여성들이 재래의 남성에 의한 노예적인 삶과 노예적인 도덕에서 벗어나 자유와 권리를 갖는 하나의 인격체가 되는 것이라는 관점이다. 즉 여성이 개인으로서의 각성과 인생으로서의 각성을 통해서 진정한 인격체─자유인이 되는 것이라는 관점이다.[38] 특히 이 관점에서는 여성의 개인으로서의 각성 인생으로서의 각성이 性的道德에 대한 혁명적인 新道德의 형성을 가져다준다고 보았다. 그리고 그 구체적 내용으로 연애의 자유, 연애결혼, 자유이혼 등을 들기까지 하였다.

두 번째, 여성해방이란 여성들이 남성과 동등한 권리와 지위를 획득함으로서 자기를 실현하는 것이라고 보는 관점이다. 즉 구체적으로 지적

---

35)「自己로 사는 婦人」(2),『朝鮮日報』1920년 6월 22일:「新婦人에게 望함 ─ 지적 자립, 성적 자립」,『東亞日報』1921년 6월 18일:「朝鮮女子여 太陽에 面하여 立하라」,『동아일보』1922년 1월 8일, 사설.

36)「女子解放은 經濟的 獨立이 根本」,『동아일보』1924년 11월 3일: 李大偉,「女性의 經濟的 獨立」,『靑年』1922년 1월: 李根苾,「解放을 바라는 여성들에게─經濟的으로 獨立하여 享樂的 結婚을 폐하라」,『동아일보』1927년 7월 21일:「英國女性의 選擧權 擴張」,『동아일보』1927년 7월 21일, 부인강좌.

37)「婦人運動과 新女性」,『동아일보』1926년 1월 4일: 女性을 억압하는 장본인은 資本主義라고 하고 있다. 李賢卿,「經濟狀態의 變遷과 女性의 地位」(1~5),『現代評論』1927년 2월~7월.

38) 權九玄,「女性運動의 一考察」,『중외일보』1927년 8월 30일:「婦人問題의 槪觀」(1),『동아일보』1922년 6월 12일:「朝鮮女子여 太陽에 面하여 立하라」,『동아일보』1922년 1월 8일, 사설: 鄭春溪,「婦女解放運動에 대하여」,『조선일보』1923년 8월 22일.

능력, 생존권, 정치적인 면에서 여성들도 남성과 동등한 권리와 이익을 획득하는 것이라고 보는 것이다. 이는 당시 서구여성들을 완벽한 것은 아니지만 지향해야 할 바로 보고 그것을 모델로 하여 여성문제를 풀어나가고자 하였던 인식이다.[39]

세 번째, 여성해방이란 기존의 구조 속에서 남성에 대항하여 여성의 이익과 지위를 획득하는 것만으로는 이루어지지 않고 여성을 억압하고 있는 사회적 경제적 불평등을 초래하는 그 근본적 원인에서 벗어나는 것이라고 보는 시각이다.

따라서 이 시각에서는 경제적 독립이라던가 생활에서의 불평등 등 몇몇 문제를 해결한다고 하여 여성해방이 이루어지는 것이 아니고 여성문제를 유발하는 사회적 근본적 변혁에서만이 여성해방이 이루어진다고 보고 있다. 즉 資本主義的 生活樣式이 근본적으로 變改되기 전에는 여성들이 그 예속의 지위에서 벗어나지 못한다고 강조하였다.

이 시각은 당시 서구의 부르주아 여성운동 즉 교육 및 직업의 자유, 참정권의 획득과 같은 것은 재래의 여권론적 여성운동이라고 정의하고, 새로운 부인운동은 無産階級女性이 주체가 되어 전개하는 목전의 문제에 목적을 두지 않고 참된 인류의 자유와 평등을 실현하고자 하는 운동이라고 강조하였다.[40]

이러한 여성억압에 관한 분석과 여성해방의 이론은 바로 1920년대 여성

---

39) 鄭春溪, 「婦女解放運動에 대하여」, 『조선일보』 1923년 8월 22~23일: 一記者, 「婦人問題의 槪觀」, 『동아일보』 1922년 6월 12~30일: 鄭權, 「女權運動의 史的 考察」, 『조선일보』 1923년 8월 22일: 장웅진, 「女子教育問題－女子도 個人으로 社會人으로 男子同樣教育을 바다야 한다」, 『조선일보』 1929년 1월 1일.
40) 李鵬坡, 「전환기에 임한 조선의 여성관」, 『신사회』 1926년 2월호, 38~39쪽: 박원희, 「부인운동이란 무엇인가?－그 대강에 대한 일반적 상식」, 『중외일보』 1926. 12. 19. 「여성해방운동에 대하여」, 『시대일보』 1924년 5월 16일: 尹狂波, 「無産運動과 婦人運動」, 『동아일보』 1924년 12월 8일: 박원희, 「해방된 노서아 부인」, 『조선일보』 1926년 1월 1일.

들이 다양한 운동을 전개하며 자신들의 리더십을 발휘할 수 있는 기반이
되었다.

3) 신여성의 등장

위와 같은 조건 속에서 이 시기는 신여성이라고 불리는 다수의 여성들
이 등장하였다. 그리고 이들이 리더십을 발휘하여 근대 여성 리더십의 성
장을 보여 주었다. 이들 신여성들은 대체로 다음 몇 가지의 특성을 가진
경우라고 할 수 있다.

첫째, 근대 신교육을 받은 여성들이다. 둘째, 자유주의 여권론이나 사
회주의 여성해방론 등 여성해방에 대한 강한 욕구를 갖고 있었고, 이것을
실천하고자 하는 강력한 의지를 갖고 있었다. 이들은 때문에 당시 식민지
적 상황에서 때로는 민족문제와 성의 문제를 동시에 풀어가고자 하였고,
때로는 민족문제, 성의 문제, 계급문제를 풀어가고자 하였다. 셋째, 신여
성들은 여성 개인의 인간적인 삶에도 많은 관심을 갖고 있어서 연애의 자
유, 자유결혼, 이혼의 자유, 조혼의 폐지 등을 강력히 주장하였다. 넷째,
또한 신여성들은 식민지 상황에서 살아가고 있었기에 민족문제를 소홀히
할 수 없었다.[41]

2. 민족주의 계열의 여성 리더십

1920년대 들어서의 전반적인 변화는 이제 여성들의 활동에도 일정하게

---

41) 신영숙(1986), 「일제하 신여성의 연애 결혼문제」, 『한국학보』 45집: 신영숙(1999), 「일
   제 식민지하의 변화된 여성의 삶」, 『우리 여성의 역사』, 청년사, 301~307쪽.

영향을 주었다. 1910년대의 민족독립운동의 범주에서의 기독교 여성 중심의 활동이 여러 갈래에서 다양한 여성들이 운동의 주체가 되는 그러한 운동으로 변화해 나가게 되었다. 즉 1910년대 여성 활동의 전통이 계승되면서 다양한 조건에 맞추어 운동의 내용이 변화하였다.

먼저 그 하나의 노선이 민족주의 계열의 여성 활동이었다. 1920년대에 들어서면서 여성들은 활발한 대중 활동을 시작하였고, 그 결과로 많은 여성단체들이 설립되었다.[42] 이 단체들은 주로 교육받은 신여성들, 또는 기독교 · 불교 등 종교단체의 여성들에 의해 설립되었는데 초보적인 의식계몽운동에 주력하여 여성 대중을 계몽하는데 그 목적을 두었다. 1920년 한해에만 30여개의 여성단체가 조직되었으며 1923년까지 존재했던 여성단체 수는 130여개가 넘었다. 이 조직들은 여자청년회, 기독여자청년회, 부인회 등으로, 이러한 교육 계몽단체와 기독교 · 불교 등 종교단체 중심의 민족주의 계열의 여성활동은 1923년을 절정으로 이후는 조금씩 쇠퇴하였다.

이들 1920년대 초기 여성단체 활동을 통한 여성들의 리더십은 문화운동노선에 입각하여 여성의 지육 · 덕육 · 체육의 함양을 위한 교육과 문화사업을 중심으로 여성대중을 각성시키는데 주력하였다. 특히 여자야학이나 강연회 등을 통한 교육활동은 여자청년회 등의 중심사업이었다. 여자야학은 학령기를 넘긴 여성청년은 물론이고 무지한 가정부인까지를 그 대상으로 기초적인 문자습득을 위주로 하였다. 활동가들은 여성사회 더나아가 조선사회의 후진성을 극복하기 위해서는 까막눈 여성이 없어져야 한다고 보았다.[43]

---

42) 여자청년회, 청년회 등 청년운동에 관한 연구로는 박혜란(1995), 「1920년대 여자청년단체의 조직과 활동」, 『한국근현대청년운동사』, 풀빛: 안건호(1995), 「1920년대 전반기 청년운동의 전개」, 앞의 책: 이송희(1999), 「일제하 부산지역 여성단체에 관한 연구」, 『국사관논총』 83집, 국사편찬위원회, 239~285쪽.

43) 여자청년회의 활동 중 가장 괄목할 만한 것이 야학의 운영이었다. 이송희(2005), 「부산

한편 자체 강연회나 초청강연회는 여성을 포함한 지역대중들에게 여성문제에 대한 의식을 일깨워주고 여성들로 하여금 자기 각성의 계기를 마련하는데 커다란 역할을 하였다. 이들은 여청이나 청년회 간부, 유지들은 물론 인근지역의 활동가들을 연사로 초청하여 정기적으로 강연회나 토론회를 개최하였다. 또 조선여자교육회의 순회강연회나 동경여자유학생 강연단 등이 방문했을 때는 신문사 청년회와 함께 강연회나 토론회를 개최하였다. 강연은 주로 여성단체의 활성화를 촉구하거나 여성교육을 역설하고 또한 가정 및 사회개량을 환기시키는 것이었다. 토론회는 당시 사회문제를 주로 다루었다.

그 외에도 위생 강연, 학술강습회, 방역반 활동 등 다양한 사업을 벌이기도 하였다.[44]

위와 같은 민족주의 계열의 운동 속에서 여성 리더십은 몇 가지 특성을 갖는다. 무엇보다도 여성 자신이 주체가 되어 여성들만의 문제를 다루는 여성조직을 설립하였다는 것이다. 둘째, 새롭게 등장한 신여성들이 리더십을 발휘하였다는 것이다. 이들 신여성들은 종교적으로나 계층적으로 다양한 배경을 갖고 있었다. 여기에서 여성 리더의 확대를 볼 수 있다. 셋째, 활동 영역에서 민족문제와 여성문제를 동시에 해결코자 하면서도 여성문제를 전면에 내세우고 있다는 것이다.

3. 사회주의 계열의 여성 리더십

1920년대 여성 활동의 또 하나의 노선이 사회주의 계열의 여성활동이

지역 신지식층 여성들의 등장과 단체활동」, 『여성과 역사』 3, 95~103쪽.
44) 박혜란(1995), 앞의 글, 169~175쪽.

었다. 1924년 당시 사회주의사상의 풍미와도 관련하여 무산여성의 해방을 규약과 강령으로 직접 내세우며 계급해방을 표방한 여성단체 조선여성동우회朝鮮女性同友會가 등장하였다. 조선여성동우회는 여성운동의 방향을 "婦人의 解放은 결국 經濟的 獨立에 있다. 현재의 경제 조직하에서 경제적 독립은 절대 불가능하다. 그것은 남자노동자도 마찬가지다, 그러므로 여성해방운동은 무산계급 해방운동과 같은 것이며 현재의 제국주의 경제조직을 새로운 경제조직으로 變革하는 운동이 아니면 안된다"고 제시하였다.[45]

이렇게 시대적 분위기가 바뀌면서 여성조직의 계몽 중심의 활동은 이때에 이르게 되면 활력을 잃었고, 지역명망가나 유지층 여성들은 자동 탈락해가고 있었다.

그리고 1924년 4월 朝鮮靑年總同盟의 結成을 계기로[46] 사회주의사상을 지표로 삼는 열성적이고 젊은 활동가들이 자연히 여성조직의 지도권을

---

45) 「女性解放運動에 대하여」, 『시대일보』 1924년 5월 16일. 이 글에서 필자는 여성의 참다운 해방은 경제적으로 독립하는 것이고 경제적으로 독립하기 위해서는 사회적 생활의 양식을 바꿀 수 밖에 없다고 보고 있다: 卞熙瑢, 「男女鬪爭의 史的 考察」(1)~(3), 『동아일보』 1922년 1월 25일~27일. 양성의 진정한 평등을 실현하려면 먼저 그 불평등의 근원인 경제조직(자본주의적 경제조직)을 근본적으로 붕괴해야 한다고 하였다: 사회주의 계열의 여성운동에 대해서는 박혜란의 논문(1993) 참조(「1920년대 사회주의 여성운동의 조직과 활동」, 이화여대 석사학위청구논문). 김준엽·김창순(1972), 『한국공산주의운동사』 2권, 고대 아세아문제연구소, 149~160쪽.

46) 1924년 조선청년총동맹은 새로운 전국적 청년조직으로 "대중 본위의 신사회 건설을 기도함, 조선민중해방운동의 선구가 되기를 기도함"이라는 사회주의적 강령은 내걸고 탄생하였다. 이로써 청년운동은 사회주의세력의 지도하에서 전국적 결집을 보았는데 창립당시의 가맹단체는 227개였으며 회원수는 40,170명이었다. 실제 유명무실한 단체가 많았는데, 이 조직의 결성은 창립 자체만으로 전국의 청년대중에게 큰 자극을 불러 일으켰다: 안건호·박혜란(1995), 「1920년대 중후반 청년운동과 조선청년총동맹」, 『한국근현대 청년운동사』, 86~94쪽.

장악해갔다. 그러면서 기존의 여성조직들이 사회주의적 여성조직으로 변모해가는 경우가 나타나게 되었다.

그러한 가운데 사회주의적 성격의 다수의 여성조직이 설립되기 시작하였다. 최초의 사회주의 여자청년회로 경성여자청년총동맹(1925.1.21)이 설립되었으며 1925년 이후 각 지역에서도 사회주의를 지도이념으로 하는 여자청년회 등이 본격적으로 출현하기에 이르렀다.

이때의 여자청년회들은 이전의 분산성에서 벗어나 자기 지역의 청년단체와 긴밀한 연결 속에서 활동하였다. 1924년 조선청년총동맹의 결성으로 각 지역에도 청년동맹이 결성되었는데 기존의 여청이건 신설의 여청이건 청년동맹에 가입하여 다른 부문의 단체들과 연결하여 활동하였다. 일반적으로 사회주의 계열의 여성단체들은 신사회 건설을 위한 여성 세력의 단결과 그를 위한 지식의 보급, 무산계급운동과의 결합을 강령으로 내세웠다.

이러한 여성단체들도 여성계몽과 야학에 중점을 두었다. 하지만 민족주의 계열의 여성단체가 여성의 개인적 각성과 의식적 자각에 초점을 맞추고 있는데 비하여 이들은 사회주의적 여성해방이론을 선전 보급하고 여성대중으로부터 설득력을 확보하고자 하였다. 또한 일부 선진적인 활동가들은 사회주의 지향의 사상 단체를 결성하기도 하였다.[47]

그러나 사회주의 계열의 여성들의 리더십도 한계에 부딪치게 되었다. 그것은 이들이 압도적으로 다수를 차지하는 농촌여성의 문제에 실천적으로 눈을 돌리지 못했으며, 아직 주체적 역량이 미약했고, 식민지 조선사회의 특수성을 충분히 인식하지 못한 상태에서 사회주의사상을 급격히 수용하여 조직적 대립 분열이라는 결과로까지 가게 되었던 것이다.

---

47) 박혜란(1993), 앞의 논문, 176~184쪽.

사회주의 계열의 리더십은 신여성 중심의 민족주의 계열의 리더십을 이으면서 몇 가지의 특성을 갖는다. 여성들만의 조직을 강조하면서도 가능한 사회 전체적 구도에서 다른 조직과의 유대와 활동을 강조하고 있다는 점이다. 즉 여성문제의 해결이 사회구조적이고 계급적인 측면이 많다고 보았기 때문이었다.[48] 이와 연결하여 기존의 여성관련 계몽사업을 하면서도 여성해방과 계급해방을 동시에 이루어져야 할 과제라고 보고 계급해방에 대한 의지를 강조하였다. 그리고 사회주의 계열의 신여성들은 종교적 배경을 강조하지 않았다.

4. 근우회의 여성 리더십

1924~1925년경부터 민족해방운동 일각에서 논의되던 협동전선론은 1926년 초부터 구체적인 움직임이 되어 나타나기 시작하였고 11월의 '정우회선언' 이후 온 운동계를 휩쓸었다.

여성운동계에서도 1926년도에 들어서 전선통일이 시급하게 요청되었다. 그 결과 경성여자청년회와 경성여자청년동맹이 합동을 결의하여 12월 5일에 中央女子靑年同盟이 창립되었다. 이로써 사회주의 여성운동의 지도단체들은 사상적 지도체인 조선여성동우회와 여성청년운동의 지도체인 중앙여청으로 정돈되었다.[49]

일단 전선이 정돈되자 사회주의 여성운동은 종전의 운동방향에 커다

---

48) 「女性解放運動에 대하여」, 『시대일보』 1924년 5월 16일: 卞熙瑢, 「男女鬪爭의 史的 考察」 (1)~(3), 『동아일보』 1922년 1월 25일~27일. 양성의 진정한 평등을 실현하려면 먼저 그 불평등의 근원인 경제조직(자본주의적 경제조직)을 근본적으로 붕괴해야 한다고 하였다.

49) 사회주의 여성운동 단체들의 통합에 대하여는 박혜란(1993), 앞의 논문, 188~189쪽 참조.

란 수정을 가하였다. 이들은 여성의 "封建的 拘束에 대한 싸움은 階級的 解放運動을 위한 일보 前進"이며 "여자의 性的 解放運動과 階級的 解放運動은 그 본질상으로 서로 떨어질 수 없는 관계상 연결되어야 한다"고 하여 반봉건을 여성운동이 직면한 중대과제로 보았다. 그리고 이제까지 반목하여온 민족주의 여성운동과 反帝의 깃발 아래 제휴할 것을 선언하였다.[50] 이에 따라 김활란·유각경 등 민족주의진영과 함께 여자해외유학생친목회(1927. 4. 16)를 조직하고 전국적인 단일여성조직의 결성을 결의하였다.

그 결과 1927년 5월 27일 근우회가 창립되었다. 근우회는 기독교세력을 중심으로 하는 민족주의 계열의 여성단체와 사회주의 계열의 여성단체들이 모두 참여한 통일기관으로 출발하였다.[51] 발기인은 약 41인이었는데 그 구성을 보면 사회주의 계열이 10명, 민족주의 계열이 16명, 그 나머지는 이전에 여성운동에 나섰던 일이 없었던 인물들이었다.[52]

---

50) 사회주의 여성운동과 민족주의 여성운동이 제휴하게 된 것은 「근우회선언」에서 잘 나타난다. 그 일부분을 보면, "조선여성에게 얽크러져 있는 각종의 불합리는 그것을 일반적으로 요약하면 봉건적 유물과 현대적 모순이니 이 양 시대적 불합리에 대하야 투쟁함에 있어서 조선여성의 사이에는 불일치가 있을 리가 없다. 오직 반동층에 속한 여성만이 이 투쟁에 있어서 회피 낙오할 뿐이다"고 하고 있다(「근우회선언」,『근우』, 4쪽).

51) 남화숙(1989), 「1920년대 여성운동에서의 협동전선론과 근우회」, 서울대학교 석사학위논문, 38~41쪽; 한국여성연구회(편)(1992), 『한국여성사』, 풀빛, 149쪽.

52) 사회주의계는 강정희(여성동우회, 중앙여청맹), 박신우(모스크바 공대 출신), 박원희(여성동우회, 경성여청, 중앙여청맹), 이덕요(의사), 이현경(삼월회, 여성동우회), 정종명(여자고학생동우회, 여성동우회), 정칠성(대구여청, 여성동우회), 조원숙(여성동우회, 경성여청맹, 중앙여청맹), 주세죽(여성동우회, 경성여청맹), 황신덕(3월회, 여성동우회, 중앙여청맹) 등이고 민족주의계는 김미리사(조선여자청년회, 조선여자교육협회), 김선(조선여자교육협회, YWCA), 김영순(조선여자교육회, YWCA), 김영순(대한민국애국부인회 본부, YWCA), 김활란(YWCA), 김원주(문필가, 신여성운동), 방신영(조선여자교육회), 신숙경(반도여자청년회장), 신알베트(조선여자청년회, 조선여자교육협회), 유각경(YWCA),

창립시의 집행위원은 사회주의계 9인(박신우, 박원희, 우봉운, 이덕요, 이현경, 정종명, 정칠성, 조원숙, 황신덕), 민족주의계 8인(김선, 김영순, 김활란, 방신영, 유각경, 차사백, 현덕신, 홍애시덕), 中立 4인(김동준, 박경식, 유영준, 최은희)이었다.

근우회는 반제 반봉건운동을 자기 과제로 하고 그 강령을 "첫째, 조선여자의 역사적 사명을 수행키 위하여 공고한 단결과 의식적 훈련을 기하며, 둘째, 조선여성의 정치적 경제적 사회적 전적 이익의 옹호를 기한다"라고 하였다.[53] 행동강령으로는 1)여성에 대한 사회적 법률적 일체 차별 철폐(정치적 차별 철폐는 후에 첨가), 2)일체 봉건적 인습과 미신타파, 3)조혼폐지 및 결혼의 자유(이혼의 자유 후에 추가), 4)인신매매 및 공창의 폐지, 5)농민부인의 경제적 옹호, 6)부인노동자의 임금차별 철폐 및 산전산후 임금 지불(후에 산전 4주간 산후 6주간의 휴양과 그 임금지불로 강화), 7)부인 및 소년노동자의 위험노동 및 야업폐지, 8)교육의 성적 차별 철폐 및 여자의 보통교육 확장, 9)언론 출판 결사의 자유, 10)노동자 농민 의료기관 및 탁아소 제정 확립(8조, 9조, 10조는 후에 첨가) 등이었다.[54]

근우회는 처음 민족주의계와 사회주의계에 의해 주도되었는데, 1928년 이후 사회주의 진영이 압도적인 위상을 갖게 되었다. 1930년까지 60개의 지회가 설립되었고 회원 수는 6천명에 달했다.

이은혜(조선 간호부협회), 이효덕(조선여자기독교절제회, YWCA), 차사백(해주여청, 해주부인회), 최활란(조선여자절제회, 기독교조선감리회), 현덕신(YWCA), 홍애시덕(기독교절제회, 기독교조선감리회) 등 16인이었다(남화숙(1989), 앞의 논문, 69~70쪽).

53) 원래의 강령은 一. 조선여자의 공고한 단결을 도모함, 一. 조선여자의 지위향상을 도모함, 이었는데 이는 1929년 전국대회에서 수정된 강령이다.

54) 남화숙(1989), 앞의 논문, 43~44쪽: 김준엽 · 김창순(1972), 『한국공산주의운동사』 3권, 90~91쪽. 근우회 창립시의 행동강령은 7개 조항이었는데 8, 9, 10조항과 각 조항마다 후에 첨가한 것은 1929년 전국대회에서의 수정된 행동강령이다.

근우회활동은 초기에는 조직정비 선전 계몽활동에 주력하였고, 활동이 본 궤도에 오른 다음에는 구체적인 여성의 요구를 제시해냄으로써 미조직 여성의 조직과 여성운동의 방향을 선도하였다. 즉 지방 순회강연, 『근우』 발간 등의 사업을 하였다. 근우회는 특히 지회를 중심으로 운동을 전개하였다.[55] 각 지회에서는 야학을 설치하고 부인강좌를 개설하였으며, 각 지회의 특성에 따라 노동 농민여성의 조직화에 노력하여 노농부 등을 설치하였다. 특히 여성 노동과 관련한 논의가 많이 이루어졌고 여성 노동자들의 쟁의가 있을 시에는 그것을 지원하는 활동을 하였다.

광주 학생운동 이후 서울여학생 시위 주도를 계기로 근우회의 사회주의계 인물들이 대거 검거되고 망명하게 되었다. 이후 근우회 중앙회가 우경화되자 각 지역에서 해소론이 등장하였고 1931년 해소되기에 이르렀다. 이 해소는 민중여성운동을 감당하지 못한 근우회에 대한 질책에서 나온 것이었지만 노동조합이나 농민조합으로 조직되기 어려운 여성들의 경우 그 대안을 갖지 못한 것이었기에 많은 한계가 있었다.

근우회 활동에서의 여성 리더십은 다음 몇 가지 특징을 보여준다.

무엇보다도 여성만의 통합적 조직을 주장하고 이를 이루어냈다는 점이다. 당시 운동권내에서는 통일전선이라는 이름 아래 신간회 내에 여성들까지 들어오기를 원하였으나 당시 여성들은 왜 여성들만의 조직이 필요한가에 대한 입장을 강하게 주장하고 여성들만의 조직을 만들어냈다. 사회주의 계열과 민족주의 계열의 여성들이 하나의 조직 속에서 만나게된 것이다. 이른바 분리된 통합조직을 만들어낸 당시 여성들의 놀라운 리더십을 볼 수 있는 부분이다. 현재 남한의 경우 정부 수립 후 수 십년이 지난 2001년에야 여성부가 설립되었다. 그리고 당시 민족문제, 계급문제,

---

55) 이송희(1998), 「일제하 부산지역의 여성운동」, 『부산사학』 34, 43~57쪽.

여성문제 등의 문제 해결의 방식에서 유연성을 드러냈다. 그 기반에는 여성문제 해결이라는 인식을 두면서 때로는 민족문제 때로는 계급문제 해결에 집중해 나갔다. 또한 리더들의 다양성을 들 수 있다. 민족주의계·사회주의계·중도세력 등 다양한 리더를 영입하여 운동을 전개해 나갔기에 가능하였다. 계급적으로도 다양화되었다. 마지막으로 근대 여성 리더십이 대중성을 확보하였다는 것이다.

위와 같은 1920년대 여성 리더십의 전개는 1910년대의 여성 리더십과 비교해 보았을 때 몇 가지 특징을 찾을 수 있다.

첫째, 여성 리더십이 민족문제의 범주 안에서만 전개되지 않았다는 것이다. 리더십이 민족, 성, 계급의 문제를 다루는 다양한 영역에서 발휘되었다.

둘째, 1910년대에는 민족적 상황이 급박하였기에 여성해방에 관한 논의는 찾아보기 힘들었다. 그러나 1920년대에는 여성들의 활동 전개 시에 그 이론적 기반을 마련하였다.

셋째, 여성 리더십의 추진주체 즉 리더가 다양화되었다. 기존에 활동한 기독교 여성들도 있었지만 다양한 여성들이 리더십을 발휘하기 시작하였다.

넷째, 남성들과 같은 조직으로 갈 수 있었지만, 성의 문제가 계급·민족의 문제만큼 중요한 이슈였기에 여성들만의 독자적 조직을 만들어냈다.

다섯째, 1920년대의 여성운동은 운동의 대중화라는 것을 중요한 자기 과제로 생각하면서 많은 여성들을 운동 속에 끌어들이고자 하였다. 상당한 정도의 성과를 갖기도 하였지만, 여전히 여성운동은 지도층 중심으로 전개되었다.

Ⅴ. 맺음말

본 논문에서는 현재 한국 사회에서의 여성 리더십의 현주소 또한 그 미래를 제시하기 위한 준비 작업으로 근대 여성 리더십의 발단과 형성, 그리고 그의 전개를 고찰해 보았다. 근대 여성 리더십의 형성과 발전은 한국 근대사의 역사적 조건 속에서 이루어지고 그 조건 속에서 특성을 갖게 되었다.

근대 여성 리더십—다수의 여성들이 공적인 영역에서 그 사회를 변화시키는 리더로서 활동하는 것—의 단초가 되었던 것은 1898년 9월 1일에 발표된 「여권통문」이었다. 이는 한국 근대 여성 리더십 형성의 기반이 되었다.

그리고 구국운동과 민족운동의 전개 속에서 근대 여성 리더십이 형성되기 시작하였다. 1905년에서 1910년 사이에는 여성들이 구국운동을 통해 리더십을 발휘하기 시작하였는데, 여성들은 최초로 구국운동의 조직을 남성들과 동등하게 따로 만들기 시작하였다. 1910년대 일제 강점하에서 여성 리더십은 민족문제 해결 속에서 발휘되었다. 특히 이 시기에는 기독교 여성들이 주체가 되어 운동을 지속적이고 조직적으로 전개하였다.

1920년대에 이르러 근대 여성 리더십은 성장 발전하였다. 이 때 여성 리더십은 다양한 방향에서 전개되었다.

먼저 민족주의 계열 여성들의 리더십은 새로운 여성조직—여자청년회, 부녀회, 기독여자청년회—의 설립과 그 계몽운동에서 발휘되었다. 이들의 리더십은 여전히 기독교와 관련되는 경우가 많았고, 민족문제와 여성문제 해결 속에서 관심이 드러났다.

다음으로 사회주의 계열의 여성 리더십은 1924년 조선여성동우회라는 사상 단체를 시작으로 전개되었다. 민족주의 계열의 여성단체가 여성의 개인적 각성과 의식적 자각에 초점을 맞추고 있는데 비하여 이들은 사회주의적 여성해방이론을 선전 보급하고 여성대중으로부터 설득력을 확보하고자 하였다. 여성들만의 조직을 주장하면서도 가능한 사회 전체적 구도에서 다른 조직과의 유대와 활동을 강조하였다. 그리고 기존의 여성관련 계몽사업을 하면서도 여성해방과 계급해방을 동시에 이루어져야할 과제라고 보고 계급해방을 주장하였다.

마지막으로 근우회의 리더십을 볼 수 있다. 근우회 활동에서 여성 리더십은 몇 가지 특징을 보여준다. 무엇보다 여성만의 통합적 조직을 주장하고 이를 이루어냈다. 그리고 당시 민족문제, 계급문제, 여성문제 등의 문제해결의 방식에서 유연성을 드러냈다. 그 기반에는 여성문제 해결이라는 인식을 두면서 때로는 민족문제 때로는 계급문제 해결에 집중해 나갔다.

그러나 이렇게 기초를 닦고 형성 발전된 근대 여성 리더십은 근우회 해소 이후 그 전열이 흩어졌다. 사회주의 계열은 노동 · 농민운동의 여성부의 활동으로 나아가 남성들의 조직에 포함되어버렸고, 기독교 여성을 중심으로 하는 민족주의 계열의 여성 리더십은 일제 말 친일의 길을 걸으며 어렵게 쌓아 온 근대 여성 리더십의 방향을 왜곡시켜 버렸다.

이러한 근대 여성 리더십의 형성과 그 전개를 고찰해 보았을 때, 우리 사회의 근대 여성 리더십은 다음 몇 가지 특성을 갖고 있다.

첫째, 무엇보다 한국 근대 여성 리더십의 등장은 민족문제 해결을 요구하는 시점에서 여성 교육이라는 주제로서 등장하였다는 것이다. 여성들이 리더로서 등장하여 공적인 영역에서 활동할 수 있는 계기가 민족문제해결, 교육과 직결되었다.

둘째, 근대 여성 리더십은 반식민지하의 구국운동과 식민지하의 민족운동 속에서 형성되었다. 근대 여성 리더십의 형성은 민족문제 해결과 연결되었다. 일반적으로 여성 리더십의 형성은 근대 시민사회의 형성과 괘를 같이 해야 하는데, 한국 사회는 식민지라는 특수한 역사적 경험을 했기에 여성들의 공적인 영역에서의 활동이 주로 민족운동 속에서 가능하였다.

셋째, 근대 여성 리더십의 형성과 기독교가 일정하게 관련되어 있다. 그것은 기독교가 포교를 위해 근대 여성교육을 담당함으로써 기독교를 믿는 다수의 여성 리더를 배출하였기 때문이다.

넷째, 근대 여성 리더십은 민족해방을 기조로 민족주의 계열은 여성해방을 주장하였고, 사회주의사상의 유입으로 사회주의 계열은 여성해방, 민족해방, 계급해방을 동시에 부르짖었다.

다섯째, 근대 여성 리더십 전개 속에서도 줄기차게 강조 되었던 것이 여성들만의 조직을 갖고 여성 중심의 활동을 하고자 하였던 점이다. 여권통문, 찬양회, 그리고 근우회로 이어지는 여성들만의 조직 설립과 활동에서 여성들은 근대 여성 리더십을 형성 발전시켜 나갔다.

(『여성과 역사』 15집, 2011년 12월, 한국여성사학회)

❑ 제4장 참고문헌 ❑

사료

『開闢』 1920. 8.

『大韓每日申報』 1908년.

『東亞日報』 1920년, 1922년, 1924년, 1926년, 1927년.

『독립신문』 1896년, 1898년.

『西北學會月報』 제15호.

『시사총보』 1899년.

『시대일보』 1924년.

『신사회』 1926. 2.

『朝鮮日報』 1920, 1923년, 1926년, 1929년.

『중외일보』 1926년.

『제국신문』 1898년.

『황성신문』 1898년, 1899년.

『靑年』 1922. 1.

『現代評論』 1927년 2~7.

단행본

京畿道 警察部(1925), 『治安槪況』.

朝鮮總督府警務局(1922), 『朝鮮治安狀況』.

국사편찬위원회(1968), 『한민족독립운동사』 8.

김정명(1967), 『조선독립운동』 1권, 분책.

김준엽 · 김창순(1972), 『한국공산주의운동사』 2권, 3권, 고대 아세아문제연구소.

박용옥(1975), 『한국근대여성사』, 정음사.

박용옥(1984), 『한국근대여성운동사 연구』, 한국정신문화연구원.

박용옥(1996), 『한국 여성 항일 운동사 연구』, 지식산업사.

박용옥(2001), 『한국 여성 근대화의 역사적 맥락』, 지식산업사.

박용옥(편)(2001), 『여성(역사와 한계)』, 국학자료원.

윤정란(2003), 『한국 기독교 여성운동의 역사』, 국학자료원.

이효재(1989), 『한국의 여성운동 – 어제와 오늘』, 정우사.

정요섭(1971), 『한국여성운동사 – 일제하의 민족운동을 중심으로』, 일조각.

천화숙(2000), 『한국 여성 기독교운동사』, 혜안.

최은희(1991), 『한국근대여성사』(상), 조선일보사.

한국여성연구회(편)(1992), 『한국여성사 – 근대편』, 풀빛.

학술논문 및 기타

강인순(1988), 「식민지시대의 여성운동에 관한 소고 – 1920년대를 중심으로」, 『가라문화』 6, 경남대 가라문화연구소.

김경애(1984), 「동학, 천도교의 남녀평등사상에 관한 연구: 경전, 역사서, 기관 지를 중심으로」, 이대 석사학위논문.

김엽자(1968), 「한국여성단체성립약고」, 『이대사원』 7, 이대사학회.

김정희(1996), 「일제하 동래지역 여성독립운동에 대한 소고 – 근우회 동래지회 를 중심으로」, 『문화전통논집』 4, 경성대학교.

김철자 · 조찬석(1979), 「1920년대 서울지방의 여성운동」, 『논문집』 13, 인천교대.

김철자 · 조찬석(1980), 「1920년대 영남지방의 여성운동」, 『논문집』 14, 인천교대.

김철자 · 조찬석(1983), 「1920년대 평안남북도지방의 여성운동」, 『논문집』 17, 인천교대.

송연옥(1981), 「1920年代朝鮮女性運動とその思想」, 飯沼二郎·姜在彦編, 『근대조선사회と사상』, 미래사(「1920년대 조선여성운동과 그 사상-근우회를 중심으로」, 『1930년대 민족해방운동』, 거름, 1984에 번역수록).

남화숙(1989), 「1920년대 여성운동에서의 협동전선론과 근우회」, 서울대학교 석사학위논문.

노인화(1982), 「한말 개화자강파의 여성교육관」, 『한국학보』 27, 일지사.

박영효(1888), 「開化上疏」, 『근대한국명논설집』(『신동아』 1966년 1월호 부록).

박용옥(1976), 「1920년대초 항일부녀단체 지도층 형성과 사상」, 『역사학보』 69, 역사학회.

박용옥(1987), 「1920년대 한국여성단체운동」, 『한국근대여성연구』, 숙대 아세아여성문제연구소.

박용옥(1987), 「근우회의 여성운동과 민족운동」, 『한국근대민족주의운동사연구』, 일조각.

박용옥(1993), 「국채보상을 위한 여성단체의 조직과 활동」, 『1900년대의 애국계몽운동』, 아세아문화사.

박용옥(1994), 「미주 한인 여성단체의 광복운동 지원 연구-대한여자애국단을 중심으로」, 『진단학보』 제78호.

박용옥(1995), 「1930년대 만주지역 항일 여전사 연구-30 여전사의 전기들을 중심으로」, 『교육연구』(최인영교수정년퇴임기념 특집호), 성신여대 교육연구소.

박용옥(1995), 「조신성의 민족운동과 의열활동」, 『한국 근현대사 논총』, 오세창 교수 기념논총.

박용옥(1999), 「한말 여성운동의 특성과 여성의 사회진출」, 『국사관논총』 83.

박혜란(1993), 「1920년대 사회주의 여성운동의 조직과 활동」, 이화여대 석사학위청구논문.

박혜란(1995), 「1920년대 여자청년단체의 조직과 활동」, 『한국근현대청년운동사』, 풀빛.

박현옥(1993), 「만주 항일 무장투쟁하에서의 여성해방정책과 농민여성」, 『아시아 문화』 9집, 한림대 아시아 문화연구소.

스가와라 유리(2003), 「1920년대의 여성운동과 근우회」, 연세대 대학원 석사학위논문.

신영숙(1978), 「근우회에 관한 일 연구」, 이대 석사학위논문.

신영숙(1986), 「일제 식민지하의 변화된 여성의 삶」, 『우리 여성의 역사』, 청년사.

신영숙(1986), 「일제하 신여성의 연애 결혼문제」, 『한국학보』 45집.

안건호 · 박혜란(1995), 「1920년대 중후반 청년운동과 조선청년총동맹」, 『한국근현대 청년운동사』, 풀빛.

안건호(1995), 「1920년대 전반기 청년운동의 전개」, 『한국근현대 청년운동사』, 풀빛.

오숙희(1988), 「한국여성운동에 관한 연구─1920년대를 중심으로」, 이대 석사학위논문.

이배용(1996), 「일제시기 여성운동의 연구 성과와 과제」, 『한국사론』 26, 국사편찬위원회.

이배용(2005), 「한국 근대사의 전개와 여성의 지혜와 힘」, 『유관순 연구』 5호, 유관순연구소.

이송희(1978), 「한말 국채보상운동에 관한 일 연구」, 『이대사원』 15, 이대 사학과.

이송희(1994), 「1920년대 여성해방론에 관한 연구」, 『부산사학』 25, 26집, 부산사학회.

이송희(1995), 「대한제국말기 애국계몽단체의 여성교육론」, 『이대사원』 28집, 이대 사학과.

이송희(1998), 「일제하 부산지역의 여성운동(1)」, 『부산사학』 34, 부산사학회.

이송희(1999), 「일제하 부산지역 여성단체에 관한 연구」, 『국사관논총』 83집,

국사편찬위원회.

이송희(2005), 「부산지역 신지식층 여성들의 등장과 단체활동」, 『여성과 역사』 3
　　집, 한국여성사학회.

이송희(2005), 「한말 일제하의 여성교육론과 여성교육정책」, 『여성연구논집』
　　제16권, 신라대 여성문제연구소.

이송희(2005), 「일제하 여성운동의 전개－계승과 변화를 중심으로」, 『유관순
　　연구』 5호, 유관순연구소.

이효재(1987), 「여성운동」, 『한민족독립운동사』 2, 국사편찬위원회.

정경숙(1989), 「대한제국 말기 여성운동의 성격연구」, 이화여대 박사학위논문.

정경숙(1999), 「진명부인회의 활동과 사상」, 『20세기 전반기 한국사회의 연구』,
　　백산자료원.

정영희(1997), 「한말 여성단체의 교육구국운동」, 『황산 이홍종 박사 회갑기념
　　사학논총』.

정세화(1972), 「한국 여성교육」, 『한국여성사』 II, 이화여대 출판부.

정세현(1972), 「근우회 조직의 전개」, 『아세아여성연구』 11, 숙대 아세아여성
　　문제연구소.

정지영(2007), 「가부장제 역사와 리더의 흔적: 조선시대 강빈의 기억찾기」, 『여
　　성주의 리더십』, 이화여대 출판부.

정충량 · 이효재(1969), 「여성단체활동에 관한 연구」, 『논총』 14, 이대 한국문
　　화연구원.

천화숙(1999), 「1920~1930년대 조선여자기독교청년회연합회(YWCA) 농촌사
　　업의 전개와 그 성격」, 『사학연구』 57.

한국여성사편찬위원회(1971), 「한국 사립여학교 일람」, 『한국여성사』 부록, 이
　　화여대출판부.

제5장 1920년대 여성해방론에 관한 연구

I. 머리말

1920년대에 이르러 국내에서의 민족해방운동은 3·1운동의 유산을 토대로 하여 또한 새로운 신사상의 수용을 계기로 고조되기 시작하였다. 특히 이 시기에 이르러 각기 부문운동이 활성화되기 시작하였는데 여성운동 역시 다른 사회운동과 더불어 부문운동으로 기초를 닦아가고 있었다. 그리하여 1920년대에 이르러서 여성운동은 여성문제가 사회 총체적 모순구조에서 비롯된다는 인식하에 그 모순을 타파하려는 운동으로까지 발전하게 되었다.

이러한 여성운동의 변화와 활성화에 뒷받침이 된 것은 여성해방론이었다. 이 시기 논의되었던 이론에서 여성운동이 민족해방운동의 부문운동으로서, 진정한 여성해방운동으로 자리잡아 나갈 수 있었던 것이다.

그러므로 1920년대의 여성해방운동을 올바로 이해하기 위해 1920년대의 여성해방론에 관한 연구가 필수적이라 하겠는데, 그 본격적 연구는 미미한 상황이다. 다른 부문운동 즉 노동운동·농민운동·청년운동·학생운동 등의 연구에 비하면 여전히 연구기간이 짧고 연구내용이 빈약

함을 면치 못하고 있다.

그 이유는 역사학계가 근래까지도 여성사에 대해 무관심하여 왔으며, 식민지시대의 여성해방운동을 오로지 민족해방운동의 범주 속에서만 다루어왔고, 또한 연구기간이 짧은 관계로 연구자들의 숫자가 적은 까닭이다. 특히 지금까지의 성과는 여성해방운동쪽에 집중되어 있고 그 이론적 뒷받침이 되었던 당시의 여성해방론에 대하여는 몇몇 논문이[1] 소개되고 있는 실정이다.

그리하여 본 논문에서는 여성운동이 본격적으로 전개되었던 1920년대를 연구대상으로 여성해방론이 어떠한 내용을 담고 있었으며 그것들은 과연 여성문제를 올바로 파악하고 운동의 이론적 기초로서 손색이 없었는지 등을 밝혀보려 한다.

위의 목적을 위해 본고에서는 먼저 식민지시대 여성의 존재형태 즉 당시 여성의 문제가 무엇이었는가를 분석해 보고, 그 위에서 1920년대의 여성해방론을 첫째 여성문제의 본질에 대하여 어떻게 인식하였는가? 둘째 여성억압의 원인을 어떻게 분석하고 있었는가? 셋째 여성해방이란 과연 무엇을 의미하는가? 넷째 그 해결의 방안으로서 여성해방운동을 어떻게 전개하여야 한다고 주장하였는가? 등에 초점을 맞추어 정리해 보려 한다.

---

1) 羅瓊喜(1987), 「日帝下 韓國新聞에 나타난 女性運動觀 −東亞日報와 朝鮮日報의 社說內容을 中心으로−」, 고려대 교육대학원 학위논문. 이 논문은 여성해방론에 관한 본격적 논문이라기보다는 女性關係社說의 量을 分析하고 社說의 여성관계 內容의 빈도수를 갖고서 여성문제를 간략하게 정리하고 있는 것이다: 남화숙(1989), 「1920년대 女性運動에서의 協同戰線論과 槿友會」, 서울대학교 석사학위 청구논문: 송연옥(1981), 「1920년대 朝鮮女性運動과 그 思想 −槿友會를 中心으로−」, 『韓國近代社會와 思想』, 중원문화사: 李玉鎭(1979), 「女性雜誌를 통해본 女權伸張−1906년부터 1929년까지를 중심으로−」, 이화여대 석사학위 청구논문. 이 논문은 당시 발간된 女性雜誌들을 간략하게 소개하고 있는 정도이며 여성문제를 본격적으로 다루고 있지는 않다. 남화숙과 송연옥의 논문은 槿友會를 중심으로 女性解放論을 다루고 있다.

기초자료로는 당시 발간되었던 新聞, 雜誌, 女性관련 雜誌 등을 이용하였으며 III장과 IV장에서는 특히 여성들만의 시각과 인식이 아닌 당시의 시대적 인식을 정리해 보려 한다. 물론 이것은 신문, 잡지에 글을 실었던 지식층 여성과 남성들이라는 한정된 범위이긴 하지만 이러한 시대 인식 위에서 여성운동을 포함한 사회운동이 전개될 수 있었기에 이들의 글을 중심으로 하였다. 그리고 기본인식을 정리하는데 있어서 1920년대 내에서 시대를 따로 구분하지 않고 그 시대 전체를 정리하였다. 때문에 개괄적인 정리에 머무를 수밖에 없었다.

II. 여성해방론의 전제

1. 식민지시대 여성의 존재형태

여성해방이란 여성이 기존의 억압 · 차별 · 착취에 저항하여 평등한 남녀 관계를 쟁취해 내어 주체적 인간으로 서는 것, 인간해방을 말한다. 그러면 여성을 억압하고 차별하고 착취하는 것은 무엇인가? 그것은 해당 사회의 기본모순에 기인한다. 즉 여성문제는 한 사회 구조 내에서 해당 사회의 기본모순이 性을 매개로 하여 나타난다. 여성을 불리하게 규정하는 불평등은 단순히 여성에 대한 것만이 아니라 기본적으로 그 사회, 그 민족 내부를 규정하는 불평등구조에서 비롯되고 있다. 그러므로 1920년대의 여성해방론을 분석하기 위해서는 무엇보다 먼저 식민지시대의 여성의 존재형태를 살펴보아 진정 그들의 문제가 어디에 있었는지를 고찰해 보지 않을 수 없다.

일본의 식민통치는 조선 사회구조를 반봉건적 식민지적 구조에 빠뜨렸다. 즉 1910년대의 토지조사사업, 1920년대의 산미증식계획2) 등을 통해 경제적 수탈을 자행하였으며, 이로 인하여 조선의 농민들의 생활은 더욱 빈궁하여지고 농민들의 離農이 급격히 이루어지는 등 농민들은 소작농으로 전락하거나 無田農民으로 토지에서 이탈되어갔다.

일제의 수탈에 따라 민중이 빈궁화되고3) 이는 당시 여성들의 삶에도 많은 변화를 주었다. 식민지적 반봉건적 구조 속에서 여성들은 가난한 살림살이를 위해 거리로 나가 행상을 하거나 공장으로 나가 노동을 하며 남의 집 식모살이로 식구들의 생계를 꾸려나가게 되었다. 많은 여성들이 생존하기 위해 점차적으로 임금노동자화해 갔다. 즉 여성들이 식민지의 구조 속에서 생계유지의 책임을 갖고 移植資本主義 구조 속에서 착취의 최하층을 이루게 되었던 것이다.4)

그리하여 800만이 넘는 농촌의 여성은 토지에 메인 무보수 가사노동자로 착취되었을 뿐 아니라 일제의 산업자본을 발전시키는데 있어서 저임금노동력으로 존재하기에 이르렀다. 젊은 부녀자와 아동들은 생존에도 못 미치는 저임금으로 일본 산업이 요구하는 노동력을 제공할 수밖에 없었는데, 특히 일제의 가부장적 이데올로기, 위계적 성별분업은 여성

---

2) 堀和生(1983), 「日帝下 朝鮮에 있어서 植民 農業政策」, 『한국근대 경제사연구』, 331~371쪽: 河合和男, 「産米增殖計劃과 植民地 農業의 展開」, 『한국근대 경제사연구』, 375~411쪽, 土地調査事業과 産米增殖計劃은 朝鮮의 社會經濟構造를 封建的 構造를 온존시킨 채 植民地的 構造에 빠트렸다.

3) 강만길(1987), 『日帝時代 貧民生活史 硏究』, 창작사, 제1장 본 장에서 식민지시대 농촌 빈민의 생활을 사례를 통하여 밝히고 있으며 농민의 임노동화를 분석하고 있다.

4) 女性賃金勞動者의 形成과 成長에 대하여는 이효재(1977), 「日帝下의 韓國女性勞動問題」, 『韓國近代史論』3, 지식산업사, 92~140쪽: 이효재(1989), 「日帝下의 韓國女性 勞動狀況과 勞動運動」, 『한국의 여성운동』, 정우사, 73~126쪽.

노동력의 가치를 하락시켰다.

따라서 조선 식민지여성들은 극도의 착취 속에서 자신을 억압하는 일본제국주의, 기존의 가부장적 이데올로기, 일제와 결탁한 친일 지주계급 또는 자본가계급에 투쟁해야만 했다. 즉 봉건모순·계급모순·민족모순을 척결해야만 하는 입장에 있었다.5)

그러므로 식민지시대의 여성해방론은 자연히 당시의 문제를 중점적으로 거론할 수밖에 없었으며, 본고에서 대상으로 삼고 있는 지식층들의 경우 자신들의 입장 속에서 여성해방론을 논하였다.

2. 1920년대 신사상의 수용과 여성해방운동의 전개

식민지하의 민족해방운동은 1920년대에 들면서 새로운 단계에 접어들게 되었다. 그것의 중요한 계기는 근대 이래 민족적 과제를 해결하려했던 민족운동과 그것의 총결산인 1919년 3·1운동의 경험이었다. 특히 3·1운동에 참여하여 민족대연합전선을 폈던 각계각층의 사람들은 운동의 경험 속에서 차츰 각기 자신들의 입장에서 민족해방의 문제를 직시하게 되었으며 기초를 닦아나갈 수 있는 저력을 키우게 되었다. 그리하여 1920년대에 접어들면서 부문운동이 그 기초를 닦아가기 시작하였다.

그리고 이러한 부문운동이 좀 더 본격적으로 전개될 수 있게끔 그 사상적 뒷받침을 해 주었던 것은 이른바 신사상인 사회주의사상이었다. 사회주의사상은 1921년을 전후하여 일본유학생들을 통해 우리사회에 소개되기 시작하였다. 일본에서 신사상연구·노동문제 연구에 몰두하였던 일본유학생들 특히 朝鮮苦學生同友會의 회원들은 1922년 1월 신사상 보급을

---

5) 강인순(1988), 「식민지시대의 여성운동에 관한 소고」, 『加羅文化』 제6집, 73~77쪽.

위해 서울에 들어와서 2월 4일자 『朝鮮日報』에 「全國 勞動者 諸君에게 檄함」이라는 이른바 동우회선언을 발표하여, 계급투쟁의 직접적 행동기관임을 선언하였다.[6] 이즈음 국내에서는 무산자동지회의 결성(1922. 1. 19),[7] 신생활사의 발족(1922. 1. 15)[8] 등 사회주의적 색채를 띤 단체들이 태동하였다. 그리고 이후 사회주의사상을 담지한 무수히 많은 단체들이 결성되었으며 코민테른 극동기관에서는 1923년 꼬르뷰로 국내부를 설치키 위해 사회주의자들을 국내에 잠입시켰다. 이러한 새로운 사상의 수용과 운동의 전개는 이제 막 기초 작업을 하고 있었던 부문운동에 커다란 영향을 주어 부문별 단체의 결성, 운동의 활성화로 이끌어 주었다.

또한 일제의 문화정치 속에서 그나마 합법적 공간을 마련하여 운동이 원활히 전개될 수 있었다. 물론 문화정치의 목적은 민족의 분할통치에 목적을 둔 것이었지만 이러한 유화정책 속에서 투쟁공간이 마련되었던 것이다.

여성운동도 다른 부문운동과 같이 1920년대의 분위기와 사회주의사상의 수용 속에서 활성화되고 다변화되었다.[9]

---

6) 朝鮮總督府警務局(1922), 『朝鮮治安狀況』, 17쪽: 京畿道 警察部(1925), 『治安槪況』, 6쪽. 이것은 한국 초유의 階級鬪爭文書로 金若洙, 金思國, 鄭泰信, 鄭泰成, 李龍基, 李益相, 朴錫胤, 박열, 원종린, 洪承魯, 黃錫禹, 林澤龍 등 12인이 연서한 것이다.

7) 尹德炳, 金翰, 申伯雨, 元貞龍(元友觀), 李爀魯, 李準泰, 白光欽, 陳炳基, 金達鉉, 金泰煥 등 각 사회단체의 지도적 인물 19명이 결성.

8) 朴熙道, 李承駿이 발기하고 金明植, 辛日龍, 李星泰, 鄭知鉉, 申伯雨 등이 발족.

9) 1920년대 女性解放運動에 관한 논문은 다음과 같다.
鄭世紘(1972), 「槿友會組織의 硏究」, 『亞細亞女性硏究』 11집: 정창균(1974), 「日帝下 女性運動에 관한 硏究 -1920년대를 중심으로-」, 중앙대학교 석사학위논문: 이윤희(1975), 「韓國女性運動의 性格에 관한 연구」, 경희대학교 석사학위논문: 신영숙(1978), 「槿友會에 관한 硏究」, 이화여대 석사학위논문: 양애리(1982), 「槿友會에 관한 一考察 -1920년대의 女性團體와의 關係를 중심으로-」, 성신여대 석사학위논문: 김정희(1984), 「韓末 日帝下 女性運動 硏究」, 효성여대 석사학위논문: 박용옥(1987), 「槿友會의 組織과 活動」, 『韓國民族運動과 新幹會』(신간회 창립 60주년 기념학술회의 발제문): 박용옥(1987), 「槿

1920년대 초에 이르러 여성운동은 3 · 1운동의 경험을 토대로 특히 그 동안 교육받은 신여성들이 중심이 되어 초보적인 의식계몽운동을 통해 그 대중적인 기반을 마련하는데 주력하였다. 그리하여 1920년 한해에만 30여개의 여성단체가 조직되었으며 1923년까지 존재했던 여성단체 수는 130여개가 넘었다.[10] 이때 설립된 단체들은 여자청년회 · 기독여자청년회 · 부인회 등으로 주된 사업은 야학의 설치, 청년회 간부의 강연, 토론회의 개최 등이었고, 사업들을 통하여 계몽운동을 전개하였다. 그러나 이같은 교육계몽단체, 기독교 등 종교단체 중심의 민족주의 계열의 여성운동[11]은 1923년을 절정으로 침체하기 시작했다.

이즈음 사회주의사상의 풍미와도 관련하여 무산 여성의 해방을 규약과

友會의 여성운동과 民族運動」, 『韓國近代民族主義運動史研究』, 일조각: 오숙희(1988), 「韓國女性運動에 관한 研究−1920년대를 중심으로−」, 이화여대 여성학과 석사학위논문: 송연옥(1981), 앞의 글: 남화숙(1989), 앞의 글.

10) 본 논문은 女性解放運動에 관한 본격적 연구가 아니고 女性解放論을 이해하기 위한 전제로서 여성해방운동에 관한 기존의 연구성과를 받아들여 간략하게 정리한 것이다. 1920년대 女性團體의 組織狀況에 대한 구체적 통계는 남화숙(1989), 앞의 글, 11~12쪽, 부록 1, 2 참조. 1923년까지의 여성단체의 성격을 보면 서울의 경우에 職業 經濟團體, 宗敎團體, 敎育啓蒙團體 순서로 조직되었고 지방의 경우에는 敎育啓蒙團體의 숫자가 가장 많고 다음 宗敎團體의 숫자가 두드러진다.

11) 1924년 이후 社會主義 여성운동이 등장하기 전까지의 女性團體運動의 주된 성격을 民族主義 여성운동이라고 하고 있다. 이들의 목표는 知識의 獲得과 女性의 自覺에 기초한 封建的 因襲打破로 이 운동은 여성에 대한 知識普及과 德性涵養, 여자도 人間이라는 자각을 일깨우는데 치중하였다. 1923년경에 이르러서는 女子靑年會를 중심으로 物産獎勵 運動의 전개 속에서 여성해방의 조건의 하나로 여성의 經濟的 自立이 나타나기도 하였다. 이들 단체들은 활동과 취지에 따라 敎育啓蒙團體, 職業 經濟團體, 宗敎女性團體로 나누어 볼 수 있지만 중심은 교육계몽단체와 종교여성단체였다. 직업 경제단체의 경우 專門職業女性들의 利益團體와 女性의 경제적 독립을 목적으로한 團體들(婦人商會, 여성 技術敎育團體, 消費組合 등), 貯蓄 副業을 장려하거나 공동의 생산활동을 하는 단체들이 포함되는데 1920년대 초반에는 그들의 활동이나 파급력은 그렇게 컸다고 볼 수 없다. 송연옥(1981), 앞의 글 참조.

강령으로 직접 내세움으로서 계급해방을 표방한 여성단체, 조선여성동우회가 등장하였다.[12] 여성동우회는 여성운동의 방향을 "부인의 해방은 결국 경제적 독립에 있다. 현재의 경제 조직하에서 경제적 독립은 절대 불가능하다. 그것은 남자 노동자도 마찬가지이다. 그러므로 여성해방운동은 무산자계급운동과 같은 것이며 현재의 제국주의 경제조직을 새로운 경제조직으로 변혁하는 운동이 아니면 안 된다"고 제시하였다.

이 무렵 일정한 방향성을 나타낸 여성단체가 급증하였는데, 이 때 조선여성동우회 내에서는 분열이 싹터 1925년 1월에 이르러 김현제·김정숙 등이 여성해방동맹[13]을 설립하였고, 동우회의 양대 파벌은 각기 여자청년단체를 조직하였다. 화요회·북풍회계의 주세죽·우봉운·허정숙·김은곡 등에 의해 경성여자청년동맹[14]이, 2월에는 서울청년회파의

12) 綱領과 宣言은 『조선일보』 1924. 5. 22일자에 실렸으며, 宣言은 인쇄하여 각지방의 女子靑年會에 반포하려 하였으나 경찰의 방해로 좌절되었다. 『시대일보』 1924년 6. 12: 創立大會에 대해서는 『동아일보』 1924. 5. 6일자(「여자도 사람이다—여성동우회의 발기」)와 『동아일보』 1924. 5. 11일자와 『조선일보』 1924. 5. 13일자 참조: 여성동우회는 女性勞動者層에 깊은 관심을 갖고 勞動婦人 慰安음악회를 열고 勞動夜學을 계획하기도 하고 仁川勞動總同盟의 요청에 따라 女子常務委員으로 朱世竹을 보내기도 하였다. 『시대일보』 1924. 6. 12일자: 여성동우회의 발기인은 朱世竹, 許貞淑, 鄭鍾鳴, 朴元熙, 崔聖三, 李春洙, 禹鳳雲, 丁七星, 金賢濟, 金弼愛, 吳壽德 등 이었다. 崔義順, 「十年間 朝鮮女性의 活動(2)」, 『동아일보』 1929. 1. 2.

13) 1월 17일의 발기총회에는 위 두 사람을 비롯하여 李貞淑, 崔貞淑, 李道, 崔花將月, 金淑瓊, 朱鈺卿 등이 참가하였다. 『동아일보』 1925, 1. 20: 『조선일보』 1925. 1. 20: 『시대일보』 1925. 1. 21. 解放同盟의 創立趣旨는 기존의 여성운동이 新女性에 한정된 감이 있으니 新舊女性을 망라하고 또한 각 계급을 통하여 협동적으로 운동을 하겠다는 것, 따라서 舊式家庭婦人의 자각과 교양에 힘쓰겠다는 것이었다.

14) 京城女子靑年同盟은 창립 후 첫 사업으로 국제부인데이 기념간친회를 열고(1925. 3. 8) 국제부인데이의 의의를 널리 선전하고 이른바 無産婦人으로 하여금 이 날을 기념케하고, 世界無産婦人運動家의 傳記 發刊을 결의하였다. 『동아일보』 1925. 3. 10: 『開闢』 1926년 3월호의 「社會運動團體의 現況」 참조.

박원희 · 김수준 등에 의해 경성여자청년회가 설립되었다.[15] 그리고 지방에서도 유사한 성격을 가진 조직들이 설립되었다.[16]

그러나 이러한 여성단체들의 활동은 많은 한계를 지니고 있었다. 그것은 사회주의계 여성단체들이 압도적으로 다수를 차지하는 농촌여성의 문제에 실천적으로 눈을 돌리지 못했으며,[17] 아직 주체적 역량이 미약했고, 식민지 조선사회의 특수성을 충분히 인식하지 못한 상태에서 사회주의사상을 급격히 수용함으로써 조직적 대립, 분열이라는 결과로까지 가게 되었던 것이다.

이러한 가운데 여성단체들이 자신들에 대해 반성을 하고 합동으로 일을 추진하면서 차츰 여성운동 통일에 대한 의견을 교환하다가 1926년 12월 사회주의진영 여성단체들이 중앙여자청년동맹이라는 통일조직을 탄생시켰다.[18] 거기에 종교단체의 사회파, 민족주의파가 통일전선의 요청에 부응하여 1927년 5월 근우회의 창립으로 발전하게 되었다.[19] 이후의 여성운동은 근우회를 중심으로 전개되었다.

여성운동의 새로운 단계로의 진입은 기존의 여성운동에 대한 나름대

15) 靑年會의 趣旨 綱領은 1)부인의 獨立과 自由를 확보하며 母性保護와 사회상에 대한 男女 地位平等의 社會制度 實現과 2)婦人解放에 관한 社會科學上의 교양을 분명케하며 이를 보급하고자 함이라고 하였다.
16) 예를 들면 김해에서는 북광회 · 여자청년회 · 청년동맹여자부가 있었고, 원산에서는 여자청년동맹 · 여자청년회, 단천에서는 여자청년회와 여자동우회, 고성에는 여자청년동맹과 여자청년회가 있었다.
17) 당시 농촌여성의 수는 약 800만 정도로 추정된다. 1927년경 우리나라의 인구는 1900만 정도
18) 『조선일보』 1926. 11. 16일자: 11. 22일자: 12. 5일자: 12. 7일자. 파벌청산의 계기가 된 것은 동경 三月會(1925. 3)의 중심인물인 李賢卿, 黃信德의 귀국과 이들의 女性同友會의 참여였다. 남화숙(1989), 앞의 글, 65~66쪽.
19) 근우회의 설립에 대해서는 남화숙(1989), 앞의 글 참조 : 근우회의 결성은 조선 여성 운동에 있어서 一新時期를 劃하는 것이었다(견원생, 「조선 여성운동의 사적 고찰」, 『동아일보』 1928. 1. 16).

로의 평가에 기초해서 얻어낸 것이었으며 또한 사회운동의 일반적 방향 전환과 관련하여 내려진 결론이었다.[20] 사회주의계의 여성운동가들은 무엇보다 우리 조선의 현실에 맞는 즉 식민지 조선에서의 독자적 여성해 방론에 기초한 여성해방운동을 전개해 나가야 한다고 보았다. 특히 여성 운동의 주체적 역량을 여성노동자 이외의 광범한 층에서 찾지 않으면 안 된다고 보았다. 그리고 황신덕의 경우에 "朝鮮婦人運動이 今日 지녀야 할 使命은 新幹會의 그것과도 다르고 日本의 婦人同盟의 그것과도 다르다. 그러나 우리는 墮落한 改良主義와 같은 것을 婦人解放의 전부라고 생각 해서는 안된다"고 주장하였다.[21] 즉 당시의 여성운동가들은 조선의 독자 적인 여성해방운동의 필요성을 강조하였다.[22]

그리고 당시의 언론들도 기존의 조선여성 동우회를 중심으로 한 사회 주의계 여성단체들이 곤란한 여건에서도 사회주의사상의 수용에만 급 급함으로서 조선사회의 실상에 알맞은 활동을 전개할 수 없었을 뿐 아니 라, 여성 대중과도 유리된 방향에서 급진적이었던 점에 대해 비판하고 당시 현실에 맞는 운동을 강조하였다.[23] 또한 기독교 등 민족주의계의

---

20) 남화숙의 논문에서는 이 점을 협동전선론으로 설명하고 있다. 이는 1924~1925년부터 등장하였다. 남화숙(1989), 앞의 글: 한국여성연구회 여성사분과(1992), 『한국여성사─ 근대편』, 풀빛, 149~151쪽.

21) 조선의 사회적 조건은 어떠한 시기까지 여자만으로써의 단결을 요구한다고 강조. 황신 덕, 「1927년 여성운동의 회고」, 『조선』 1928. 1. 1~2: 여자끼리의 단결이 필요하다고 강조. 「근우회에 대하여」, 『조선』 1927. 4. 30. 사설.

22) 당시 허정숙도 "朝鮮女性의 地位는 特殊하고 현재 朝鮮女性의 대다수가 무교육자인 家 庭婦人이며 그 대부분이 經濟的으로 無産階級에 속하는 여성이다" 하고 "조선 현재의 환경사정이 婦人運動을 無産階級 婦人運動化하였다"고 하며 조선의 獨自的인 女性解放 論의 必要性을 역설하였다. 허정숙, 「부인운동과 부인문제연구」, 『동아일보』 1928. 1. 3~1. 5: 조선의 특수성에 대한 허정숙의 입장은 1926년의 그의 글, 「신년과 부인운동」 (『조선』 1926. 1. 3)에서부터 드러나고 있다.

23) 「근우회의 창립」, 『조선일보』 1927. 5. 27. "解放을 위하는 것이 결국 그의 地位의 向上

여성운동가들도 사회주의 이론을 '日本帝國主義를 거부하기 위한 戰略的 수단'으로 보고 사회주의 세력과의 제휴를 불가피하게 받아드려, 근우회의 결성이 가능하게 되었다.

1920년대의 여성해방론은 이 같은 여성해방운동과 궤를 같이 한 것이었으며, 바로 여성해방운동은 이에 기초하여 전개되었다.

Ⅲ. 여성문제 본질에 관한 인식

1. 여성 현실에 대한 인식

1920년대 언론들은 당시 여성의 현실을 '억압받고 있는 존재', '핍박받고 있는 존재'로서 인식하고 있었다. 즉 조선의 여성들이 오랫동안 남존여비의 틀 속에서 남자의 애완물, 부속물에 지나지 않아[24]여성은 오로지 아이를 생산하는 기계로서 또한 의복과 음식을 조리하는 인형으로서만이 존재하였을 뿐 한사람의 인격체로서 대우받지 못하는 자유도 없고 권리도 없이 남자의 사령하에서 남자의 종복과 같은 처지에 있어 왔다고 인식하였다.[25]

을 위함이 되려니와 여기에서도 鬪爭運動과 함께 敎養運動이 있어야 할 것은 너무 상식적인 일이다…… 그리고 이같이 온갖 思想과 主義 系統을 포괄한 만큼 균형적인 원만한 행동이 있어야 할 것이다. 많은 경우에 漸進的인 改良主義的인 過渡期를 밟아 나가야 할 것이오 또 그리되어야 하리라는 것까지 승인하여야 할 것이다. 오늘날의 朝鮮의 여성이 겹겹으로 당하고 있는 정치적 및 사회적 모든 조건은 가장 急進的인 투쟁을 요하는 듯하면서 필경은 漸進的인 상식의 범위를 벗어나기 어렵다고 하는 것은 누구나 자긍할 것이다.": 『시대일보』 1927. 7. 16.

24) 張膺震, 「먼저 敎育問題를 解決함이 急務」, 『開闢』 4호(1920. 10), 29쪽.
25) 尹益善, 「女子拘束은 人造的 惡習일뿐」, 『開闢』 4호(1920. 10), 32쪽; 康永源, 「歷史上으

다음 金麗生의 글은 여성에 대한 당시대의 인식을 잘 드러내준다.[26]

> 半萬年間 그네는 高壓的 奴隷道德下에서 가장 高貴한 自由, 그네의
> 權利는 男子에게 掠奪되었습니다. 所謂 三從之義하며 結婚前에는 生父
> 母에게 從하며 出嫁하면 男便을 從하며 男便이 死하는 時에는 自己子息
> 의게 까지라도 從하라 하였습니다. 또 七去之惡이니 하며 第一은 舅姑
> 에게 不順하는 婦는 棄라 하였으며 第二로는 子息을 生産치 못하는
> 女子는 棄하되 妾에게서 子息이 有하면 棄치말라 하였습니다. 이와 같
> 이 蓄妾을 許함은 물론이요. 全然히 男本位로서 主我적이외다. 이와 같
> 이 在下者가 上에 대한 道德과 被征服者의 奴隷的 道德의 撤廢를……

이같이 당시 많은 이들도 조선의 여성이 부자유와 무권리의 노예적 삶
과 도덕속에서 살아왔음을 정확히 인식하고 있었다.[27] 또한 '女必從夫'라
는 일방적 계약이, '女子居內而不言外'라는 것이 가정의 헌장이 되었으며
노예제도가 시행되어 별별 폐해가 있어 왔다고 지적하기도 하였다.[28]

그리고 나아가 여성들의 사회적 지위가 열악하다는 것을 인식하고 그
구체적 내용들을 지적하기 시작하였다. 즉 여성들이 지금 이 사회에서 인
간으로 대접을 받지 못하고 법률상으로도 아무 권리가 없음을 통감하였
다.[29] 사회도덕·사회제도가 모든 여성을 무시한 것이었음을 이때 와서

로 본 婦人의 地位」, 『중외일보』1926. 12. 31. 家父長的 家族制度를 지적하고 있다: 「婦
權思想의 向上」, 『중외일보』1929. 5. 10. 社說. 조선 家族制度의 忍從의 도덕은 婦權을
근본적으로 부인하여 버렸다.

26) 金麗生, 「女子解放의 意義」(1), 『동아일보』1920. 8. 16. 사설.

27) 許貞淑, 「新年과 女性運動」, 『조선일보』1926. 1. 3. "조선의 女性이라는 것은 재래의 因
習과 道德이라는 그물에 얽매여 온갖 압박 구속을 받아왔으며 女性으로서의 독특한 그
모든 인간성의 말살과……": 「女性이 받는 壓迫」, 『조선일보』1926. 8. 24. 論說: 天華散
人, 「世界婦人運動의 史的 考察」(1), 『조선일보』1929. 1. 1.

28) 吳尙俊, 「理勢에 順應하라」, 『開闢』4호, 39쪽.

29) 朴元熙, 「부인운동이란 무엇인가? 그 대강에 대한 일반적 상식－국부적 운동에서 전체

크게 강조하기 시작하였다.[30)]

여성이 가정과 사회에서 인간으로 대우받지 못한 점에 대한 지적은 여성문제가 거론되기 시작한 개화기 때부터 있어왔지만, 여성들이 사회에서 받는 불평등이 구체적으로 조목조목 언급되고 지적된 것은 1920년대에 들어와서 라고 할 수 있다. 이는 서구의 여성해방론과 운동이 소개된 것과 일정하게 연관 되어 있는 것으로 특히 러시아 혁명 이후의 사회주의 여성해방론의 수용이 본격화되면서 여성의 사회적 독립과 관련한 문제들이 다양한 관점에서 관심의 대상이 되었다.[31)] 자연히 여성들의 사회에서의 불평등이 적나라하게 지적될 수밖에 없었다.

2. 여성해방에 의한 남녀평등사회 실현

당시 언론들(지식인들과 여성해방론자들)은 여성이 해방되어 남녀평등의 사회로 나아가야 한다는 것에는 대체로 동의하고 있었다. 물론 남녀평등의 내용에 있어서는 사람에 따라 시대에 따라 그 차이점이 있지만 그 방향으로 나가야 한다는 점에 있어서는 그러했다.

여성들이 자연의 대법칙에 따라 평등한 대우를 받는 남녀평등의 사회로 나아가야 한다든가,[32)] 또는 여성의 현실은 후천적인 역사적 산물에 불과하므로 대자연의 법칙에 따라야 한다고 주장하였다.[33)] 그러면서 남녀

적 운동으로-」『중외일보』 1926. 12. 19.
30) 「여자의 책임」, 『시대일보』 1925. 8. 6.
31) 뒷부분에서 그 다양한 입장이 소개될 것인데 일부에서는 여성의 사회에서의 불평등으로 교육, 경제, 정치적인 면에 초점을 맞추고 있고 또 한편에서는 사회구조적 차원에서의 총체적 억압을 논하고 있다.
32) 『동아일보』 1921. 6. 18. 社說.
33) 『동아일보』 1921. 10. 10. 社說.

평등의 사상을 가질 것을 촉구하였다. 즉 남녀평등에 대하여 올바로 인식하고 또한 남과 녀를 별개의 것으로 보지 말고 평등하게 보라고 강조하였던 것이다.[34] "집안일을 돌보고 아이를 낳는 것이 부인들의 유일한 天職이라는 주장은 마치 인류의 역사가 시작된 이후 늘 國王이 存在하였음으로 언제까지든지 國王은 없어지지 아니하리라는 주장과 조금도 다름이 없는 모순된 말이다. 남자가 아니라는…… 사실로 인하여 부인을 평등한 권리의 소유자에서 제외하려함은…… 不公平한 사실이다"라는 베벨 August Bebel의 주장을 받아들이면서 남녀평등의 사회로 나아가는 것이 당연하다고 보았다.[35]

1920년대의 이 같은 여성해방을 통한 남녀평등사회로 나아가야 한다는 주장은 대체로 몇 가지의 관점에 그 근거를 두고 있었다.

첫째, 이들은 남녀평등은 우주의 자연적 대법이기 때문에 거스를 수 없는 것이며 바로 신이 부여한 것이라는 강한 입장을 갖고 있었다.

> 然而大主宰大眞理가 人類를 發現시킬 時에 ……人類를 繁盛케 할 一大自然法則으로 男과 女의 區別을 하야 그 物質이 構造의 差異를 與할 뿐이오. 그 精神上 感覺上 運動上 기타 一切生活機能上에는 男과 女의 간에 何等差別의 點이 無한 者로다.

즉 남성과 여성은 원래 아무런 차이 없이 창조된 것으로 평등의 권리와 동등의 자유를 갖는 것은 자연의 대법칙이라고 인식하였다.[36] 기독교

---

34) 金昶濟, 「現代와 女子의 使命」, 『靑年』, 7~9쪽. 이 글은 1922년 12월 28일 중앙기독교청년회관내에서 있었던 여자기독교청년회 주최의 강연회 내용을 정리한 것.

35) 梁明, 「男女關係의 史的 考察」, 『別乾坤』 1929. 2월호, 19~30쪽.

36) 尹益善, 「女子拘束은 人造的 惡習일뿐」, 『開闢』 4호(1920. 10), 31~32쪽; 『동아일보』 1921. 6. 18. 社說.

신자들의 경우에는 1900년전 예수 그리스도가 근본적으로 남존여비의 사상을 타파하고 인격평등의 진리를 창조하였다고 주장하기도 하였다.[37]

둘째, 여성들이 자신의 원래의 위치를 찾아서 그의 합당한 역할을 해줄 때 비로소 우리사회가 신세대에 맞는 사회로 정착하여 문명의 낙오자를 면할 수 있다는 것이다.

> 婦女不解放은 社會의 最大障碍라…… 社會의 組織은 全體的 個人에게 由함이라…… 婦女는 社會를 成케한 一部 肢體니 반드시 平等의 敎育을 施하고…… 婦女가 退化하면 社會도 退化요 婦女가 進化하면 社會도 進化하니리[38]

> 全 朝鮮의 人口를 일천육백만으로 假定하면 其 中 약 반수되는 女子는 이것을 獨立의 人格을 有한 國民에 編入치 안았은 즉 이것이 朝鮮의 文化가 今日과 같이 頹廢된 原因중에 主要한 일이 아니될까 합니다. 그렇게나마 지금까지는 살아왔습니다마는 今後로 오는 新時代에 처하여서는 이와 같은 隻輪的 生活로는 남자가 아무리 勤勞한다 할지라도 文明의 落伍者가 됨을 免할 수 없을 것입니다.[39]

즉 신사회에서는 여성과 남성이 동일한 권리와 의무를 갖고서 봉사하여야만 사회의 향상과 발달이 이루어진다는 논리이다. 이는 신사상에 입각한 신생활로서 신사회에서 살아가는 것의 필수요건이 여성해방이라고 보았던 것이다.[40]

---

37) 주 34)와 같은 글.
38) 鄭春溪, 「婦女解放運動에 대하여」(4), 『조선일보』 1913. 8. 25.
39) 張膺震, 「먼저 敎育問題를 解決함이 急務」, 『開闢』 4호(1920. 10), 9쪽.
40) 「自己로 사는 婦人」(1), 『동아일보』 1920. 6. 21: 吳尙俊, 「理勢에 順應하라」, 『開闢』 제4호(1920. 10), 39쪽. 男女均等은 公道 公理이고 여자 自身을 위하여 뿐아니라 우리의 繁榮上 利害의 점에서 논하더라도 民族 二千萬에서 無能 無力한 여자 일천만을 내장하고 남자 일천만으로 社會의 權利와 義務를 자임 활동한다하면 이는 片側 民族의 片側 동작

셋째, 억압받는 여성의 현실은 역사적 산물임을 강조하였다. 즉, 원래 여성은 남성에 의해 소유되거나 남성의 지배를 받은 것은 아니었는데 역사의 사회경제적 구조의 변화과정 속에서 그러한 구조가 이루어졌음을 주장하였다.[41]

우리는 女性의 地位가 太古時代부터 現代에 이르는 동안에 여하한 과정을 밟아왔는가에 대하여 槪述하였다. 그리고 太古時代에도 奴隷時代에도 길드시대에도 또 現代에도 각각 그 시대에 상응한 女性의 地位가 성립된 것이니. 그것은 항상 經濟組織如何에 의하여 결정된 것을 論證하였다. 彼女등이 男子와 平等의 地位에 서게 되었던 것도 母權制度가 수립되어 男子에 대하여 優越한 地位에 서게 되었던 것도 奴隷의 지위로 떨어지게 된것도 賃銀노동자가 되게 된 것도 모두 다 經濟的 條件에 의하여 必然으로 된 것이니 그것은 결코 彼女등의 天賦의 能力 또는 天賦의 性格에 의하여 결정된 것이 아니었다. 즉 女性의 地位는 經濟狀態의 變遷에 의하여 變遷한 것이다.[42]

원시사회는 여성이 사회의 주역이었으며 여성이 지배하는 모계제 사회였다. 그후 차차 사유재산제도가 생기고 따라서 노예제가 생기면서 생산력 뒷받침을 위한 과거의 어업 중심의 생산이 농업 목축업으로 바뀌며 남성 중심의 사회로 바뀌게 되었다. 바로 그때부터 여성에 대한 남성의

이라 할 것이다: 「여성의 교육적 해방을 위하여-만천하 동포에게 다시 일언을 고함」, 『조선일보』 1924. 4. 4. 시대가 전환하여 사회의 향상과 발달에 대한 인간의 봉사는 남녀가 동일한 권리와 의무를 가지게 하였다.

41) 卞熙瑢, 「男女關係의 史的 考察」(1)(2)(3), 『동아일보』 1922. 1. 25~27쪽: 李賢卿, 「經濟狀態의 變遷과 女性의 地位」, 『現代評論』 1927. 2월호~6월호: 崔鉉培, 「男女交際史」, 『別乾坤』 1927. 8월호, 112~115쪽: 吳在賢, 「女性關係의 本質」, 『朝鮮之光』 1928. 1월호, 125~134쪽: 梁明, 「男女關係의 史的考察」, 『別乾坤』 1929. 2월호, 13~20쪽.

42) 李賢卿, 「經濟狀態의 變遷과 女性의 地位」(5), 『現代評論』 1927. 6월호, 63쪽.

지배, 여성의 억압이 시작되었다. 그리하여 정치·종교·사회 등 제반조직이 남성중심으로 구성되어져 여성들에 대한 오랜 억압이 지속되어 왔다는 것이다.[43] 그리고 특히 자본주의적 경제체제가 시작되면서 자유경쟁에 의하여 생산기관이 급속히 집중되어가는 결과로 다수의 사람이 빈궁에 빠지게 되었고 여성들의 경우에도 상류여성과 하류여성의 사회적 지위가 달라지게 되었음을 강조하였다. 즉 현대사회 초기에 있어서는 여성의 지위가 여성전체 대 남성전체의 성적인 것이었지만 말기에 와서는 무산자 대 유산자의 계급적인 것이라고 보았다. 여성억압의 현실을 남성 대 여성의 성적인 대립관계가 아닌 계급적인 것으로 파악하고 있다.[44]

위의 첫 번째·두 번째 주장은 대체로 이미 개화기부터 시작된 남녀평등설에 그 기초를 둔 것이었다고 하겠다. 개화기 여성문제의 인식은 새로운 사회에 대한 갈망, 문명된 사회에 대한 지향과 관련되었던 것으로 여성을 주체로 문제를 풀어나가기 보다는 새로운 사회로 지향하는데 필요요건으로서 여성문제를 끌어내었던 것이다. 특히 여성이 인구의 절반을

---

43) 康永源,「歷史上으로 본 婦人의 地位」,『중외일보』1926. 12. 31. 私有財産制度가 發達하면서 男性의 女性에 대한 支配 束縛이 강화되고 女性 自身이 自身을 支配하는 것까지 빼앗음 : 朴元熙,「婦人運動이란 무엇인가? 그 대강에 대한 일반적 상식—局部的 운동에서 全體的 운동으로—」,『중외일보』1926. 12. 19: 權九玄,「女性運動의 一考察」,『중외일보』1927. 8. 31. 여성의 남성에 비한 劣等은 先天的인 것이 아니라 私有制度와 함께 家父長的 家族制度가 발생한 이후의 일이다: 崔義順,「十年間 朝鮮女性의 活動」,『동아일보』1929. 1. 3.
44) 李賢卿,「經濟狀態의 變遷과 女性의 地位」(1)~(5),『現代評論』1927. 2월호~6월호. 日本에서 三月會의 主導會員이었으며 국내에 돌아와 同友會에 참여하여 社會主義 女性團體들의 統合에 중요역할을 하였던 李賢卿은 이 글에서 女性의 地位는 經濟狀態의 變遷에 의하여 變遷하였기 때문에 앞으로도 經濟狀態의 變化에 따라 새로운 지위를 갖게 되리라고 주장하였다. 즉 가정, 교육, 직업, 정치 등에서 解放에 이르게 될 것이고 그때 女性은 비로소 완전히 解放되리라고 보았다.

차지하므로 여성의 역할에 의해 미래사회가 좌우된다는 입장에서 나온 것이었다. 그리하여 당시에는 여성문제를 계몽주의적 시각에서 풀어나가려고 하였다. 즉 여성을 계몽의 대상으로 삼아 국민계몽 국민교육 속에서 아동교육과 같이 여성교육을 주로 논의하였던 것이다.

1920년대 식민지체제에서의 여성관은 개화기의 여성관에 기초하면서도 여성을 주체로 보려는 시각으로 바뀌어가고 있었으나 큰 골격에서는 여전히 한계점을 지니고 있었다. 즉 여성을 여전히 '현모양처'적인 것으로 규정하고서 '協同적 女性, 賢母적인 女性, 名婦적인 女性이 곧 가치있는 참女性'이라고 보는 측면이 있었다.[45] 물론 이러한 시각은 남성들의 경우에 나타나고 있었던 것인데 교육받고 사회활동을 하고 있었던 여성 자신들의 경우에도 기존의 가치관에 매몰되어 있었던 경우도 많이 있었다.[46]

그러나 세 번째 주장은 개화기나 또 그 후의 여성관 속에서 찾아볼 수 없었던 논의로서, 1920년대 사회주의사상의 영향에 의한 분석이라고 하겠다. 여기에서 나타나는 여성관은 기존의 통념속의 양처주의적인 여성이 아니었다. 특히 여성의 문제를 남성과 여성의 대립관계로 보기 보다는

---

45) 李奎昉, 「朝鮮女子 固有의 美德을 傷함이 無하라」, 『개벽』 제4호(1920. 4), 34쪽. "한갓 형식만 趨事하고 實質을 不修하면 다만 모처럼 얻은 自由를 욕되게 할뿐인가 도리여 조선의 특색인 女子의 良風美德을 傷함에 至하리니 어찌 두렵지 않겠는가?": 「남성과 여성」, 『신생』 1928. 11월호, 21쪽: 女性解放 혹은 向上運動의 目的은 여성을 半男性化 함보다도 오히려 協同的 여성, 賢母的 여성, 名婦的 여성, 곧 가치 있는 참여성을 만듦에 있다: 장영덕, 「여자와 사업」, 『청년』 1927. 3월호, 160쪽. 그럼으로 우리의 처지에 있어서 經濟問題니 무엇 무엇이니는 다 팔뚝이 튼튼한 男子에게 맡기고 우리의 신체의 構造와 性格에 合當한 家庭의 主部가 되어 至情의 愛로써 家庭敎育, 社會事業에 노력하여 약점이 많고 결함이 많은 우리 朝鮮을 改革하자.
46) 이 때문에 新女性들이 男性들의 비판의 대상이 되기도 하였으며 女性 자신들도 問題視하고 기존의 價値觀에서 벗어날 것을 주장하였다. 朴仁德, 「現代 朝鮮과 男女平等問題」, 『동아』 1920. 4. 2.

사회구조적인 문제로 분석해 내고 하나의 인간의 문제로 풀어 나가려 하였기 때문에 여기에서의 여성은 한 독립적이고 주체적 인간으로서의 여성이었다.

IV. 여성억압의 원인

그러면 1920년대에는 여성을 억압하는 것은 무엇이라고 보았는가? 여성문제의 원인제공이 어디에 있다고 보았나? 당시의 입장을 몇 가지로 분류하여 볼 수 있겠다.

첫째, 기존의 전통적 가치관과 제도, 즉 전통적인 도덕, 윤리 그리고 가족제도, 결혼제도 등이 여성을 억압하는 장본인이라고 보고 있다. 전통적인 도덕과 윤리, 즉 남성 중심의 도덕과 윤리가 가정에서는 물론이고 사회통념으로 자리 잡고 있어서 여성들은 항상 남성의 소유물로 간주되어 왔다는 것이다. 그리하여 여성들의 가정에서의 위치와 사회에서의 위치가 '空'이었다고 볼 수밖에 없었다는 것이다. 그리고 이러한 가치관에 기반하여 가족제도·결혼제도 등은 바로 여성을 억압하는 기제였다는 것이다.

특히 당시의 가족제도가 안고 있는 문제로 부인으로부터 평등·자유의 관념을 탈취하고 있는 점, 부인의 독립재산의 제도가 없는 점, 가족제도상 남자가 여자를 해방치 아니하여 여자는 직업에 관한 지식을 배우지 못하였고 또 직업상 인습의 차별이 많은 까닭으로 여자산업이 비교적 없었다는 점을 지적하고 있다. 즉 여성에 대한 모든 억압의 시작이 가족제도에서 비롯되었다고 보고 있다.[47]

---

47) 滄海居士,「家族制度의 側面觀」,『開闢』1920. 8월호, 24~27쪽;「自己로 사는 婦人」(2),

그리고 중매결혼과 조혼, 늘어나고 있는 이혼 등과 관련하여 당시 결혼
제도의 모순점이 여성을 억압하여 왔다고 강조하였다. 특히 본인의 의사
와 상관없는 강제적인 결혼,48) 연애 없는 결혼이 얼마나 많은 불행을 가
져다주고 있는가 하는 것이 당시 식자층 속에서 많이 논의되고 있었던 부
분이다. 결혼은 고귀한 인격과 인격의 상합을 의미하는 것인데 타인에게
그것을 맡긴다는 것은 있을 수 없는 일이며 사랑의 대상을 자유로 선택하
는 것이 진실한 생의 도덕으로, 의미있는 생활의 일보라고 강조하였다.49)
그리고 조혼이 얼마나 많은 문제점을 지니고 있는가에 대하여도 지적하
였다.50) 또한 당시 이혼이 늘어나고 있는 것도 결혼제도와 가족제도의 문
제점에서 나왔다고 보았다.51)

　　『동아일보』1920. 6. 21. 過去의 여성은 남편과 시어머니 아이에게 奉仕하는 奴隷的 自
己이었으나, 이제 賢母良妻主義나 女子家庭中心說은 否認한다고 하고, 家族의 합의로 성
립한 가정이 아니면 우리들이 요구하는 新時代의 가정이라고 할 수 없다고 강조하고 있
다: 文一平,「歷史上으로 본 朝鮮女性의 社會的 地位」(7)~(12),『조선일보』1929. 9. 17~
9. 27. 종래 여성의 지위, 여성을 억압하고 있었던 내용으로 蓄妾이 허용되고 三從之道
에 얽메이고 財産相續權이 없고 잘못된 婚姻制度, 男女隔離法, 賣春의 問題 등을 거론하
고 있다.
48)「强制結婚의 罪惡」,『동아일보』1924. 1. 27. 雜報: 李笑古,「강제결혼의 弊害를 보고」,
　　『동아일보』1924. 8. 28. 雜報.
49) 金麗生,「女子解放의 意義」(2),『동아일보』1920. 8. 17: 정춘계,「여자해방운동에 대하야」
　　(9),『조선일보』1923. 8. 30. 婚姻은 두 사람의 合이고 萬福의 源으로서 어떠한 것으로
　　도 강제할 수 없는 兩人의 戀愛 여부에 달려 있는 것이다. 戀愛로써 神聖한 結婚의 基礎
　　條件을 삼아야 한다.
50) 柳尙黙,「早婚과 性的 關係」,『동아일보』1922. 12. 24:「婚姻問題와 民衆保健-早婚 地
　　方婚 階級婚 濫婚의 諸弊害」,『조선일보』1929. 5. 10. 社說:「早婚의 弊害를 打破 하자」,
　　『시대일보』1924. 5. 22: 梁承煥,「早婚을 打破하자」,『동아일보』1924. 11. 27.
51) 당시의 離婚問題는 여성문제와 관련하여 사회문제와도 관련하여 관심거리였으며 논의
　　의 대상이었다: 鄭壽榮,「離婚은 不可避」,『동아일보』1924. 1. 1. 雜報. 사랑 없는 結婚,
　　부모들의 강요에 의한 結婚은 결국 離婚으로 이어질 수밖에 없다고 강조하고 있다: 李起
　　兩,「離婚問題의 可否」,『동아』1924. 1. 2. 아내가 이혼에 응하면 좋겠지만 공방지키는

둘째, 여성 자신의 인간으로서의 각성이 부족한데 그 원인이 있다고 보는 시각이다. 이는 여성문제에 대한 인식이 시작되었을 때부터 항상 거론되었던 것으로 1920년대에도 여성이 여성 자신을 억압하는 그 자체인 것으로 인식되었다. 그 구체적인 것으로 여성들이 기존의 가치관과 가족제도를 비롯한 사회제도에 젖어있으면서 그것을 문제 삼지 않고, 교육의 기회를 잘 활용하지 않고 있으며, 자신들의 권리를 주장하지 않는 등 여성이 주체가 되지 못 하고 있다는 시각이다.

과거의 여성은 남자에게 기생하면서 노예적 존재로 살아왔는데 이제는 여성이 거기에서 벗어나야 한다고 강조하고, 우리 여성들이 자기 이외의 권력으로부터 해방되어 독립하는 동시에 자신의 개성에 뿌리를 박는 미래를 창조하자고 하였다. 그리고 여성이 인격적으로 독립한다는 것은 확대된 인간세계의 전 시야를 영유한 개성의 소유자로서 생존함을 뜻하는 것으로 가정에 함몰되지 않은 여성이 될 것을 강조하였다.[52]

이를 차버림은 불가하다고 하며 사랑 희생하자고 주장:「離婚은 當然」,『時代日報』 1924. 4. 30. 이제는 부부간의 조화나 타협의 여지가 없을 경우에 이혼으로 갈 수 밖에 없다고 주장:「離婚은 眞理」,『시대일보』 1924. 5. 28. 사랑이 없는 結婚이 離婚으로 가는 것은 당연하다고 주장:「離婚狂者들에게」,『동아일보』 1924. 8. 15. 잡보. 당시 社會問題 되고 있었던 離婚에 대하여 비판하고 있다:「離婚의 激增과 그에 대한 우리의 見解」,『동아일보』 1924. 8. 31. 잡보. 그러나 舊式結婚에 의한 夫婦간의 離婚이 빈번한 것은 어쩔 수 없는 것이라고, 피하지 못할 形勢라고 하고 있다:「現下의 離婚問題」,『동아일보』 1925. 2. 19~21(3회 연재), 社說:「夫婦不和」,『동아』 1926. 1. 2. 부부불화의 내면적 이유를 들고 조심하자고 강조: 松月洞人,「빈번한 離婚문제-朝鮮婦人의 처지」(상),『시대일보』 1926. 12. 9. 이혼의 첫째 원인으로 조선의 재래혼인제도가 좋지 못한 까닭이라고 지적하였다:「婦權思想의 向上」,『중외일보』 1929. 5. 10. 사설. 이혼소송제기가 여성이 더 많은데 그것은 조선의 부인이 在來의 家族制度와 道德의 拘束에서 벗어나 보다 더 自由의 인으로서 합리적 생활을 하려하는 婦權思想의 向上을 말하여 준다.
52)「自己로 사는 婦人」(2),『조선일보』 1920. 6. 22:「新婦人에게 望함 - 知的 自立, 性的 自立」,『동아』 1921. 6. 18.

吾人의 姉妹되는 靑年 女子에게 고하노라 제군의 閨房을 出하여 太陽
에 面하여 立하라 舊殼의 生産機의 生活을 脫하고 眞個生命을 有하는 自
由의 人格者가 되며 각종 意味의 노예적 勞苦를 免하고 因襲의 桎梏을
絶하고 新生命의 所有者가 되어 諸君의 才能을 각방면에 發揮하며 제군
의 眞面目을 철저하게 露出할지어다...... 靑年女子여 諸君의 活動天地가
如何하며 따라 諸君의 生存의 가치가 如何한가 諸군은 스스로 그 身世
를 自省해 볼지어다. 그 過去를 省察하여 보며 그 來頭를 생각해 볼지어
다. 諸君의 그 過去生活에 어떠한 價値가 존재하였으며 그 來頭의 生活
에 어떠한 價値가 존재할 것인가[53]

　　여성과 남성은 원래 같은 인격을 갖고 있는 존재라는 것을 강조하고 여
성 자신이 구각에서 벗어날 것을 주장하였다. 즉 여성이 각성하지 못하고
자신의 존재가치를 깨닫지 못한 경우, 자기의 능력을 알지 못하고 가치를
스스로 발견하지 못하게 된다고 보고 여성 자신의 각성을 촉구하였다[54].
더욱이 당시 교육받은 신여성까지 남성의 사랑을 받고 안락한 생활을 하
는 것에 만족한 경우에 대하여 크게 비판하고 여성 스스로가 순교적 정신
으로 여성운동에 참여할 것을 강조하였다.[55] 특히 남성의 경우에 신여성

<hr>

53) 「朝鮮女子여 太陽에 面하여 立하라」, 『동아일보』 1922. 1. 8. 社說.
54) 부인해방운동은 부인들의 自身의 覺醒에서 출발해야 한다고 강조하였다. 「日本의 婦人
　　運動」, 『동아일보』 1923. 3. 2 : 「女子의 責任」, 『시대일보』 1925. 8. 6. 여자가 참여자가
　　되게 하고 여자로서의 사명을 완전히 수행케하야 남자와 대립 혹은 공동하여 참말로 합
　　리적 社會 家庭을 건설하는 것은 남자의 책임이 아니라 여자 스스로의 책임입니다. 여자
　　는 스스로 壓迫과 拘束과 輕蔑을 타파치 아니하면 안 됩니다.
55) 洞泉生, 「新女性의 자랑은 과연 무엇인가?」, 『中外日報』 1926. 12. 31:「敎育받은 朝鮮女
　　性의 앞길」, 『동아』 1926. 1. 7~1. 19. 소수 교육 받은 여성들이 눈만 높고 현실적이지
　　못한 점 지적: 李素傘, 「現下 朝鮮이 요구하는 女性」, 『동아』 1926. 1. 5. 교육 받은 신여
　　성들의 자각하지 못함을 비판하고 있다: 「婦人運動과 新女性」, 『동아』 1926. 1. 4. 新女
　　性때문에 女性運動에 대한 인상이 안 좋기까지 하다고 하며 新女性에게 경고하고 있다:
　　「女學生界에 一言」, 『동아』 1926. 6. 10. 교육받은 여성들이 의무 책임을 다하자고 강조
　　하고 있다.

들의 문제점을 신랄하게 지적하였다.[56] 그러나 여성의 각성이 부족한 데에는 여성교육이 없었던 데에 그 큰 원인이 있다고 보고 그 각성을 구체적으로 도와줄 수 있는 여성교육을 강조하였다.[57]

셋째, 정치·경제·법률 등 사회제도 면에서의 불평등한 조건이 바로 여성 억압의 원인이라고 보고 있다. 당시 사회 제도가 모두 남성 중심으로 되어 있어서 여성들은 이 속에서 억압받고 있다는 것이다. 즉 정치 경제적인 면에서 여성들이 인간답게 살 수 있는 권익을 찾아볼 수 없다는 것이다. 여성의 부자유는 바로 경제적 독립력이 없었던 것에 연유하며, 또한 정치적으로 법률적으로 불평등한 위치에 처해 있음으로 해서 비롯되었다고 강조하고, 아무리 여성이 자각을 하고 여성해방을 부르짖는다 하더라도 경제적인 면에서 뒷받침이 되지 않을 경우에는 다시 남성에게 예속될 수밖에 없다는 것이다. 그리고 정치적으로 선거권 등의 권한을 갖지 못하고 남성과 불평등 관계를 유지할 경우 여성에 대한 억압은 지속될 수밖에 없다는 것이다. 또한 민법 형사법에서 보더라도 법률적인 뒷받침 없이는 여성은 계속 굴종적인 삶을 살아갈 수밖에 없다는 것이다. 여성의 억압은 남성과 동등한 권한을 찾아냄으로써만이 제거될 수 있다고 보았다.

---

56) 玉順喆, 「自己解放을 忘却하는 朝鮮의 新女性」(1)~(4), 『동아』 1926. 10. 11~10. 14. 조선여성해방자들을 보면 남편 얻을 때까지이고 중간선에 선 여성들을 보면 신여자들의 계몽을 촉하는 동시에 생존권 확립을 위하여 당면할 것이나 실상 떠드는 해방과 실지 행위는 정반대임을 볼 수 있다. 조선의 교육자도 그러하고 피교육자의 교육에 대한 정신을 보면 더욱 더 남자의 화려한 장식품 또는 완구가 되고자 교육을 받는다고 보겠다. 즉 결혼하기 위하여 출가하기 위하여 라고 하겠다 등으로 비판하였다.

57) 柳蕫園, 「우리 朝鮮婦人들에게 드림」, 『동아』 1924. 11. 3. 먼저 무엇보다도 교육에 의하야 원만히 理智力을 調鍊한 후 다시 실제생활로부터 충분히 實力을 기르기를 권하고 있다: 허영숙, 「부인문제의 일면」, 『동아』 1926. 1. 4. 여성 자신의 각성을 위해 교육을 강조하고 있다.

그러면 과연 오늘날 우리 婦人된 女子의 地位는 社會上으로 어떠한
가 아니 우리는 날마다 어떠한 살림을 이루고 있는가 요컨대 오늘날 社
會의 우리 婦人은 經濟上의 獨立을 얻지 못한 까닭에 이것으로 말미암
아 生活의 自由를 얻지 못하고 남자의 奴隷가 되어버렸다. 그들의 玩弄
物이며 機械가 되어버렸다.58)

　　여성은 過去 몇 천년동안 사람으로서의 대접을 받지 못하였습니다.
그들에게는 아무 自由도 人格도 없었습니다. 그 관계는 政治的 生活에
있어서 더욱 그러하였습니다. 法律은 여성을 완전히 무시하였습니다.59)

　이러한 것은 결국 여성해방이 남녀동권의 획득으로 이루어진다는 관
점으로 이는 사회총체적 구조 속에서 여성의 억압을 분석하기 보다는
현상적으로 보여지는 남녀불평등에 초점을 맞추어 인식하는 것이었다.

---

58) 본 인용문은 秀嘉伊, 「女子解放은 經濟的 獨立이 根本」(『동아일보』1924. 11. 3)의 일부
　　임. 여성의 경제적 독립에 관하여 언급하고 있는 글들을 보면 다음과 같다. 李大偉, 「女
　　性의 經濟的 獨立」, 『靑年』1922. 1. 여성이 남성의 소유물로 전락하여 경제적 세력이
　　남자만 같지 못함: 李根苾, 「解放을 바라는 여성들에게−經濟的으로 獨立하여 享樂的 結
　　婚을 폐하라」, 『동아일보』1927. 2. 5. 오늘날 여자가 진실로 解放을 요구하려면 먼저 經
　　濟的으로 男子와 同一한 勢力을 얻어야 할 것이지 男性에게 經濟的으로 寄生하는 생활
　　을 해서는 안 된다고 하고 있다. 燕京學人, 「婦人과 經濟」, 『동아일보』1927. 7. 21. 婦人
　　講座. 사회의 男女關係와 그의 社會上 地位는 완전히 社會制度의 變遷 특히 그의 근본원
　　인인 經濟制度의 변천에 따라서 좌우되는 것임을 알 수 있다. 그러므로 婦女의 사회상
　　지위를 참으로 향상시키는 진정한 女子解放과 男女平等을 기도하려면 무엇보다 먼저
　　그의 경제적 平等과 경제적 解放을 얻도록 노력하여야 할 것이다.이 경우 無産階級運動
　　과 女性運動을 同一視하는 社會主義的 입장과 類似한 점 없지 않으나 階級解放論으로
　　이어지고 있지는 않다.
59) 「英國女性의 選擧權擴張」, 『동아일보』1927. 6. 16. 時評: 朗山生, 「法律상으로 본 女子
　　의 地位」(1~3), 『동아일보』1927. 7. 29~7. 31. 婦人講座. 女子는 法律的으로도 매우 열
　　악한 위치에 있었음을 설명하고 있다. 즉 정치적 권리가 없고 刑法 民法에 있어서도 不
　　利하게 되어 있다는 것으로 女子解放運動은 이러한 差別을 撤廢하는데서부터 시작해야
　　한다고 강조하고 있다.

이는 당시 사회주의 여성해방론자들과 논쟁을 벌였던 관점으로 이 입장
은 서구의 여성운동 즉 여성의 남녀동권획득의 운동을 그 모델로 하였다.

넷째, 여성억압은 바로 사회구조적인 것이라는 시각이다. 사회경제구조
의 변화 속에서 여성의 현실적 위치가 결정되어왔다고 보고 바로 당시의
자본주의적 사회경제구조가 여성을 억압하는 장본인이라는 시각이다.[60]
이 논의는 사회주의사상이 들어오면서부터 주장되어온 것으로 1924년에
설립된 조선여성동우회의 선언에서부터 본격적으로 제시되었는데 1920
년대 전시기를 통하여 강력하게 제기되었던 시각이다. 즉 여성이 교육을
통하여 자각을 하고 그것을 기반으로 경제적 독립력을 갖거나 또 선거권
을 갖게 된다고 하더라도, 사회 전반적 구조가 바뀌지 않는 한 그것은 개
별적 사항으로 그치고 근본적 해결을 가질 수 없다는 것이다.[61]

이들은 구체적으로 서구의 예를 들어서 이 점을 주장하고 있다. 서구의
산업혁명은 여성들에게 경제적 독립과 사회적 생활에 대한 새로운 기회
를 주어 제3계급의 여성들이 고등교육 · 직업 · 참정권을 부르짖게 되었
고 그들이 직업부인이 되어 경제적으로 독립하였으나 진정한 독립은 하
지 못하였다고 보았다. 그 이유는 바로 자본가에게 사역을 당하였기 때문

---

60) 「婦人運動과 新女性」, 『동아』1926. 1. 4: 여성문제의 근원을 추구하면 자본주의 조직에
   서 찾아볼 수 있다. 山川菊榮, 「東洋婦人의 解放」, 『동아』1925. 1. 3: 여성을 억압하는
   장본인은 資本主義라고 하고 있다. 李賢卿, 「經濟狀態의 變遷과 女性의地位」(1)~(5),
   『現代評論』1927. 2~6.

61) 卞熙瑢, 「남녀투쟁의 사적 고찰」(1), 『동아』1922. 1. 25. 자본주의 사회 내에서 양성의
   평등을 실현하려는 부인운동은 공상자의 몽상에 불과하다. 양성의 평등을 실현하려면
   불평등의 근원인 자본주의 경제조직을 근본적으로 붕괴하여야 한다: 「女性解放運動에
   대하여」, 『시대일보』1924. 5. 16. 여성 抑壓의 요인은 經濟的 體制에 있으므로 여성해
   방은 經濟的 獨立을 실현함으로서 가능하다고 보고 경제적 독립을 실현하자고 주장하
   고 있다: 그리고 경제적 독립은 社會的 生活의 意識이 갱신될 때 가능하다고 강조, 「經
   濟獨立이냐 知識向上이냐」, 『동아일보』1927. 10. 23. 婦人時評.

이라는 것이다. 즉 생산물이 생산자 자신인 노동자에게 귀의하는 시대가 오기 전에는 진정한 의미의 경제적 독립은 없다고 보고, 이 점이 부인문 제가 무산계급과 동일한 해결을 요하는 점이라고 강조하였다.[62]

이 입장에 서 있었던 사람들의 여성문제를 보는 시각은 앞서의 여권론 적인 것과는 상당한 차이를 드러내고 있었다. 이들은 당시 서구의 부르주 아 여성운동 즉 교육 및 직업의 자유, 참정권의 획득과 같은 것은 재래의 여권론적 여성운동이라고 정의하고, 새로운 부인운동은 무산계급여성이 주체가 되어 전개하는 참된 인류의 자유 · 평등을 실현하고자 하는 운동 이라고 강조하였다.[63]

Ⅴ. 여성해방론

1. 여성해방의 의미

당시 여성해방이란 무엇을 의미하였는가? 여성해방이란 용어는 언론 속에서 무수하게 다루어지고 있었는데 다양한 의미를 갖고서 쓰여졌다. 대체로 세 가지 관점으로 인식되었다.

---

62) 許貞淑, 「婦人運動과 婦人問題 硏究 - 朝鮮 女性 地位는 特殊」, 『동아』 1928. 1. 3~4. 조 선여성은 노동부인이건 농촌부인이건 모두 무산계급에 속한다고 강조하였다.
63) 李鵬坡, 「전환기에 임한 조선의 여성관」, 『신사회』 1926. 2월호, 38~39쪽. 특히 조선의 경우 자유주의적 여성운동이 성공할 만한 경제적 기초가 없다고 강조하고, 노동부인이 주 체가 되어서 나아가야 할 시점이라고 주장하였다: 박원희, 「부인운동이란 무엇인가 -그 대강에 대한 일반적 상식」, 『中外日報』 1926. 12. 19. 여성운동이 근본적 문제를 해결할 운동으로 나가야 한다고 강조.

첫째, 여성해방이란 여성들이 재래의 남성에 의한 노예적인 삶과 도덕에서 벗어나[64] 자유와 권리를 갖는 하나의 인격체가 되는 것이라는 관점이다. 즉 여성이 개인으로서의 각성과 인생으로서의 각성을 통해서 진정한 인격체−자유인이 된다는 것이다.[65]

　　諸君은 舊殼의 生産機的 生活을 脫하고 眞個生命을 유하는 自由의 人格者가 되며 각종의 의미의 奴隷的 노고를 면하고 因襲의 桎梏을 끊고 신생명의 소유자가 되어 諸君의 才能을 각방면에 발휘하며 諸君의 眞面目을 철저하게 露出할 것이다.[66]

　　婦女解放이란 무엇이냐? 滿天下 可憐한 婦人들이 역사상 사회상 種種 色色으로 壓迫과 束縛을 받아 남성의 附屬品 즉 奴隷된 것을 痛恨 蹶起하야 男性의 노리개적 지위에서 離脫하야 여성 자신의 사람적 地位를 회복하려는 여성대 남성의 反抗的 大革命運動을 謂함이라.[67]

이 관점에서는 여성이 남성의 지배, 남성의 노예상태에서 벗어나 개인으로서 각성하고 인생으로서 각성하는 것이 어떠한 다른 문제보다도 중요한 기본이 되는 것이라고 보고 있다. 그리하여 모든 여성해방운동은 여기에서 출발해야 한다는 것이다.[68]

---

64) 權九玄, 「女性運動의 一考察」, 『中外日報』 1927. 8. 30.
65) 「婦人問題의 槪觀」(1), 『동아일보』 1922. 6. 12. 이 글(1회~16회: 22년 7월4일까지)은 서구 부르주아 여성운동을 소개하고 있는데, 이는 生田長江 本間久雄의 저술 「社會問題12강」 중에서 수집 소개한 것이다. 여기에서는 부인의 문제로 新道德, 自由離婚, 參政權, 職業, 母性保護, 戰爭 등에 관한 것을 소개하고 있다.
66) 「朝鮮女子여 太陽에 面하여 立하라」 『동아일보』 1922. 1. 8.
67) 鄭春溪, 「婦女解放運動에 대하여」(1), 『조선일보』 1923. 8. 22.
68) 이러한 시각은 주로 1920년대 초반에 강조되었으나 社會主義者들의 경우에도 끊임없이 강조되었다. 許貞淑도 1926년 「新年과 女性運動」(『조선일보』 1926. 1. 3일자)이라는 글에서 "현재 조선사회가 資本主義가 그렇게 발달하지 못한 까닭으로 階級的 解放意識 보

특히 이 관점에서는 여성의 개인으로서의 각성, 인생으로서의 각성이 성적도덕에 대한 혁명적인 신도덕의 형성을 가져다 준다고 보았다. 그리고 그 구체적 내용으로 연애의 자유, 연애결혼, 자유이혼 등을 들었다.[69] 이 논리는 당시의 동양사회에 소개되었던 스웨덴의 엘렌 케이Ellen Key의 자유연애, 결혼론에 크게 영향을 받고 있었다.

엘렌 케이는 『戀愛와 結婚』·『小兒의 世紀』·『婦人運動』·『母性의 復興』 등의 저술을 통해 그의 연애관·결혼관·모성보호론을 피력하였다. 그녀는 연애는 영육일체의 것으로 인생에 정신적인 근본적인 것이라 보고 연애 중에 느끼는 행복이 사회적 행복을 구성하는 제일의 것이라고 생각하였다. 엘렌 케이는 "人間이 種族을 保全하는 어떤 다른 方法을 發見하기까지는 兩性關係는 疑心할 여지없이 地上에 대한 인생의 起源이다. 따라서 進化論的 見解로 말하면 兩性의 關係는 모든 인생의 向上에 대한 出發點이 되어야 한다. 그런 즉 性의 道德적 觀念을 人生의 向上에 대한 要求와 調和시키고 性의 全王國에 一個의 神聖을 溺漫케 하야 人生의 向上에 資하여야 한다"라는 인식에서 연애에 의하여 인생이 창조되는 경우에 인생은 시대가 지남에 따라 그 영혼을 확대하여 간다고 주장하였다. 그리고 이 연애론에 기초하여, "어떠한 結婚이든지 거기 戀愛가 있으면 그것은 道德이다. 가령 어떠한 法律上에 手續을 經한 結婚이라도 거기 戀愛가 없으면 그것은 不道德이다"는 결혼관을 제시하였다. 그리고 더 나아가 두 사람 사이에 연애가 없어진 경우 또는 두 사람 중 한 사람이 상대자에 대하여 연애를 잃어버린 경우, 두 사람 사이의 결혼생활은 무의미한 것

다도 個性으로서의 여성의 자기 地位를 覺醒하는 의식을 먼저 가져야 할 것입니다"고 하고 있다.

69) 신영숙(1986),「日帝下 新女性의 戀愛 結婚問題」,『韓國學報』제45집. 이 논문에서는 1920년대 30년대의 新女性들의 戀愛와 結婚에 대하여 다루고 있다.

이라고 보고 "어떤 法律이나 習慣이나를 물론하고 一方에 意志를 抑制하고라도 그 結婚生活을 계속한다는 것은 참말 無理不法이다"고 자유이혼론을 주장하였다.[70]

급진적이었던 엘렌 케이의 사상은 당시 여성해방론자들에 의해 수용되어 강조되었으나,[71] '여성의 人格體로서의 完成' 즉 여성해방을 모두가 엘렌 케이와 같은 자유연애 · 결혼 · 자유이혼 등의 관점에서 보지는 않았다.

그러나 구습에 의한 결혼제도 (조혼 · 중매결혼 등의 폐해) · 전통적인 가족제도가 여성을 속박하고 여성의 인격을 무시하여 여성의 불평등한 위치를 초래케 하였음으로 새로운 사회윤리 · 도덕을 창출해 나가야 한다는 데에는 당시의 언론들이 대체로 동의하고 있었다.[72] 물론 구체적

---

70) 「婦人問題의 槪觀」(2), 『동아일보』1922. 6. 14일자–(5), 1922. 6. 17일자까지 엘렌 케이의 연애와 결혼 자유이혼론을 자세히 피력하고 있다: 盧子泳, 「여성운동의 第一人者–엘렌케이」, 『開闢』제8호(1921. 2), 46~53쪽에서도 그의 생애와 사상에 대하여 자세히 다루고 있다. 스카이, 「여류사상가, 엘렌케이」, 『동아일보』1925. 3. 25: 「엘렌 케이여사」, 『동아』1926. 4. 29: 外觀生, 「女權運動의 어머니인 엘렌 케이 여사에 대하여」, 『新女性』제4권 6호(1926. 6), 36~37쪽.

71) 金麗生, 「女子解放의 意義」, 『동아일보』1920. 8. 17. 이 글에서는 우리 사회가 男女七歲不同席이라 하여 性的 交際를 막았는데 이것이 결혼생활 失敗의 根源이라 보고 戀愛의 自由를 주장하였다: 金元周, 「近來의 戀愛問題」, 『동아』1921. 2. 24. 우리 조선 사회에서는 父母의 뜻에 따라 結婚하므로서 남편과 아내가 모두 不幸한 結婚生活을 하고 있다. 그리하여 요즈음과 같이 여성들과의 접촉이 쉬워진 상황하에서 男性들의 戀愛事件이 많이 일어나고 있으며 많은 여성들이 소박을 맞고 있다고 지적하고 있다: 鄭春溪, 「婦女解放運動에 對하여」(9), 『조선일보』1923. 8. 30. 結婚은 二性의 合으로 萬福의 源인데 兩人의 戀愛가 무르녹으며 안 무르녹은 與否에 있을 것이다. 신흥우, 「家庭과 戀愛」, 『靑年』, 7~8쪽, 戀愛가 神聖한 결혼의 基礎條件이라고 하고 있다.

72) 滄海居士, 「家族制度의 側面觀」, 『開闢』제3호(1920. 8), 24쪽. 由來 家族道德은 婦人의 人格을 賤視하였다. 예를 들면 인격의 근본 의의되는 平等 自由의 觀念을 婦人으로부터 탈취하였다. 男尊女卑라는 固定觀念 속에서 여자들은 일종의 機械 일종의 奴隷로 취급되었다: 「自己로 사는 婦人」(2), 『동아일보』1920. 6. 22. 소위 賢母良妻主義 女子家庭中心說 등을 부인한다고 하며 올바른 家庭像을 확립할 것을 촉구하고 있다.

신도덕의 내용에 있어서는 상당한 관점의 차이가 존재하였다.

둘째, 여성해방이란 여성들이 남성과 동등한 권리와 지위를 획득함으로서 자기를 실현하는 것이라고 보는 관점이다. 즉 구체적으로 지적 능력 면에서, 생존권의 면에서, 정치적인 면에서 여성들도 남성과 동등한 권리와 이익을 획득하는 것이라고 보는 것이다. 이는 완벽한 것은 아니지만 서구여성들을 모델로 하여 여성문제를 풀어나가고자 하였던 인식이다.[73] 그리하여 당시의 언론들은 영국·미국·독일·프랑스 등의 나라에서 여성들이 자신들의 권익을 위하여 어떻게 격렬하게 투쟁하여 왔는가를 소개하고 있으며, 러시아는 "男性의 世界도 아니요, 女性의 世界도 아니요 男女同權의 新江山으로 化함에 至하였다"고 보고 있고, 스웨덴은 "女權國의 祖母다"고 극찬하고 있다.[74]

이 관점에서 무엇보다 중요시 하였던 권리가 지적 능력면에서의 것, 즉 교육상의 권리와 자유였다. 지식면에서 남성과 동등권을 갖기 위해서는 여성교육이 강화되어야 한다고 보았다.[75] 배우고서야 남녀동권·부인해방이 올 수 있다고 보고 부인해방의 첫걸음으로 교육을 통한 실력 양성을 강조하였다.[76]

---

73) 一記者, 「婦人問題의 槪觀」, 『동아일보』1922. 6. 12~6. 30: 鄭春溪, 「婦女解放運動에 對하여」, 『조선일보』1923. 8. 22~23: 天華散人, 「世界婦人運動의 史的考察」, 『조선일보』1929. 1. 1~1. 9: 鄭權, 「女權運動의 史的 考察」, 『조선일보』1929. 12. 4~12. 11.

74) 鄭春溪의 앞의 글(1923. 8. 23 일자): 「여성이 받는 壓迫」, 『조선일보』1926. 8. 24. 論說. 러시아에서는 制度上의 平等만 갖고서는 참으로 男女의 同權을 실현할 수 없다고 하여 더 한층 나아가서 女子를 男子보다도 더 保護하는 手段을 취하고 있다.

75) 敎育에서 同等權을 갖기 위해서 男女共同的敎育을 實施해야 하는데 이는 男女同校의 實行을 말함이다. 鄭春溪의 앞의 글(1923. 8. 28일자): 장응진, 「여자교육문제–여자도 개인으로 사회인으로 男子同樣敎育을 받아야 한다」, 『조선』1929. 1. 1.

76) 「自己로 사는 婦人」, 『동아』1920. 6. 23.여자들은 남자와 같이 동일한 생활을 그 질과 양에서 分有하여야 하다: 兪珏卿, 「나의 主義와 事業–배우고서야 해방과 동등이 있다」, 『시대일보』1924. 4. 1. 당시 조선여자기독교청년회 연합회장이었던 유각경은 男女同

女子解放의 第一步로 女子敎育을 主張하며 朝鮮社會의 幸福을 위하야 「외쪽文明」과 「외쪽發達」은 요컨대 不具의 狀態라 朝鮮의 완전한 幸福을 위하야 女子敎育을 主張하였으며 또 主張하노니[77]

이들은 당시 교육기관을 보면, 남자교육기관도 불완전하긴 하지만 여성교육기관은 그나마 제대로 없는 실정이다. 그리하여 다수의 여성이 교육의 함양을 받지 못하고 있다. 더욱이 현재는 남녀를 막론하고 개성을 가진 문명한 민중을 요구하고 있는데, 이처럼 여성교육이 결함이 많은 것은 사회의 내부적 불안을 배태하게 된다는 것이다.[78] 이런 상황에서 여성의 발전, 즉 국가·민족의 발전을 얻을 수 없으니 여성에게도 교육의 기회를 차별 없이 균등히 주어야 한다고 주장하였다.[79]

그리고 교육의 자유에 이어 강조한 것이 여성들의 사회적 진출, 직업문제였다. 즉 여성의 직업은 여성의 독립된 인간을 만들어 나가는데 필수적 조건일 뿐만 아니라 여성 자신의 생존권 문제 또 사회적인 위치와도 관련하여 중요한 문제라고 보았다. 이는 여성의 부자유는 바로 경제적인 독립력이 없었기 때문이므로, 여성의 실질적인 해방은 경제적 독립에 있다고 보는 시각이었다.[80] 그리하여 여성들도 남성중심의 사회경제질서에 균등

權이니 婦人解放이니 하고 떠들기 전에 먼저 實力을 養成해야 한다고 하고 교육을 위해 여자기숙사를 건립할 계획이며 우선 여자전용도서관을 건립하려한다고 하고 있다: 張應震, 「먼저 敎育問題를 解決함이 急務」, 『開闢』 4호, 29쪽: 「朝鮮女子여, 太陽에 面하여 立하라」, 『동아』 1922. 1. 8. 朝鮮 女性이 取할 바는 공부할 기회를 得하는 것이다.

77) 「朝鮮女子敎育會(上)－朝鮮에 感激이 有한가」, 『동아일보』 1921. 4. 4.
78) 「女性의 敎育的 解放을 爲하여－滿天下 同胞에게 다시 一言을 告함」, 『조선일보』 1924. 4. 4.
79) 金麗生, 「女子解放의 意義」(1)(2), 『동아일보』 1920. 8. 16~8. 17: 許英淑, 「婦人問題의 一面」, 『동아』 1926. 1. 4: 「女子를 위하여 專門學校를 세우라－朝鮮은 高等敎育 받은 女子를 要求한다」, 『동아』 1926. 2. 17: 「女子敎育의 普及과 樣相」, 『중외일보』 1929. 3. 27: 「女子敎育의 缺點」, 『동아일보』 1929. 9. 21: 「女性과 公益事業」, 『동아일보』 1929. 10. 11.
80) C.Y.생, 「寡婦解放論」, 『學之光』 1920. 7. 186~187쪽. 여성들의 不自由는 바로 經濟的

하게 참여하기 위해 직업을 가져야 한다고 보았다.[81] 여성 자신이 인격이 있음을 자각하고 지식이 상당한 바에는 공연히 규중에서 부속품노릇이나 할 것이 아니라 당연히 나서서 직업문제를 해결해야 한다고 하였다.[82]

또한 여성해방의 내용으로 참정권의 획득을 크게 강조하였다. 서구의 부르주아 여성들이 교육 · 직업의 문제를 거론하고 그에 관한 권익을 획득하기 위해 투쟁하는 과정에서 절실히 느끼게 되는 것이 정치적인 권익으로, 이에서 서구의 여성운동이 참정권 획득 운동으로 귀결되었다는 것을 면면히 증명해가며 강조하였다.[83] 그리하여 영국은 1918년 제한적인

獨立力이 없었던데 있었다고 지적하고 있다: 崔東昕, 「中國女子界를 보고 우리 女子界를 봄」, 『開闢』19호, 1922. 1. 59~60쪽: 중국여성들의 경우에 獨立生計의 주의를 貫徹하려고 實利的 事業을 실현하기에 노력하며 활동하였다고 강조하고, 우리여성들에게 각성을 촉구하고 있다: 李大偉, 「여성의 經濟的 獨立」, 『靑年』1922. 1월호, 9~10쪽. 여자는 결코 남자의 附屬物이 아니요. 남자와 同等한 인물로써 그네들도 實業界에 투신하야 經濟上 獨立으로 自由의 生活을 할 수 있다고 하고 있다: 一記者, 「離婚問題」, 『靑年』1922. 6월호, 24쪽. 여성이 사랑이 없는 생활, 奴隷的 生活에서 벗어나려면 經濟的 獨立을 이루어야 한다. 여자는 자기를 살려갈만한 職業이 있어야 한다: 김준연, 「남녀평등국과 불평등국」, 『별건곤』1927. 8. 113쪽.

81) 『동아일보』1927. 3. 7. 社說: 「婦人에게도 獨立이 必要」, 『중외일보』1929. 3. 25. 婦人의 地位는 더욱 財産의 所有形態와 밀접한 관계가 있다는 것을 인정해야한다고 주장하면서 여성도 남자 중심의 社會 經濟秩序에 均等하게 參與하여야 한다고 강조하고 있다: 「家庭婦人의 職業問題」, 『중외일보』1930. 3. 25. 社說.

82) 鄭春溪, 「婦女解放運動에 對하여」(8), 『조선일보』1923. 8. 29: 一記者, 「婦人問題의 槪觀」(12)(13), 『동아일보』1922. 6. 26~6. 27: 「여성이 받고 있는 압박」, 『조선일보』1926. 8. 24.여성의 억압을 직업문제로 풀어가자고 강조: 「婦人에게는 獨立이 必要」, 『中外日報』1929. 3. 25.

83) 一記者, 「婦人問題의 槪觀」(7)(8)(9)(10)(11), 『동아일보』1922. 6. 19~24: 天華山人, 「世界婦人運動의 史的 考察」(1)~(5), 『조선일보』1929. 1. 1~1. 9. 日本 中國에서의 參政權運動에 대해서도 소개하고 있다: 「日本婦人과 參政權」, 『동아일보』1926. 3. 1: 「日本의 婦人 參政權 問題」, 『중외일보』1928. 6. 21. 社說: 「中國女性運動槪觀」, 『중외일보』1928. 12. 4.

참정권 획득에 이어 1928년 3월에는 21세 이상의 여성이 선거권과 피선
거권을 획득하였으며,[84] 미국도 여성에게 참정권을 주는 등 서구의 여성
참정권 문제를 크게 다루었다. "民主主義가 政治史의 당연한 歸結이라고
한다면, 性的 平等이 文明史의 당연한 歸結이다"라고 하면서 우리 여성들
도 남성과의 동권 획득을 위해서는 정치적인 면에서의 지위와 권익을 획
득하여야 한다고 보고 여성계의 급선무 중의 하나가 참정의 권리와 의무
를 갖는 것이라고 하였다.[85]

> 第三은 女子參政權이외다. 벌써 歐美 각국에서는 實行하는 바이외다.
> 길게 論할 필요도 없을 듯 합니다. 자기네 잔뼈를 굵게 한 國土에서 그
> 의 幸福 다시 자기의 幸福에 增進을 위하야 반드시 그에 대한 權利 義務
> 가 있어야겠습니다. 만일 如此한 權利가 없다면 완전한 國民이라 못할
> 것이외다.[86]

특히 1920년대 초반의 분위기에서 서구의 예를 통해 참정권 획득운동
을 여성해방운동의 정형이라고 보는 시각이 많이 있었던 것을 볼 수 있
다. 그러나 이 시각을 우리 현실에 끌어들이는 데에는 입장의 차이가 있
었다. 한 경우는 우리 민족 현실에 대한 충분한 이해 없이 무조건 서구의
여성참정권 획득을 이상으로 보고 매진코자 하는 입장이었으며, 또 한 경
우는 민족 현실 속에서 여성의 정치참여를 주장하는 입장이었다. 이렇게
내부의 입장에 일정한 차이가 있긴 하였지만 여성들이 남성과 동등한 권
리와 지위를 획득하는 것이 여성해방이라고 보는 관점은 1920년대 초반
의 여성운동가들과 지식인 사회의 일반 인식이었다고 보인다.

---

84) 朴衡秉, 「最近 內外婦人運動槪觀」, 『朝鮮之光』 1928. 5월호.
85) 「婦人參政權－文明의 新生面」, 『동아일보』 1920. 8. 31.
86) 金麗生, 「女子解放의 意義」, 『동아일보』 1920. 8. 17.

셋째, 여성해방이란 기존의 구조 속에서 남성에 대항하여 여성의 이익과 지위를 획득하는 것만으로는 이루어지지 않고 여성을 억압하고 있는 사회 경제적 불평등을 초래하는 그 근본적 원인에서 벗어나는 것이라고 보는 시각이다.[87] 이는 단순히 남성의 억압에서 벗어나 자기실현을 하는 것이 여성의 진정한 해방은 아니라는 것으로, 사회구조 속에서 자유로워져 주체적 인간으로 설 때 진정한 해방이 이루어진다는 것이다. 여기에서는 여성문제가 남성과의 갈등구조 속에서만 나온 것으로 보는 시각에 대하여 극히 경계하고 인간 전체의 문제로 볼 것을 강조하고 있다.

따라서 이 시각에서는 여성들이 현실적으로 안고 있는 경제적 독립이라던가 생활에서의 불평등 등 몇몇 문제를 해결한다고 하여 여성해방이 이루어지는 것이 아니고 여성문제를 유발하는 사회 근본적 변혁에서만이 여성해방이 이루어진다고 보고 있다.[88] 즉 자본주의적 생활양식이

---

[87] 「女性解放運動에 대하여」, 『시대일보』 1924. 5. 16. 필자는 이 글에서 女性을 無産女性과 有産女性으로 구분하여 그들의 抑壓을 분석하고, 女性解放運動의 두 개의 조류로 하나는 남성에 대한 反抗만을 목표로 하여 男女의 平等과 戀愛의 自由와 參政權의 獲得을 주장하는 부르주아 중산계급 여성의 것이 있고 또 하나는 이 보다 일보 나아가 經濟的 社會的 생활에 대한 그러한 不平等이 緣由되는 그 기원을 교정하려는 無産女性의 것이 있다고 정리하고 있다. 그런데 여성 隷屬의 기원은 經濟的 동기에서 구할 수 있으므로 여성의 참다운 해방은 경제적으로 독립하는 것이고 경제적으로 독립하기 위하여는 사회적 生活의 樣式을 바꿀 수밖에 없다고 보고 있다.

[88] 「經濟獨立이냐 知識向上이냐」, 『동아일보』 1927. 10. 23. 여성문제를 해결하기 위하여는 私有財産制度를 해결함이 선결문제로, 經濟的 獨立이 女性解放의 근본조건이라 할 수 있는데 경제적 독립을 순전히 社會制度 하에서 法律上으로 財産權을 승인한다든지 또는 職業婦人으로서의 독립생활, 단순한 재산소유자로서의 독립생활을 의미한다면 이는 부인의 해방과는 아무런 관계가 없다고 강조하고 있다: 변희용, 「남녀투쟁의 사적 고찰」(1)~(3), 『동아일보』 1922. 1. 25~27. 양성의 진정한 평등을 실현하려면 먼저 그 불평등의 근원인 경제조직 (자본주의 경제조직)을 근본적으로 붕괴해야 한다고 강조: 박

근본적으로 變改되기 전에는 여성들이 그 예속의 지위에서 벗어나지 못한다고 강조하였다.[89]

그리하여 이들은 서구의 여성운동에 대하여 앞서의 논자들과는 다른 시각에서 정리하고 있다. 영국에서의 여성들의 참정권 획득에 대하여 부르주아들이 여성참정권운동세력에 극복되어서가 아니라 大戰으로 인하여 무수한 사람들이 희생되고 날도 왕성하여 가는 프롤레타리아세력의 항쟁에 대한 구급방침으로 1918년의 여자참정권을 실시한 것이라고 보고 있다. 또한 1928년의 참정권실시도 집권자들의 지위보존에 불과하다고 강조하였다.[90] 그리고 구라파의 부인운동은 최초 그 주력을 남녀동권이라는 방향에 경주하였지만 부르주아 사회에 있어서 남녀의 동권문제가 근본적으로 부인해방을 해결할 수 없었기에 오늘날 참으로 각성한 부인운동은 사회운동과 합류하고 있다고 하였다.[91]

이 같은 인식위에서 이들은 사상·정치·경제, 기타 모든 것으로 여성

원희, 「부인운동이란 무엇인가, 그 대강에 대한 일반적 상식」, 『중외일보』 1916. 12. 19. 금일의 여성운동은 서구여성운동과 같은 국부적 여성운동을 벗어나 근본적 문제를 해결할 운동이 되어야 한다고 강조.
89) 「經濟獨立이냐 知識向上이냐」, 『동아일보』 1927. 10. 23: 尹狂波, 「無産運動과 婦人運動」, 『동아일보』 1924. 12. 8. 앞으로 올 新社會에서는 婦人의 幸福을 약속할 수 있다고 강조하였다: 박원희, 「해방된 노서아 부인」, 『조선일보』 1926. 1. 1. 자본주의는 여성에게서 모든 것을 빼앗아 갔다: 『조선지광』 1927. 11. 자본주의 사회에서는 프롤레타리아가 부르주아의 지배를 받고 여성은 남성의 지배를 받는다.
90) 「英國의 女權運動」, 『조선일보』 1928. 3. 17. 社說. 서구사회의 참정권 획득이 여성해방을 의미하는 것은 아니라고 보고, 진정한 女子解放은 現社會制度의 根本的 改革이 없고는 도저히 실현할 수 없는 것이라고 강조하였다.
91) 廉惠淑, 「婦人과 社會」, 『조선일보』 1929. 2. 28. 여성해방은 남녀의 대립적 관계 속에서 풀어낼 수 있는 문제가 아니고 사회총체적 구조 속에서만이 해결할 수 있다고 보는 시각이다: 이익상, 「부인 노동자와 회견기」, 『별건곤』 1926. 11. 52쪽. 한 일본 여성운동가가 처음 참정권운동에 참여하였으나 궁극적으로 무산대중의 해방운동으로 나아간 것을 소개하고 있다.

을 농락하고 여성을 노예시하는 현 자본주의가 존속되는 한 완전한 여성
해방은 오지 않는다고 보고[92] 여성의 진실한 해방은 무산계급이 힘을 잡
게 될 때 온다고 강조하였다. 그러므로 여성운동은 사회운동, 즉 같은 노
예상태에 있는 무산계급의 해방운동과 일치된다고 보았다.[93]

> 사실로 女性의 진실한 解放 그것은 無産階級이 힘을 잡게 되는 날에
> 야 완전한 그 해방이 올 것입니다……그럼으로 女性運動의 마지막은 社
> 會運動 즉 같은 奴隷의 지위에 있어 어떠한 방면으로든지 搾取와 壓迫
> 을 당하는 無産階級의 解放運動과 일치될 것입니다.[94]

2. 여성해방운동론

여성억압에 관한 분석과 여성해방의 의미에서 본 바와 같이 1920년대

---

92) 山川菊榮,「東洋婦人의 解放」,『동아일보』1925. 1. 3. 자본가가 부인을 이용하는 것은
결코 부인을 해방하려는 것이 아니고 돈 모을 수단으로 삼는 것이다: 尹光波,「無産運動
과 부인운동」,『동아일보』1924. 12. 8. 성적 착취와 경제적 착취는 밀접한 연관을 갖는
것으로 경제적 착취의 산물인 계급제도가 성적 착취의 근본원인이라고 지적하고, 자본
주의 사회에서 여성들이 어떻게 구체적으로 억압받고 있는가를 열거한 다음, 자본주의
사회에서 벗어나 신사회로 나아가야 한다고 주장하고 있다 :「經濟的독립이냐 知識향
상이냐」,『동아일보』1927. 10. 23. 부녀의 지위를 해결함에는 현재의 私有財産制度를
해결함이 先決問題라고 보고 이러한 의미에서의 經濟的 獨立이라면 婦人解放의 根本條
件이라고 강조함.
93)「女性解放運動에 대하여」,『시대일보』1924. 5. 16. 資本主義的 生活樣式이 근본적으로
變改되기 전에는 여성들이 그 隸屬의 지위에서 벗어나지 못한다. 이는 女性에만 한정되
는 것이 아니고 無産階級의 남성에게도 마찬가지라고 주장하고 있다: 尹狂波,「無産運
動과 婦人運動」,『동아일보』1924. 12. 8. 부르주아사회에서의 남녀동권으로 여성해방
이 이루어질 수 없다고 느낄 때 자연히 여성운동은 무산자들과 손을 잡을 수밖에 없다
고 강조: 山川菊榮,「東洋婦人의 解放」,『동아일보』1925. 1. 3. 일본과 조선의 구분 없이
남녀무산자의 이해가 일치한다.
94) 許貞淑,「新年과 女性運動」,『조선일보』1926. 1. 3.

의 여성해방론은 다양하게 논의되었다. 여기에서는 그와 궤를 같이 하는 여성해방운동론을 고찰하여 봄으로써 1920년대 여성해방론의 성격을 좀 더 분명히 밝히고자 하는데 운동론 역시 크게 세 가지 입장으로 분류된다.

첫째, 여권론적 여성운동론(부르주아적 여권운동론)을 들 수 있다.[95] 이는 개화기 때부터 그 싹을 찾아볼 수 있는 것으로 사회주의사상이 수용되기 이전 1920년대 초반에 활발히 논의되기 시작하였다. 이 운동론은 서구의 여성운동을 이상적인 것으로 생각하고 그것을 모델로 하여 운동을 전개하고자 하였다.

이 운동론에서 가장 강조한 것은 봉건제도의 타파였다. 기존의 가치관과 제도 즉 전통적 도덕 · 윤리 그리고 가족제도 · 결혼제도 등이 여성을 억압하는 장본인이라고 보고 여기에서 벗어나야 여성이 인간답게 살 수 있다는 것이다. 그리하여 그것을 타파하고 그에 대한 대안으로서 새로운 가정윤리의 확립, 연애적 가정의 조성, 사회활동의 원동력으로서의 건전한 가정의 조성 등을 요구하며 가정 내에서의 육아 · 경제 · 위생문제 · 의복개량 등 생활개량도 강조하였다.[96]

또한 이 논의에서는 여성의 억압과 불평등이 여성 자신의 무지와 비각성에도 그 원인이 있다고 보아 여성의 교양 · 지식 보급과 여성 자신의 각성을 중요시하였다. 그리하여 여성들의 무지를 해소하고 또 여성을 각성시키기 위해 여성교육을 실시하고 계몽강연 · 야학 등을 통하여 일반 여성을 대상으로 한 계몽운동을 하였다.[97]

---

95) 주 11)참조.
96) 주 47)~50), 72)참조:「가정과 연애」,『청년』1922. 6월호, 7~24쪽:「유아양육과 부인」,
   『동아일보』 1921. 3. 4:「긴급한 위생문제」,『동아일보』 1921. 4. 3:「육아법의 개량」,
   『동아일보』 1921. 4. 7:「가정의 개조」,『조선일보』 1927. 7. 29. 사설:「가족제도를 개
   혁하자」,『동아일보』 1924. 3. 19.
97) 주 52)~55), 65), 75)~79) 참조.

그리고 나아가 여성들이 경제적 · 정치적 지위를 찾아야만 한다고 주장하여 여성들의 직업문제와 참정권 획득 등의 문제를 주요 과제로 거론하였다. 여기에서 여성의 경제적 지위 확보는 근본적 체제의 변화 속에서 추구된 것이 아니라 기존의 사회구조 속에서 여성들의 사회진출을 인정하고 직업을 갖음으로서 경제적 독립을 가능하게 한다는 시각이다. 참정권의 획득 역시 서구 여성운동을 모델로 하여 그들이 당시 쟁취해낸 참정권을 획득하자는 것이었다.[98]

이같이 몇 가지 점에 강조점을 두었던 여권론적 여성운동론은 근본적으로 여성문제를 남성 대 여성의 성적 대립관계로 보고 있다. 여성의 억압 원인을 남성주의와 가부장제도에서 비롯되었다고 본다. 그리하여 여기에서는 여성들의 다양한 입장을 구체화시키기 보다는 남성과 대립한 한 전체로서의 여성만을 내세우고 있다. 즉 일체의 계급적 차별을 초월하여 오직 부인이기 때문에 부인끼리만 단결하여 여자들의 별개의 사회와 정치계를 건설하자고 하고 있다. 이 논의에서는 자연히 계급문제는 관심의 대상이 되지 못하고 있다. 따라서 운동의 주체는 전체여성이라고 하고 있으나 자연히 당시 교육받은 여성들이 되고 있고 다른 여성들은 계몽의 대상이 되고 있다.

이 운동론은 식민지 여성이 안고 있었던 많은 문제 중 봉건모순의 타파와 여권의 신장에 대하여는 크게 강조하고 있으나 계급모순에 대하여는 인식하지 못한 채 여성주의적 시각에 머물고 있다. 이 운동론에 따랐던 단체들은 여자청년회 · 기독교여자청년회 · 부인회 등 계몽단체와 종교단체들이었다.

둘째, 사회주의자들의 여성해방운동론이다. 이 논의는 사회주의사상

---

98) 주 58)~59), 73)~74), 80)~86) 참조.

이 우리 사회에 들어오면서 비롯된 것으로, 부르주아적 여권운동론과는 달리 서구의 여성운동의 한계를 지적하고 사회주의 혁명을 추진코자 하는 나라들의 여성해방운동을 이상적인 것으로 보고 있다. 이 운동론에서는 여성문제를 사회구조적인 경제체제의 변화 속에서 파악하고 있다. 즉 경제체제의 변화 속에서 여성의 현실적 위치가 결정되었다고 보았다.[99] 따라서 여성이 해방되기 위해서는 여성문제를 유발한 근본적 원인인 현재의 경제제도의 틀, 자본주의적 생활양식이 근본적으로 바뀌어야만 한다고 보았다.[100]

여기에서는 여성문제를 단선적이 아니고 계급적으로 구분하여 파악하였다. 여성 전체를 하나로 뭉뚱그려 보지 않고 여성의 삶과 고통을 계급에 따라 다른 성격과 질을 가진 것으로 파악하였다. 그리하여 현재의 경제체제인 자본주의 제도 하에서는 무산부인의 특수한 고통에 주목하고 여성문제의 중심을 여기에 두려고 하였으며 여성해방운동의 주체로서 무산계급의 여성을 주목하였다. 즉 대부분의 여성을 차지하는 이들이 해방될 때 여성문제는 해결된다고 보고 무산여성이 운동의 주체가 되어야 한다고 강조하였다.[101]

따라서 여성해방운동은 남성에 대한 투쟁이어서는 안된다고 경고하고 사회운동—무산계급의 해방운동과 합류하여야 한다고 강조하였다. 그러면 현실 속에서 구체적으로 어떤 운동을 해 나갈 것인가? 크게는 여타의 사회주의단체들과 입장을 같이 하면서 무산계급 여성문제 특히 노동부인에 관심을 두고 문제를 해결해 나가려고 하였다.[102]

---

99) 주 41)~43) 참조.
100) 주 62)~63), 89), 92) 참조.
101) 주 91), 93) 참조.
102) 주 91), 93)~94) 참조. 부인운동은 필연적으로 무산계급의 해방과 절실한 관계를 가지게

이러한 운동론의 대표적 단체가 조선여성동우회인데, 이의 활동상을 보면 여성노동자층에 깊은 관심을 갖고 여성부를 확장하고자 하는 인천노동총동맹회의 요청에 응해 간부인 주세죽을 여자상무위원의 직책을 맡도록 파견한 것이라든지, 노동부인 위안음악회를 열고 노동 야학을 기획하기도 하였다.[103] 조선여성동우회는 주로 선전활동에 힘을 기울였고 연구반을 조직해 자체 이론학습을 해가면서 조선여성이 처해 있는 현실을 알고자 통계 작성을 계획하고 여성들의 생활고를 덜어주기 위해 여성직업조합을 설립하기도 하였다. 또한 1925년부터는 매년 국제무산부인데이(3월8일) 기념행사를 개최하려 하였으나 일제에 의해 번번이 금지를 당하였다.[104]

그러나 사회주의 여성단체들이 당시 압도적 다수를 차지하는 농촌여성의 문제에 실천적으로 눈을 돌리고 않고 오로지 노동부인에 대해서만 관심을 갖고 이들을 중심으로만 여성문제를 풀어가려고 했던 것은 식민지 조선사회의 현실을 올바로 파악한 것이 아니었다. 그리고 당시 사회주의 여성단체들은 대체로 대중단체라기 보다는 선진적 활동가들의 사상단체에 가까워 우리의 현실적 조건 속에서 여성노동자 대중의 입장을 대변하기 보다는 원칙적 사상을 수용하여 적용하는데 급급하였다.

이러한 사회주의단체로는 조선여성동우회 이외에 여성해방동맹 · 경성여자청년동맹 · 경성여자청년회 등이 있었으며, 지방에는 50여개의 단체가 설립된 것으로 추정된다.

셋째, 근우회의 여성해방운동론이다. 이는 기본적으로 사회주의 여성해방운동론에 부르주아적 여권운동론을 보완한 것으로 특히 조선의 특수한

<hr>

된다. 즉 무산계급운동의 일분파로 관철하여 발달시키자: 「國際婦人日」, 『조선일보』 1927. 3. 7.

103) 주 11)~12) 참조.
104) 한국여성사 연구회(1992), 『한국여성사-근대편』, 풀빛, 141쪽.

사정이 강조되었다.[105] 당시 사회주의 여성운동측이 민족진영과 협동을 결정하게 된 데는 스스로의 절박한 내적인 요구들이 추동력으로 작용했다. 먼저 그간의 실천경험을 통해 조선 여성의 특수성에 맞는 여성해방론을 모색하지 않으면 안 된다는 인식이 확산되어 있었다. 사회주의단체들은 노동계급여성을 중심으로 계급해방과 여성해방을 통일적으로 인식하고 있었는데, 실제 당시는 여성노동자층의 형성이 지극히 미미하고 1천만 여성의 절대 다수가 농촌가정부인이었기에 또한 다른 나라에 비해 봉건잔재가 그대로 남아 있고 그로 인해 여성의 의식상태가 지극히 낮은 단계에 있는 조건상 방법을 전환하지 않을 수 없었다.[106] 즉 봉건적 억압의 타파문제─반봉건의 문제에 시선을 돌리지 않을 수 없었고 여성들만의 대중조직을 별도로 만들어[107] 여성대중을 각성시키고 그를 통해 여성대중을 반제 · 반봉건의 협동전선운동에 묶어세울 필요가 있었다.[108]

이러한 근우회의 여성해방운동론은 행동강령에서 잘 드러난다. 창립

---

105) 「여자운동선에도 방향전환의 필요성」, 『동아일보』 1927. 4. 21. 우리나라에서 남녀평등에 대한 여자운동이 미처 힘있게 전국적으로 일어나기 전에 무산계급 해방을 요구하는 여자운동이 일어나 그 각 운동이 편협하게 국한되었다고 지적하고, 이 두 운동은 밀접한 관계를 갖고 있으므로 우리나라와 같은 봉건사회제도가 완전히 개혁되지 못하고 있는 현 사회제도 속에서는 운동이 먼저 성적해방에서 계급해방으로 이어져야 한다고 주장하였다.

106) 허정숙, 「신년과 여성운동」, 『조선일보』 1926. 1. 3. 현 단계 조선은 자본주의가 그렇게 발달하지 못하였으므로 계급적 해방의식보다는 개성으로서의 여성의 지위를 각성하는 것이 바람직하다. 여성운동의 주체로 가정부인, 신여성, 여학생 등을 강조하였다.

107) 「근우회에 대하야」, 『동아일보』 1927. 4. 30. 사설. 부인의 해방운동은 민족운동과 무산계급운동 속에 포함할 수 있으나 그것은 따로 성립할 필요가 있다고 강조: 「근우회의 창립」, 『조선일보』 1927. 5. 27: 황신덕, 「1927년 여성해방의 회고」, 『조선일보』 1928. 1. 1.

108) 나날이 증가해가는 모든 여성층의 불만을 잘 인도하는 것이 당면한 근우회의 최대임무라고 강조하였다(『조선지광』 1927. 11): D.H.W., 「조선부녀운동의 전망」(1), 『조선일보』 1929. 1. 1. 근우회가 대중단체로서의 역할을 못해내고 있다고 비판하고 있다.

시의 행동강령을 보면, (1)여성에 대한 사회적 법률적 일체 차별철폐, (2)일체 봉건적 인습과 미신타파, (3)조혼폐지 및 결혼의 자유, (4)인신매매 및 공창 폐지, (5)농민부인의 경제적 이익 옹호, (6)부인노동자의 임금차별 철폐 및 산전산후 임금 지불, (7)부인 및 소년노동자의 위험노동 및 야업 폐지 등을 제시하고 있다.

그리고 1929년 전국대회에서 교육의 성적 차별 철폐 및 여자의 보통교육 확장, 언론·출판·결사의 자유, 그리고 노동자·농민 의료기관 및 탁아소 제정 확립 등의 3개항이 추가되고 제(1)항이 여성에 대한 사회적·법률적·정치적 일체 차별 철폐로 바뀌었으며 제(3)항에 이혼의 자유가 추가되고 제(6)항이 산전 4주간 산후 6주간의 휴양과 그 임금지불로 확대 강화되었다. 기존의 사회주의 단체들이 끌어안지 않았던 반봉건의 과제가 구체적으로 명확히 정리되어 제시되었던 것이다. 반제의 경우 1928년 전국대회 의안에서 제기한 (1)조선여성은 민족운동의 유력한 부대가 되자, (2)전민족의 생존권을 확보하자, (3)조선민족운동의 통일전선을 굳게 결성하자, (4)신간회를 적극적으로 지지하자, (5)전쟁의 반대 등의 내용에서 분명히 제시되었다.[109)]

근우회는 여성계몽운동을 그 활동방법으로 채택하였다. 이는 여성대중의 의식수준이 극히 낙후된 현실에서 직접적으로 정치투쟁에 나서기보다는 계몽운동을 통해 그들의 의식수준을 끌어올리는데 먼저 힘써야 한다는 입장이었다. 이는 단순한 계몽이 아니라 이를 기반으로 여성들의 정치의식을 제고시키고 대중에 뿌리박은 조직을 이루어 내어 조직화된 힘으로 정치투쟁에 나아가고자 한 것이었다. 이는 바로 사회주의 여성운동의 경험 속에서 얻어낸 것으로 조선의 특수사정이 반영된 논의였다.

---

109) 남화숙(1989), 앞의 글. 송연옥(1981), 앞의 글.

VI. 맺음말

1920년대는 사회적 분위기와 또한 여성 자신들의 성숙과 관련하여 최초로 여성문제에 대한 접근이 분석적으로 이루어지고 이를 토대로 운동을 전개하였던 시기였다.

당시 여성문제 본질에 대한 인식을 보면 기본적으로 여성을 억압받는 존재로 인식하고 있었다. 無權利의 노예적 삶과 도덕 속에서 살아온 존재로 인식하였을 뿐만 아니라 나아가 사회제도적 차원에서의 억압상이 강조되기 시작하였다. 이때 와서 특이하게 나타난 것은 여성의 현실이 단순히 남성의 억압에 의해 이루어진 것이 아니라 사회경제적 구조의 변화 과정 속에서 이루어졌다고 보는 시각을 갖게 된 점이다.

이런 기본 인식 아래 당시 여성억압에 대한 분석을 보면, 무엇보다도 먼저 기존의 전통적 가치관과 제도 즉 전통적 도덕 · 윤리 · 가족제도 등이 여성을 억압하는 장본인이라고 보고 있다. 그리고 여성 자신의 인간으로서의 각성이 부족한데서 그 원인을 찾고 있다. 또 정치 · 경제 · 법률 등 사회제도 면에서의 불평등한 조건이 여성을 억압하고 있다고 강조하였다. 이때 가장 새롭게 제시된 분석은 여성을 억압하는 장본인이 바로 자본주의 사회경제구조라고 보는 것이었다.

위와 같은 억압 속에서 여성해방이란 과연 무엇을 의미하는가? 첫째, 여성들이 재래의 남성에 의한 노예적 삶과 도덕에서 벗어나 자유와 권리를 갖는 하나의 인격체가 되는 것이라는 관점이다. 둘째, 여성들이 남성과 동등한 권리와 지위를 획득함으로서 자기를 실현하는 것이라고 보는 관점이다. 셋째, 여성을 억압하고 있는 사회 경제적 불평등을 초래하는 그 근본적 원인에서 벗어나는 것이라고 보는 시각으로, 그 원인은 자본주의 경제체제에 있으므로 거기에서 벗어날 때 비로소 여성이 해방된다고 강조하였다.

이러한 기본인식, 억압 원인의 분석, 여성해방의 의미 등을 근거로 당시의 여성해방운동론은 시대의 흐름과 같이 부르주아적 여권운동론과 사회주의 여성해방론, 근우회의 여성해방론 등으로 제시되었다. 1920년대 초반만하더라도 여성문제를 남성 대 여성의 성적 대립관계로 파악하고 서구의 여권론적 여성운동을 이상으로 하여 봉건제도 타파, 여성의 각성, 여권의 신장을 超階級的으로 주장한 부르주아적 여권운동론이 주도하였다. 그러나 사회주의사상의 수용과 풍미로 사정은 달라졌다. 사회주의 여성해방론에서는 여성이 해방되기 위해서는 현재의 경제제도의 틀, 자본주의적 생활양식이 근본적으로 바뀌어야 한다고 보고 이에 무산계급 여성이 주체가 되어 운동을 전개하여야 한다고 주장하였다. 이에서는 무산여성, 특히 노동여성에 중점을 두고 문제를 해결해 나가려고 하였다. 그러나 이 역시 조선의 현실을 제대로 반영하지 못한 사상의 직수입적인 것일 뿐이라는 반성 아래 여성해방 · 민족해방 · 계급해방 등을 목표로 조선의 현실을 반영한 반봉건 · 반제 운동을 펴 나가고자한 근우회의 여성해방론이 등장하였다.

이처럼 1920년대에 와서 여성문제가 본격적으로 거론되고, 이것이 해결되어야만 조선의 문제가 해결될 수 있다는 공감대를 얻어내려고 하면서, 비로소 여성문제가 노동 · 농민 · 청년 등의 문제와 같이 사회의 중요 문제로서 부상되었다.

그러나 여기에서 한번 짚어 보아야 할 것이 과연 1920년대의 여성해방론이 당시의 여성문제를 잘 대변해주었는가 하는 점이다. 식민지적 조건 속에서 여전히 봉건적 존재 속에서 살아가고 있었던 조선 여성의 문제 즉 봉건모순·계급모순·민족모순 등의 해결을 위해 잘 대변하고 구체적 대응책을 제시하였는가? 그리고 그것이 대중성을 확보하여 일반여성들을 그 속에 끌어들일 수 있었는가?

부르주아 여권운동론의 경우에는 여성문제를 구조적으로 파악하지 못함으로 하여 여성주의 시각에 머무르게 되고 남성측의 입장에서 볼 때는 배운 여성들의 여성 이기주의로 보이는 면까지 있었으나, 봉건제도 타파의 면에서는 계몽운동을 통하여 여성의식을 바꾸는데 일조를 하였다. 사회주의 여성해방론의 경우는 여성문제의 분석에서는 올바른 지표를 제시하였으나 조선의 현실을 감안하지 않은 채 오로지 계급모순만을 강조함으로써 그 대중성을 확보하는데 한계를 가졌다. 비로소 근우회에 이르러 조선여성의 현실에 맞는 여성해방론을 제시하였다고 할 수 있다. 그리하여 근우회의 경우에는 광범한 여성을 끌어들일 수 있는 대중단체로서의 면모를 갖추게 되었다.

(『부산사학』 제25·26합집, 1994년 5월, 부산사학회)

❏제5장 참고문헌❏

사료

『開闢』제3호(1920. 8), 제4호(1920. 10), 제8호(1921. 3), 19호 (1922. 1). 1926. 3.

『동아일보』1920, 1921, 1922, 1924, 1925, 1926, 1927, 1928, 1929.

『別乾坤』1926. 11, 1927. 8, 1929. 2월호.

『시대일보』1924, 1925, 1926, 1927.

『신사회』1926. 2월호.

『신생』1928. 11월호.

『新女性』2권 3호(1924. 3), 2권 10호(1924. 10), 3권 1호(1925. 1), 3권 2호 (1925. 2), 3권 6호(1925. 6~7), 4권 2호(1926. 2), 4권 6호(1926. 6), 4권10 호(1926. 10).

『조선일보』1920, 1923, 1924, 1925, 1926, 1927, 1928, 1929.

『朝鮮之光』1927. 11, 1928. 1, 1928. 5.

『중외일보』1926, 1927, 1928, 1929, 1930.

『靑年』1922. 1월, 1922. 6월, 1927. 3월.

『學之光』1920. 7.

『現代評論』1927. 2월호~6월호.

단행본

京畿道 警察部(1925),『治安槪況』.

朝鮮總督府警務局(1922),『朝鮮治安狀況』.

강만길(1987),『日帝時代 貧民生活史 硏究』, 창작사.

박용옥(1984),『한국여성운동사 연구』, 한국정신문화연구원.

한국여성연구회(편)(1992),『한국여성사-근대편』, 풀빛.

학술논문 및 기타

강인순(1988),「식민지시대의 여성운동에 관한 소고」,『加羅文化』제6집.

堀和生(1983),「일제하 조선에 있어서 식민농업정책」,『한국근대 경제사연구』, 사계절.

김정희(1984),「韓末 日帝下 女性運動 硏究」, 효성여대 석사학위논문.

남화숙(1989),「1920년대 女性運動에서의 協同戰線論과 槿友會」, 서울대학교 석사학위청구논문.

羅瓊喜(1987),「日帝下 韓國新聞에 나타난 女性運動觀-東亞日報와 朝鮮日報의 社說內容을 中心으로-」, 고려대 교육대학원 학위논문.

박용옥(1987),「槿友會의 여성운동과 民族運動」,『韓國近代民族主義運動史硏究』, 일조각.

박용옥(1987),「槿友會의 組織과 活動」,『韓國民族運動과 新幹會』(신간회 창립 60주년 기념학술회의 발제문).

송연옥(1981),「1920년대 朝鮮女性運動과 그 思想-槿友會를 中心으로-」,『韓國近代社會와 思想』, 중원문화사.

신영숙(1978),「槿友會에 관한 硏究」, 이화여대 석사학위논문.

신영숙(1986),「日帝下 新女性의 戀愛 結婚問題」,『韓國學報』제45집.

양애리(1982),「槿友會에 관한 一考察-1920년대의 女性團體와의 關係를 중심으로-」, 성신여대 석사학위논문.

오숙희(1988),「韓國女性運動에 관한 硏究-1920년대를 중심으로-」, 이화여대 여성학과.

李玉鎭(1979),「女性雜誌를 통해본 女權伸張-1906년부터 1929년까지를 중심

으로ㅡ」, 이화여대 석사학위 청구논문.

이윤희(1975), 「韓國女性運動의 性格에 관한 연구」, 경희대학교 석사학위논문.

이효재(1977), 「日帝下의 韓國女性勞動問題」, 『韓國近代史論』 3, 지식산업사.

이효재(1989), 「日帝下의 韓國女性 勞動狀況과 勞動運動」, 『한국의 여성운동』, 정우사.

鄭世絃(1972), 「槿友會組織의 硏究」, 『亞細亞女性硏究』 11집.

정창균(1974), 「日帝下 女性運動에 관한 硏究ㅡ1920년대를 중심으로ㅡ」, 중앙대학교 석사학위논문.

최숙경(1980), 「한말여성해방사상의 성립」, 『한국사학』 1, 한국정신문화연구원 사학연구실.

최숙경(1983), 「한말 여성해방이론의 전개와 그 한계점 」, 『한국문화연구원논총』, 이화여자대학교.

최숙경 · 정세화(1976), 「개화기 한국여성의 근대의식형성」, 『논총』 28, 이대 한국문화연구원.

河合和男(1983), 「産米增殖計劃과 植民地 農業의 展開」, 『한국근대 경제사연구』.

제6장 부산지역 신지식층 여성들의 등장과 단체 활동
─1920년대 여자청년회 활동을 중심으로─

I. 머리말

한국 사회에서 신지식층 여성들은 근대교육의 전개과정에서 등장하였는데, 이들은 이를 계기로 자아에 대해 인식하기 시작하고, 자신의 사회적 성취를 추구하며, 또한 현모양처 이데올로기와 자기 성취 사이에서 고민하는 등의 문제에 직면하였다. 그러면서도 크게는 민족문제에도 관심을 가질 수밖에 없었다.

때문에 초기 신지식층 여성들은 자연히 여성문제들에 대해 고민하면서, 식민지적 상황에 놓여 있는 민족의 문제를 여성의 문제와 동일시하고, 이러한 여성문제·민족문제를 해결하기 위해 많은 단체를 조직하고 활동을 전개하였다.

한국여성들의 여성단체 설립은 1898년 찬양회의 창립으로 시작되었다. 이는 당시 자아를 인식하고 자신들의 문제를 해결하고자 하였던 여성들에 의해 설립되었는데, 여성들은 조선의 여권운동의 최대 목표는 교육받을 권리에 있으며 이 목표를 달성하기 위해서는 먼저 여학교를 설립하여야 한다고 믿고, 여학교 설립을 추진하기 위한 우리나라 최초의 여성단체 찬양회를 설립하였던 것이다.

부산지역의 경우는 신지식층 여성들의 형성이 서울에 비하여 늦었다. 그것은 지역이라는 점 때문에 여성교육이 늦게 시작되었고, 또한 여성교육의 내용이 풍부하지 못한 때문이었다. 따라서 여성들의 각성이 늦어지고, 여성단체의 설립과 활동도 자연히 더뎌졌다.

부산지역 여성들의 단체 활동은 1907년 국채보상운동 시, 보상소를 설립하여 의연금을 거두었던 것이 그 시발점이 되었다. 그리고 1916년 독립운동가의 가족을 돕고자 활동하였던 비밀결사 송죽회 지회의 활동이 있었으며, 3ㆍ1운동 이후에는 독립운동 자금 모집과 독립투사를 돕고자 대한민국애국부인회 지회가 부산에도 설립되었다.

그러나 이러한 단체들은 민족문제 해결을 목적으로 한 것들이었다. 즉 당시의 상황 속에서 민족이 우선되었던 운동으로 여성운동이라기보다는 여성 민족운동이라고 칭할 수밖에 없었다. 아직 여성운동은 독자적 위치를 확보하지 못하고 민족운동에 흡수되어 전개되었다. 1919년 3ㆍ1운동을 계기로 여성들의 자아에 대한 각성이 고조되고 사회 전반적 상황이 바뀌면서, 특히 신지식층 여성들이 등장하여, 부산지역 여성들이 주체가 되어 여성을 위한 여성들만으로 구성된 조직을 설립하기 시작하였다.

본 연구에서는 1920년대 부산지역에서의 신지식층 여성들의 등장과 단체 활동을 여자청년회(1921년~1927년)를 중심으로 살펴보고자 한다. 지역 신지식층 여성의 등장은 전국의 상황과 괘를 같이하면서 한편 그 지역 여성의 특성을 일정하게 갖는다. 여자청년회는 부산지역의 진정한 최초의 여성단체로서 여성들의 문제를 또한 지역 여성의 문제를 인식하고 이를 해결해 나가기 위하여 노력하였다. 이 단체의 설립과 활동을 살펴볼 때 부산지역의 신지식층 여성들이 여자청년회를 통하여 무엇을 얻고자 하였는가를 알 수 있을 것이고 '최초의 여성단체'인 여자청년회의 위상이 드러날 것이다. 즉 신지식층 여성의 정체성과 그 단체의 성격이 명백히 나타날 것이다.

이를 위해 먼저 신지식층 여성들의 형성과 활동의 배경을 보고, 이들의 여자청년회 설립 목적은 무엇이었으며, 그리고 단체 활동의 구체적 내용은 무엇이었는가, 또한 시대적 변화 속에서 신지식층 여성들의 변화와 여자청년회의 변화를 보려 한다. 그리고 그것의 역사적 의미와 한계도 살펴보려 한다.

II. 신지식층 여성의 등장과 활동의 배경

1. 근대 여성교육과 기독교

1) 근대 여성교육의 등장과 기독교

우리나라에서 근대적 여성교육에 대한 관심은 개화기 국민계몽과 개발을 위한 교육을 강조하면서 비롯되었다. 전통적인 여성 교육관을 대신해 여성에게도 교육을 실시하여 개화 자강을 실시하자고 주장한 것은 선진적 개화 사상가들이었다.[1]

---

1) 박영효(1888), 「개화상소」, 『근대 한국 명논설집』(신동아 1966년 1월호 부록), 10쪽: 유길준(1895), 제12편, 제15편, 『서유견문』: 『독립신문』 1896년 4월 21일, 9월 5일 논설, 5

1905년에서 1910년 사이 여성교육론은 사회진화론적 시대인식을 바탕으로 한 실력양성론의 맥락에서 제기되었다. 계몽사상가들은 지금 우리나라가 국권을 빼앗기고 민이 위기에 처하게 된 원인을 궁극적으로 분석해 보면 여자를 교육시키지 않아 현세계의 신문화를 받아들이지 못하고 개명 진보에 이르지 못하였던 점에도 그 원인이 있었다고 인식하고, 나라와 민을 구하기 위해서는 무엇보다도 급선무가 여성교육임을 강조하였다.[2]

그러나 이러한 여성교육론조차도 펼 수 있는 장은 많지 않았다. 1906년에 서울에 進明女學校(4월), 明新女學校(5월), 養奎義塾(7월) 등이 설립될 때까지 1898년 찬양회가 설립한 순성학교를 제외하고는 모두가 선교사들에 의하여 세워진 학교들이었다.[3]

기독교 교육기관으로 이화학당(감리회, 서울, 1886), 정의여학교(감리회, 평양, 1895), 정신여학교(장로회, 서울, 1895), 일신여학교(장로회, 부산, 1895) 등이 설립 운영되었고, 그 후 영화여학교(감리회, 인천, 1898), 배화여학교(감리회, 서울, 1898), 숭의여학교(장로회, 평양, 1903), 루씨여학교(감리회, 원산, 1903), 정명여학교(장로회, 목포, 1903), 호수돈여학교(남감리교파, 개성, 1904), 진성여학교(장로교파, 원산, 1904), 신명여학교(장로회, 대구, 1906), 기전여학교(장로회, 1906, 전주), 수피아여학교(장로회, 광주, 1907) 등이 설립되었다.[4]

이처럼 당시 기독교는 한국이 근대교육을 모색하고 있을 때 근대식 학

월 12일, 1898년 9월 21일.

2) 이송희(1995), 「대한제국 말기 계몽단체의 여성교육론」, 『이대사원』 28집, 이대 사학과.

3) 박용옥(1984), 「부록2-1886~1910년 사립여학교 일람표」, 『한국근대여성운동사 연구』, 210~211쪽.

4) 한국여성사편찬위원회(1971), 「사립여학교일람」, 『한국여성사』 부록, 이화여자대학교, 135~136쪽: 정세화(1972), 「한국근대 여성교육」, 『한국여성사』 II, 이화여자대학교, 291~292쪽.

교를 설립하여 그 모형을 제시해 주었으며, 더욱이 여성의 학교교육이 전무했던 시절에 최초의 여학교를 위시하여 많은 여학교를 설립하는 등 특히 여성교육에 깊은 관심을 보여 그 영향준 바가 매우 컸다.

따라서 당시 여자교육기관은 기독교 정신을 기초로 한 학교가 중심이 되었다. 특히 학교 규모나 지속성에 있어서 강점을 지니고 있었던 학교들은 선교사들이 운영하였던 기독교 학교들이었다.[5]

2) 일신여학교 등 근대 여성교육

부산지역에서의 신지식층 여성의 형성 역시 중요하게 근대 여성교육과 기독교에 의해서 이루어졌다. 실제 일신여학교가 그 중심에 있었다.

1891년 포교를 위해 부산에 온 호주의 선교사들은 전도사를 키우기 위해 조선 여자아이들 3명을 데려다가 교육을 시켰고, 이것이 1895년 일신학교의 설립으로 이어졌다.[6] 이 학교는 부산의 최초 근대 여성교육 기관이었다. 부산지역에서는 1927년 고등보통여학교가 설립될 때까지 여타 다른 여성교육 기관이 거의 없었기 때문에, 일신여학교가 전적으로 여성교육을 담당하였다. 이 학교는 처음 초등교육기관으로 출발하였으나 1909년 고등교육기관으로 승격되었다.

1920년대 초반 부산지역의 신여성의 상당수가 일신여학교 출신이었다. 서울이나 일본에서 공부한 신여성들도 있었지만 많은 숫자는 아니었다.

---

5) 정세화(1972), 앞의 글, 292~293쪽: 기독교의 포교를 반드시 순수하게 받아들일 수만은 없으며, 실제 제국주의의 첨병으로서의 역할을 하기도 하였다. 그러나 한국 근대여성교육에서의 기독교 역할은 매우 컸다. 무엇보다 여성들이 구각을 깨고 나서도록 적극적 계기를 마련해 주었기 때문이다.

6) 당시 이 고아원은 뮤러(The myoora Orphange)로 부산에서 가장 오래된 일신유치원과 시온유치원의 계기가 되었다. 東萊學園(1995), 『東萊學園 100年史』, 40쪽.

일신여학교의 초기 보통학교시기의 교과내용을 보면 소학교령에 의한 교과목(수신, 독서, 작문, 습자, 산술 및 체조, 재봉) 외에 종교학교 특수성으로 성경과 영어 등을 가르쳤다.

그러다 1905년 통감부시기에 들어서면서 교육환경과 조건이 상당히 달라지게 되었다. 1904년 제1차 한일협약 이후 식민화교육으로 치달으면서 고등여학교령高等女學校令과 私立學校令이 공포되었다. 일신여학교는 1909년 9월 8일에 가서 學部의 허가를 받아 3개년의 고등과를 설치 운영하게 되었다.7)

일신여학교 고등과의 교과목도 역시 사립 종교학교 특수성으로 인하여 관립학교와는 달리 종교학교인 이화학당의 교육내용과 유사하였으리라고 추측된다. 당시 이화학당의 교과목은 성경 · 한문 · 대수 · 기하 · 삼각 · 천문학 · 지문학 · 심리학 · 교육학 · 물리 · 화학 · 영문학 · 만국지지 · 고등생리 · 경제 · 역사 등이었다. 이화학당의 교육의 내용은 관립학교인 한성여학교에 비하여 전문적이었고 영어와 성경을 가르치고 있는 것이 그 특징이었다.8)

일제 통치하에 들어서면서 일신여학교 역시 女子高等普通學校令과 私立學校規則 · 改定私立學校規則 등의 제약을 받았는데, 특히 1915년 개정 사립학교규칙은 정한 교과목만 개설할 수 있고 성경을 정규과목으로 가르칠 수 없으며 일본어에 능통한 사람만 교사가 될 수 있다는 것을 규정하고 있기 때문에 다른 종교학교와 마찬가지로 어려움에 처하게 되었다.

1919년 사립학교령의 일부 개정으로 사립학교에 대한 탄압이 다소 완화되면서 부산진일신여학교는 새로운 발전을 위하여 교사의 이전을 계획

---

7) 釜山直轄市敎育委員會(1987), 『釜山敎育史』, 115쪽: 金義煥(1967), 『釜山敎育史』, 35쪽.
8) 정세화(1972), 앞의 글, 315~316쪽.

하였다. 후보지를 물색하던 중에 동래주민들이 여자중등학교를 원하여 고등과만 1925년 동래군 동래면 복천동으로 이전하였다.9) 이 때 교명을 東萊日新女學校로 바꿨다. 1925년 12월에 총독의 인가를 받았는데, 재학생은 60명이었고 교직원은 6명이었으며 초대교장은 선교사 代瑪嘉禮(M. S. Davis)였다.10) 그동안 부산진일신여학교는 고등과를 개설하여 1925년 3월까지 12회 총 51명의 졸업생을 배출하고 동래일신여학교로 바뀐 것이다.

종교학교들은 사실상 포교과정 학교운영과정에서 민족의 문제를 도외시하고는 일을 추진해 나갈 수가 없었기에 초기 설립에서부터 민족문제를 존중하여 주었고 식민지하에서도 가능한한 민족문제를 건드리지 않고 종교를 계속 포교하고자 하였다. 일신학교도 대체로 같은 맥락에서 움직였던 것 같다. 부산지역의 여성 민족 독립 운동가들이 대부분 일신여학교 출신이었다는 것에서도 일신여학교 교육의 민족중시정책을 볼 수 있다. 교사 구성을 보면 더욱 확연해 진다. 당시 부산공립여고보의 경우 교장은 물론 일본인이고 10명 정도의 교원 중 조선인은 2명밖에 없었는데, 일신여학교의 경우는 교장은 선교사였고 1940년까지 재직한 교사 49명 중 일본인은 13명으로 많은 교사들이 조선인이었다.11)

졸업생 상황을 보면 1927년에는 12인이 졸업하였고,12) 1929년 4회에는 11명이 졸업하였다. 이 때 부산지역의 대표적 여성운동가인 朴次貞이 우등으로 졸업하였다.13) 당시 신문에서는 졸업생의 대부분이 가사에 종사할 것이라고 보도하였다. 1935년에 이르면 졸업생 수는 23명인데,

---

9) 「新裝한 日新女校」, 『동아일보』 1925. 6. 23. 1925년 6월 20일 낙성식을 거행하였다.
10) 총독부의 인가시 고등과는 4년 200명으로 허가를 받았다. 동래학원(1995), 『동래학원 100년사』, 466쪽.
11) 동래학원(1995), 앞의 책, 543~544쪽.
12) 「동래 일신」, 『동아일보』 1927. 3. 27. 동래일신여학교 제2회 졸업생임.
13) 「동래 일신여교 졸업식」, 『동아일보』 1929. 3. 12.

상급교지망자가 5명으로, 기타 실무가 18명으로 보도되고 있다.14) 이러한 보도로 볼 때, 당시 졸업생들의 진로를 정확히 알 수 없지만, 상급학교로의 진학은 많지 않았던 것으로 보인다. 그러나 여성 민족운동의 상황에서 볼 수 있듯이 상당수의 여성들은 사회활동 등에 참여한 것으로 보아야 할 것 같다. 특히 기독교 학교였기에 가정에 돌아가거나 결혼을 한다고 하여도 교역자로 활동하는 경우가 많았던 것으로 보인다. 이러한 점에서 일신여학교는 나름대로 그 교육의 성과를 거두었다고 하겠다. 졸업생들은 졸업 후 동창회를 조직하여 졸업생 상호간에 또한 재학생들과 연계를 갖고서 활동하였다.15)

그리고 당시 부산과 동래 지역에는 일신여학교 이외에 여성교육을 담당하는 교육기관들이 있었다. 그러나 이 교육기관들이 실제 여성교육을 얼마나 지속적으로 담당하였는지는 알 수 없다. 자료에 드러난 바에 따르면 여성들의 초등교육 정도를 담당하였던 것으로 부산지역에는 草梁私立女學校(유지부인 설립, 1908년), 養貞塾(1908), 女子學校(육영학교의 유지신사, 1910), 남녀 明進夜學校(유지신사, 1909) 등이 있었고, 동래 지역에는 女學校(기생들, 1906), 貞靜義塾(유지신사, 1907) 등이 있었다. 이들 학교들은 초등 정도의 교육 수준에 머물러 있었고, 정규학교로서 성장하지 못하였던 것으로 보인다.16)

養貞塾의 경우를 보면 부산진 부인들의 후원으로 1908년 5월 개설되었는데, 교사는 鄭箕斗가 자신의 산정을 수리하여 차여하였으며, 학생은 100명이나 되었다고 한다.17) 그런데 이 양정숙은 부인들의 기금으로 교실을

---

14) 『동아일보』 1935. 3. 21.
15) 「일신여학동창회」, 『동아일보』 1926년 8월 25일.
16) 박용옥(1984), 앞의 책, 214~215쪽.
17) 『대한매일신보』 1909년 6월 3일.

신축하여 부산진보통학교의 분교장이 되었다. 그나마 유지되는 경우도 이렇게 여성들만의 교육기관으로 남지 않고, 남녀교육기관에 흡수되고 말았다.

2. 부산지역 교회여성들의 민족운동

부산지역의 신지식층 여성들의 많은 이들이 일신여학교 출신이었고, 활동가능 지역도 교회가 큰 비중을 차지하면서, 1920년대 초반 신지식층 여성과 기독교는 뗄 수 없는 관계를 갖게 되었다. 신지식층 여성들은 주일 학교 교사를 하기도 하고 전도사, 성가대원으로 활동하기도 하였다.

교회가 이러한 신지식층 여성들의 등장과 활동의 근거지가 된 것은 이미 교회가 부산지역의 여성 민족독립운동의 근거지로서 역할을 해왔던 것에 그 기반을 두고 있다.

1) 송죽회 활동의 거점

1910년대 부산지역의 여성운동은 비밀결사단체인 송죽회의 활동으로부터 시작되었는데, 이 활동의 거점이 되었던 것이 일신학교와 장로교회인 부산진교회 · 초량교회 등이었다.

송죽회는 1913년 9월 평양의 숭의여학교 교사 황애덕 · 이효덕 · 김경희, 교회부인 안정석 등이 당시 일제의 무단헌병통치 속에서 독립을 위한 비밀결사의 필요성을 인식하고, 박혜숙 · 이마대 · 채광덕 · 송복신 · 황신덕 등을 포섭하면서 약 20명의 여성들이 모여 松형제로 뭉치면서 창립되었다. 이 단체의 구체적 목표는 여성들에 대한 애국심과 우국적인 자각의 고취, 독립지사들 가족의 생활보조, 독립운동의 연락활동 등이었다.

이 단체는 비밀결사 조직이어서 점조직으로 운영되었는데, 학생회원들은 방학을 이용하여 수놓기 · 편물 등으로 약간의 돈을 마련하여 월 회비 30전씩을 납부하였고, 송 형제들은 매달 1번씩 정기 집회를 열고 각자가 포섭한 회원의 인물점검과 회비의 수납 성적, 재정의 처리 등을 논의하였다. 수납된 자금은 해외에서 활약하는 독립지사들의 생활비와 독립자금으로, 또한 국내에 들어온 독립운동가들의 생활비와 독립 자금으로 쓰였고, 밀입국한 독립지사들의 활동에 필요한 숙박비 · 여행비 · 출국여비로 충당되었다.[18]

1916년에 이르러 지방조직에 착수하였는데, 부산지방의 조직책임자로 서매물을 파견하였다.[19] 서매물의 부산에서의 활동상이나 부산지역의 여타회원에 대한 구체적 사료를 찾아볼 수 없다. 다만 송죽회의 회원들이 숭의학교를 졸업한 다음 거의가 지방의 장로교계통의 학교에 취직하여 학교를 중심으로 그 지방을 책임졌으며, 또한 장로교의 신자로 교회를 중심으로 자연스럽게 부인회를 결성하여 활동함으로써 그 지역의 조직책이 되는 것이 일반적이었기에,[20] 부산의 경우에도 서매물이 장로교계통 여학교나 교회를 중심으로 竹회원을 포섭하고 자금을 모으는 등 활동하였을 것으로 생각된다. 당시 장로교계통의 교회는 부산진교회와 초량교회가 있었고 학교는 일신여학교가 있었다. 따라서 부산진교회와 초량교회,[21] 일신여학교를 중심으로 교사, 학생, 주일학교

---

18) 송죽회에 관한 직접자료는 찾기가 힘들고 식민지시대『조선일보』기자를 지냈고 실제 여성운동을 하였던 최은희 저술을 참조하였다. 최은희(1991),『한국근대여성사』(상), 추계최은희전집 1, 조선일보사, 366~380쪽.

19) 최은희(1991), 앞의 책, 378쪽. 서매물은 제주지역의 책임자이기도 하였다.

20) 송 형제들은 지방에 나가 있는 사람들까지도 매월 정기적으로 평양에서 모여 자기들의 책임아래 매월 30전씩 수금한 회비를 정리하였다.

21) 초량교회는 미국 북장로회선교부가 파송한 윌리암 베어드목사에 의하여 1892년 11월

교사 등이 송죽회의 회원이 되어 활동하였으리라 생각된다. 그리고 이러한 송죽회의 비밀결사활동이 실제 부산지역 일신여학교 3·1운동의 기반이 되었을 것으로 보인다.

2) 3·1운동의 주도

부산지역 3·1운동의 전개는 일신여학교의 만세운동에서 시작하였다. 3월 10일 교사 朱敬愛 朴時淵 등이 고등과 학생 11명과 함께 11일 밤 9시 준비한 태극기를 손에 들고 독립 만세를 부르며 기숙사를 뛰쳐나와 좌천동 거리를 누비며 만세시위를 전개하였다. 이에 대중들이 호응하여 군중 수백 명이 힘찬 시위를 하였다. 이 사건이 바로 부산 경남 3·1운동의 효시를 이루었다.[22] 이 때 교사 주경애(초량교회 세례자) 박시연(일신 고등과 6회 졸업생, 부산진교회 주일학교교사)과 학생 金奉愛·金班守·朴貞守·沈順義(7회 졸업생), 金應守(8회 졸업생), 金蘭苗·金福善·金順伊·金新福(9회 졸업생), 李明施·宋明進(10회 졸업생) 등이 보안법 위반으로 검거되었다.[23] 일신학교 관련자들은 대체로 초량교회와 부산진교회에서 활동하였던 이들로 교회들이 당시 여성 민족독립운동의 온상이 되었음을 말 해준다.

설립되었다(대한예수교장로회초량교회(1994), 『초량교회100년사』, 70쪽). 부산진교회의 설립연도는 불분명하나 외국선교사들의 포교에 힘입어 설립된 것으로 보인다(대한예수교장로회부산진교회(1991), 『부산진교회100년사』, 65~70쪽).

22) 동래학원(1995), 앞의 책, 150~151쪽 : 장덕상(편)(1967), 『3·1운동편(현대사자료 조선)』(1) (국학자료원 영인), 307쪽: 국사편찬위원회(1983), 『한국독립운동사』 2, 302쪽, 323쪽, 804쪽.

23) 김정명(1967), 『朝鮮獨立運動』1(국학자료원 영인), 321, 354, 367쪽.

3) 비밀결사단체

1919년 3·1운동의 전개과정에서 서울에서는 혈성단애국부인회와 대조선독립애국부인회가 결성되어 독립운동가를 돕고 자금을 모집하는 등의 활동을 시작하다가 이 두 단체는 대한민국애국부인회로 통합되기에 이르렀다. 비밀결사단체였던 대한민국애국부인회는 기존의 두개의 단체를 기반으로 김마리아·황에스더·이정숙·장선희·김영순·유인경·이혜경·신의경·백신영 등을 중심으로 재조직되어 전국적 조직망을 갖고서 연계하여 독립투사를 돕고 군자금을 모집하였다.

이러한 이들의 활동상은 경찰의 주시의 대상이 되고 1919년 11월 28일 전국에서 52명이 검거되었다. 이 중 9명이 출판법위반으로 기소되어 각 1년 이상의 형을 받았다.[24] 특히 김마리아와 백신영은 병보석을 받기도 하는 등 어려움을 겪었다.[25]

부산에도 지부가 설치되었는데 백신영이 지부장으로 활동하였다. 백신영은 기독교전도사로 활동하면서 대한민국애국부인회의 가장 핵심적 부서라고 할 수 있는 결사부장으로 활약하였다. 백신영의 판결문을 보면 주소는 경상남도 부산부 초량동 213번지로, 나이는 31세, 직업은 예수교 전도사로 적혀있다. 부산지부의 백신영을 비롯하여 대한민국애국부인회의 주도층은 기독교세력이었으며 또한 한 두 사람을 제외한 거의 모두가 기독교계통의 여학교인 정신여학교의 출신이었고 교사였던 점으로

---

24) 김마리아 황애시덕이 3년형, 이정숙 장선희 김영순이 2년형, 유인경 이혜경 신의경 백신영이 1년 형을 받음.

25) 대한민국애국부인회의 공판에 관하여는 다음 신문기사 참조.『조선일보』1920년 6월 10일, 7월 3일, 12월 18일, 20일:『동아일보』1920년 4월 24일, 27일, 5월 19일, 6월 9일, 10일, 11일, 30일.

보아[26] 부산에서의 대한민국애국부인회의 활동도 역시 당시 항일운동의 거점이 되고 있었던 교회와 교인, 학교를 중심으로 전개되었을 것으로 추정된다.

3. 신사상의 보급과 여성해방론의 전개

1) 신사상의 보급

일제하 민족해방운동은 1920년대에 접어들면서 새로운 단계에 접어들게 되었다. 그것의 중요한 계기는 물론 근대 이래 민족적 과제를 해결하려했던 민족운동과 그것의 총결산인 1919년 3·1운동의 경험이었다. 특히 3·1운동에 참여하여 민족대연합전선을 폈던 각계각층의 사람들은 운동의 경험 속에서 차츰 각기 자신들의 입장에서 민족해방의 문제를 직시하게 되었으며 기초를 닦아나갈 수 있는 저력을 키우게 되었다. 그리하여 1920년대에 접어들면서 부문운동이 그 기초를 닦아가기 시작하였다. 즉 청년운동을 비롯하여 노동·농민·학생·형평·청년 등 부문운동이 활성화되기 시작하였으며 여성운동도 다른 부문과 궤를 같이 하였다.

그리고 이러한 부문운동이 좀 더 본격적으로 전개될 수 있게끔 그 사상적 뒷받침을 해 주었던 것은 社會主義思想 이른바 신사상이었다. 사회주의사상은 1921년을 전후하여 일본유학생들을 통해 우리사회에 소개되기

---

26) 최은희(1991), 앞의 책, 106~119쪽. 황애시덕을 제외한 지도층들이 모두 정신여학교출신이었으며, 장선희, 김영순, 김마리아, 이혜경, 신의경 등은 당시 정신여학교의 교사로 학생들을 가르치고 있었다.

시작하였다. 일본에서 신사상 연구와 노동문제 연구에 몰두하였던 일본 유학생들 특히 朝鮮 苦學生同友會의 회원들은 1922년 1월 신사상의 보급을 위해 서울에 들어와서 2월 4일자 『조선일보』에 「全國 勞動者 諸君에게 檄함」이라는 이른바 同友會宣言을 발표하여, 계급투쟁의 직접적 행동기관임을 선언하였다.[27] 이즈음 국내에서는 無産者同志會의 결성(1922. 1. 19),[28] 新生活社의 발족(1922. 1. 15)[29] 등 사회주의적 색채를 띤 단체들이 태동하였다. 그리고 이후 사회주의사상을 담지한 무수히 많은 단체들이 결성되었으며 코민테른 극동기관에서는 1923년 꼬르뷰로 국내부를 설치키 위해 사회주의자들을 국내에 잠입시켰다. 이러한 새로운 사상의 수용과 운동의 전개는 이제 막 기초 작업을 하고 있었던 부문운동에 커다란 영향을 주어 부문별 단체의 결성, 운동의 활성화로 이끌어 주었다.

2) 여성해방론의 전개

1920년대에 들어서 신지식층의 단체 활동에 뒷받침이 된 것은 무엇보다도 당시 본격적으로 대두된 여성해방론이었다.

여성해방론은 먼저 여성의 억압에 대한 분석에서 출발하고 있는데, 다음 몇 가지로 정리해 볼 수 있다.

첫째, 기존의 전통적 가치관과 제도, 즉 전통적인 도덕 윤리 그리고 가족제도, 결혼제도 등이 여성을 억압하는 장본인이라고 보고 있다.

---

27) 朝鮮總督府警務局(1922), 『朝鮮治安狀況』, 17쪽; 京畿道 警察部(1925), 『治安槪況』, 6쪽. 이것은 한국 초유의 階級鬪爭文書로 金若洙, 金思國, 鄭泰信, 鄭泰成, 李龍基, 李益相, 朴錫胤, 박열, 원종린, 洪承魯, 黃錫禹, 林澤龍 등 12인이 연서한 것이다.
28) 尹德炳, 金翰, 申伯雨, 元貞龍(元友觀), 李爀魯, 李準泰, 白光欽, 陳炳基, 金達鉉, 金泰煥 등 각 사회단체의 지도적 인물 19명이 결성.
29) 朴熙道, 李承駿이 발기하고 金明植, 辛日龍, 李星泰, 鄭知鉉, 申伯雨 등이 발족.

둘째, 여성 자신의 인간으로서의 각성이 부족한데 그 원인이 있다고 보는 시각이다.[30]

셋째, 정치 · 경제 · 법률 등 사회제도 면에서의 불평등한 조건이 바로 여성 억압의 원인이라고 보고 있다. 당시 사회에서의 제도가 모두 남성 중심으로 되어 있어서 여성들은 이 제도 속에서 억압받고 있다는 것이다. 즉 경제 정치적인 면에서 여성들이 인간답게 살 수 있는 권익을 찾아볼 수 없다는 것이다. 여성의 不自由는 바로 經濟的 獨立力이 없었던데 있었으며[31] 또한 정치적 법률적으로 불평등한 위치에 처해 있음[32]으로 해서 비롯되었다고 강조하였다.

넷째, 여성억압은 바로 사회구조적인 것이라는 시각이다. 社會經濟構造의 변화 속에서 여성의 현실적 위치가 결정되어왔다고 보고 바로 당시의 資本主義的 사회경제구조가 여성을 억압하는 장본인이라는 시각이다.[33]

그리고 억압을 풀어내는 여성해방의 논리를 다음과 같이 세 가지로 정리하였다.

첫째, 여성해방이란 여성들이 재래의 남성에 의한 노예적인 삶과 노예

---

30) 부인해방운동은 부인들의 自身의 覺醒에서 출발해야 한다고 강조하였다(「日本의 婦人運動」, 『동아일보』 1923. 3. 2): 「女子의 責任」, 『시대일보』 1925. 8. 6: 「朝鮮女子여 太陽에 面하여 잎하라」, 『동아일보』 1922. 1. 8. 社說).

31) 오늘날 여자가 진실로 解放을 요구하려면 먼저 經濟的으로 男子와 同一한 勢力을 얻어야 할 것이다(李根蕊, 「解放을 바라는 여성들에게—經濟的으로 獨立하여 享樂的 結婚을 폐하라」, 『동아일보』 1927. 2. 5): 婦女의 사회상 지위를 참으로 향상시키기 위해 경제적 平等과 경제적 解放을 얻도록 노력하자(燕京學人, 「婦人과 經濟」, 『동아일보』 1927. 7. 21. 婦人講座).

32) 「英國女性의 選擧權擴張」, 『동아일보』 1927. 6. 16. 時評: 朗山生, 「法律上으로 본 女子의 地位」(1~3), 『동아일보』 1927. 7. 29~7. 31. 婦人講座.

33) 「婦人運動과 新女性」, 『동아일보』 1926. 1. 4: 山川菊榮, 「東洋婦人의 解放」, 『동아일보』 1925. 1. 3: 李賢卿, 「經濟狀態의 變遷과 女性의 地位」(1)~(5), 『現代評論』 1927. 2~6.

적인 도덕에서 벗어나34) 자유와 권리를 갖는 하나의 인격체가 되는 것이라는 관점이다. 즉 여성이 개인으로서의 각성과 인생으로서의 각성을 통해서 진정한 인격체-자유인이 되는 것이라는 관점이다.35)

둘째, 여성해방이란 여성들이 남성과 동등한 권리와 지위를 획득함으로서 자기를 실현하는 것이라고 보는 관점이다. 즉 구체적으로 지적능력과 생존권, 그리고 정치적인 면에서 남성과 동등한 권리와 이익을 획득하는 것이라고 보는 것이다.36)

셋째, 여성해방이란 기존의 구조 속에서 남성에 대항하여 여성의 이익과 지위를 획득하는 것만으로는 이루어지지 않고 여성을 억압하고 있는 사회적 경제적 불평등을 초래하는 그 근본적 원인에서 벗어나는 것이라고 보는 시각이다.37)

따라서 이 시각에서는 경제적 독립이라던가 생활에서의 불평등 등 몇몇 문제를 해결한다고 하여 여성해방이 이루어지는 것이 아니고 여성문제를 유발하는 사회적 근본적 변혁에서만이 여성해방이 이루어진다고 보고 있다38). 즉 자본주의적 생활양식이 근본적으로 바뀌기 전에는 여성들이 그 예속의 지위에서 벗어나지 못한다고 강조하였다.39)

---

34) 權九玄, 「女性運動의 一考察」, 『中外日報』 1927. 8. 30: 『동아일보』 「朝鮮女子여 太陽에 面하여 立하라」 1922. 1. 8.

35) 「婦人問題의 槪觀」(1), 『동아일보』 1922. 6. 12. 이 글(1회~16회:22년 7월4일까지)은 서구 부르주아 여성운동을 소개하고 있는데, 이는 生田長江 本間久雄의 저술 『社會問題』 12강 중에서 수집 소개한 것이다. 여기에서는 부인의 문제로 新道德, 自由離婚, 參政權, 職業, 母性保護, 戰爭 등에 관한 것을 소개하고 있다.

36) 一記者, 「婦人問題의 槪觀」, 『동아일보』 1922. 6. 12~6. 30: 鄭春溪, 「婦女解放運動에 對하여」, 『조선일보』 1923. 8. 22~23: 天華散人, 「世界婦人運動의 史的考察」, 『조선일보』 1929. 1. 1~1. 9: 鄭權, 「女權運動의 史的 考察」, 『조선일보』 1929. 12. 4~12. 11.

37) 「女性解放運動에 대하여」, 『시대일보』 1924. 5. 16.

38) 「經濟獨立이냐 知識向上이냐」, 『동아일보』 1927. 10. 23.

39) 앞의 글; 앞으로 올 新社會에서는 婦人의 幸福을 약속할 수 있다고 강조하였다(尹狂波,

이 시각은 당시 서구의 부르주아 여성운동 즉 교육 및 직업의 자유, 참정권의 획득과 같은 것은 재래의 여권론적 여성운동이라고 정의하고, 새로운 부인운동은 無産階級女性이 주체가 되어 전개하는 참된 인류의 자유 · 평등을 실현하고자 하는 운동이라고 강조하였다.[40]

이러한 여성 억압에 관한 분석과 여성해방의 이론은 바로 1920년대 신지식층 여성들이 기존의 여성 민족독립운동에서 진정한 여성운동으로 그 방향을 전환하는데 중요 촉매제의 역할을 하였으며, 그들의 활동이 활성화될 수 있는 이론적 기반이 되었다.

Ⅲ. 신지식층 여성들의 단체 활동

신지식층 여성들의 등장과 활동의 기반에 근거하여 한편 3 · 1운동 속에서 자신들의 투쟁과정에서의 역량에 힘입어, 신지식층 여성들은 1920년대에 들어서면서 활발한 대중 활동을 전개하기에 이르렀다. 그 결과 많은 여자청년회가 설립되었다.[41]

부산지역 역시 앞서의 조건 속에서 많은 여자청년회가 설립되었고, 신지식층 여성들은 이러한 단체 활동을 통하여 자신들이 인식하고 있었던

「無産運動과 婦人運動」,『동아일보』1924. 12. 8).
40) 李鵬坡,「전환기에 임한 조선의 여성관」,『신사회』1926. 2월호, 38~39쪽: 박원희,「부인운동이란 무엇인가?-그 대강에 대한 일반적 상식」,『중외일보』1926. 12. 19.
41) 여자청년회, 청년회 등 청년운동에 관한 연구로는 박혜란(1995),「1920년대 여자청년단체의 조직과 활동」,『한국근현대청년운동사』, 풀빛: 안건호(1995),「1920년대 전반기 청년운동의 전개」, 앞의 책: 부산지역의 경우는 이귀원(1991),「1920년대 전반기 부산지역 민족해방운동의 전개와 노동자계급의 항쟁」, 부산대학교 석사학위논문.

여성문제를 풀어가고자 하였고, 한편 식민지하의 민족문제를 해결해 나
가고자 하였다.

그러나 초기 여자청년회 활동은 계몽 중심이었고, 대중 여성들을 계몽
의 대상으로 하여 운동을 전개해 나갔다. 이후 신지식층 여성들은 여자청
년회의 변화를 통하여 미흡한 점을 보강하면서 운동을 확산하고 여성 대
중을 운동의 주체로 끌어들이고자 하였다.

1. 초기 여자청년회의 설립과 활동

경남지역의 경우 여자청년회의 설립·활동이 가장 활발했던 지역으로
1920년에서 1923년까지 동래·마산·김해·밀양·부산 등에서 9개의
여자청년회가 조직되었는데,[42] 부산·동래지역의 경우 여자청년회가 3
개 이상씩 설립되었다. 부산여자청년회와 초량여자청년회, 중앙여자청년
회는 부산지역에서, 동래여자청년회와 불교여자청년회, 기장여자청년회
는 동래지역에서 설립되었다.[43]

1) 부산지역의 여자청년회

(1) 부산여자청년회

부산여자청년회는 1921년 6월 13일 60명으로 부산진구락부에서 창립
회를 개최하였다. 설립의 목표를 드러낸 자료가 없지만 여성의 지위향상

---

42) 1920년대 전국의 여청 조직상황은 박혜란(1995), 앞의 글, 171쪽 참조 : 경남지역은 1920~
   1923년에 9개(전국 34개 설립), 1924~1927년에 11개(전국 53개)가 설립되었다.
43) 여기에서 부산지역을 부산과 동래 지역으로 보고 이를 구분하여 정리해 보았다.

을 위하여 대중여성들을 계몽하고, 여성의 역량을 강화하는 것에 그 목표를 두었을 것으로 생각된다.

조직을 보면 문예부 사교부 위생부 등 3부로 나누어졌고, 창립시 임원은 회장 梁漢羅, 부회장 金基淑, 총무 오대련, 재무 이금옥 · 손무년, 서기 박명애 · 최수련, 간사 왕명룡, 문예부장 전매자, 사교부장 여운영, 위생부장 유창신 등이었다.[44] 설립을 주도한 인사들을 보면, 주로 일신여학교 그리고 기독교와 관련을 갖고 있었다. 양한나는 일신여학교 출신으로 일신여학교의 교사로 재직하고 있었으며, 초량교회의 신자였고, 후에 부산 여자기독청년회와 자매여숙을 창설하기도 하였다.[45] 김기숙은 일신여학교 출신이었고, 전매자 등은 부산진교회의 주일학교교사로 활동하였다.

이렇게 부산여자청년회의 설립은 일신여학교 출신과 기독교 여성들로 이루어졌다.

그리고 부산여청의 2대회장은 김기숙, 3대회장은 여운영, 4대회장은 박덕술이었다.[46] 김기숙은 일신여학교 3회 졸업생으로 당시 일신여학교의 교사였으며, 박덕술은 일신여학교 1회 졸업생으로, 김해여자청년회

---

44) 「부산여자청년회」, 『동아일보』 1921. 6. 17.
45) 양한나는 제1대회장으로 활약하였으나 부산여청이 처음 회원 60~70명에서 10월에 가면 130여명으로 증가하는 등 그 활동이 어느 정도 자리 잡자 10월 20일 다시 공부를 위해 중국으로 떠났다. 「梁漢羅孃蘇州登程」, 『동아일보』 1921년 11월 3일. 양한나에 관한 연구로 이송희(2002), 「양한나의 삶과 활동에 관한 일고찰」, 『여성연구논집』 13집, 신라대 여성문제연구소, 5~37쪽.
46) 김기숙은 일신여학교의 3회 졸업생으로 당시 일신여학교의 교사로 활동하고 있었다. 1922년 1월 포항으로 이사하면서 부산에서의 활동을 마감하였다(「부산여자청년총회」, 『동아일보』 1922. 1. 4). 박덕술 역시 일신여학교의 1회 졸업생이었으며, 1922년 4대회장에 올랐으며, 앞서는 김해여자야학에서 활동하였다. 후에 의용단에서 활동하였다(「부산여청년회기념」, 『동아일보』 1922. 6. 15: 「여자야학회강연회」, 『동아일보』 1921. 6. 20).

에서도 활동하였고, 의용단의 핵심멤버로서 활동하였다.

회원수는 처음 60여명 정도였으나 1921년 10월에 가면 130여명,[47] 1922년 6월에 가면 200여명에 달하였다.[48]

부산여자청년회의 신지식층 여성들은 계몽활동에 중점을 두었는데, 먼저 문맹타파를 위해 야학을 설립하고 운영하였다. 여자야학은 학령기를 넘긴 여성청년은 물론 무지한 가정부인까지 그 대상으로 한 것으로 기초적인 문자습득 위주였다. 당시 신지식층 여성들은 여성사회 더 나아가 조선사회의 후진성을 극복하기 위해서는 까막눈여성이 없어져야 민족의 살 길이 열린다고 보았다.

신지식층 여성들은 부산진구락부 회관에 60명 학생으로 부산진 여자 야학을 개설하였다. 야학설립과 운영을 위한 의연금으로 800원이 모였다. 회장인 양한나와 부회장인 김기숙 외 1인이 3반으로 나누어 학생들을 지도하였고, 수업은 일주일에 4일 하루에 2시간으로 수업기간은 6개월이었다.[49] 학생 수는 10월에 가서 70명 정도로 증가하였다.[50] 1922년 6월, 1주년에 가면 야학생이 100명에 이르러 부산여청의 열성에 대한 칭송이 부산지역에 자자하였다.[51]

신지식층 여성들은 또한 주요 계몽 사업으로 토론회와 강연회를 개최하여 여성을 포함한 지역대중을 계몽코자 하였다. 11월 16일 개최된 토론회에는 100여명이 참가하였는데, 논제는 「社會의 發展은 財産이나 勞動이냐」로서 재산쪽과 노동쪽 양쪽으로 나누어 토론이 이루어졌다.[52] 창립

---

47) 「釜山女子靑年總會」, 『동아일보』 1921. 10. 24.
48) 「부산여청년회 기념」, 『동아일보』 1922. 6. 15.
49) 「부산진 부인야학회」, 『동아일보』 1921. 7. 10: 「부산여자야학개학」, 『동아일보』 1921. 8. 19.
50) 「부산여자청년총회」, 『동아일보』 1921. 11. 24.
51) 「부산여자청년회기념」, 『동아일보』 1922. 6. 15.
52) 「釜山女子討論會」, 『동아일보』 1921. 12. 3.

1주년 기념식에서는(1922년 6월 10일)「부모의 책임」이라는 주제의 강연이 있었다.[53] 그리고 朝鮮女子敎育會와 일본여자유학생들과 같이 강연회를 개최하였다.[54] 여자유학생들의 강연내용은 가정위생, 자유평등주의와 남녀해방주의에 관한 것이었고, 여자교육회의 강연 내용은 조선 여자의 고통과 그 해결책, 조혼, 이혼, 가정, 실력양성 등에 대한 것이었다. 다루어진 주제들은 조선여성을 억압하고 있는 여러 봉건적 인습과 그 해결방안에 관한 것들이었다.

또한 부산여자청년회의 신지식층 여성들은 인근 지역의 강연회를 주관하기도 하였다.[55] 때로는 지역의 다른 단체들과 공동으로 연합토론회를 개최하기도 하였다.[56] 1922년 4월 14일 부산청년회 주최의 연합토론회에 참여하였는데 이 때 토론 주제는「사회발전에는 상호부조냐 생존경쟁이냐」하는 것이었다. 그리고 운동회를 개최하여 단체 내의 친목을 도모하고 지역에 자신들의 활동을 알리고 일반여성들을 대상으로 계몽활동을 하였다.[57]

부산여자청년회의 설립과 그 주체들 그리고 활동의 내용을 볼 때, 당시 신지식층 여성들이 여성계몽을 목표로 야학과 강연회·토론회를 전개한 전형적 계몽단체였음을 알 수 있다. 그러나 무엇보다도 중요한 것은 부산지역에서 최초로 여성들의 문제가 신지식층 여성들에 의해 논의되고

---

53)「부산여청년회 기념」,『동아일보』1922. 6. 15. 경남여성경학원에 재학 중인 이경애양이 강연을 하였다.
54)「女子留學生巡講團」,『동아일보』1921. 8. 18:「조선여자교육회 순회강연단출발」,『조선일보』1921. 7. 9. 여자유학생들은 8월 12일에, 여자교육회는 8월 15일에 부산에 와서 강연을 하였다.
55)「女子夜學會講演會」,『동아일보』1921. 6. 20.
56)「부산연합토론성황」,『동아일보』1922. 4. 25. 4월 14일 부산청년회 주최의 연합토론회에 참여하였다.
57)「여자청년 운동회」,『조선일보』1923. 5. 17.

토론되기에 이르렀으며, 대중여성 계몽을 위해 활동하였다는 것이다. 여성의 활동이 이제 서서히 과거 여성 민족독립운동에서 여성운동으로 변화해 가고 있음을 알 수 있다. 즉 부산지역에서도 신지식층 여성들이 등장하여 자신들의 목소리를 내고, 이를 대중여성들에 전달하기 위해 노력하고 있었음을 볼 수 있다.

(2) 초량여자청년회

초량여자청년회는 1922년 2월 25일 창립총회를 임시의장 오영식의 개회사와 김세환의 취지 설명으로 개최하였는데, 출석인원은 65명이었다. 임원을 보면 회장 김한순, 총무 이금옥, 재무 崔南伊·李富鶴, 서기 최명술·金敬順, 간사 이세몽·尹仙伊·李芝宇·李鳳順·文德珍, 고문 鄭箕斗·吳潛植·金世煥·梁道淵 등이었다.[58] 이들 주도층은 일신여학교 출신도 아니고, 기독교세력과도 크게 관련되지 않은 부산지역 자산가 출신의 신지식층 여성들이었다.

이 초량여자청년회는 1921년 9월 7일에 개학한 부산초량부인야학에서 출발한 것이 아닌가 생각된다. 이 야학은 金世煥 등 유지들에 의해 설립되어 부산공립보통학교 여자부에서 수업을 하였는데 수업연한은 2년으로 입학생은 60인이었다. 담당교사는 김세환, 정재호, 안인환 등이었다.[59] 전후사정으로 보아 이 야학이 여자청년회로 발전한 것으로 보인다. 그렇게 볼 때 초량여청에서 특이한 점은 남성들의 발의에서 야학이 시작되어 신지식층 여성들의 여자청년회로 갔다는 점이다.

초량여청의 신지식층 여성들은 주요사업으로 야학을 계속 운영하였다.

---

58) 「여자청년회창립회」, 『동아일보』 1922. 3. 1.
59) 「부산부인야학회」, 『동아일보』 1921. 9. 11.

그리고 연설회를 개최하였다. 1922년 4월 1일에 있었던 대연설회에서는 김경순이 「신생활」로, 김태순이 「금일의 여자」로, 대구에서 특별히 온 이선애는 '依賴치 말고 自發的으로, 階級을 打破하고 平等으로, 懶怠하지 말고 努力으로'라는 내용의 「자유생활」이란 연제로 연설하였다. 이 때 청중이 600명이 몰렸다.[60] 연설의 내용에 계급타파를 외치고 있는 것으로 보아 사회주의사상이 여자청년회운동 속에도 서서히 조심스럽게 전파되고 있음을 볼 수 있다. 당시 부르주아민족주의 운동 속에 사회주의자들이 있었고 스스로 문화운동의 공간 속에서 사회주의사상을 전파시키고 있었다.[61] 또한 초량여자청년회도 1922년 4월 14일 부산청년회 주최의 연합토론회에 참석하였다. 특히 김경순은 「相互扶助」편의 연사로 참여하였다.

(3) 부산 중앙여자청년회

중앙여자청년회는 초량여자청년회의 신지식층 여성들에 의해 다시 조직이 정비된 것으로,[62] 1924년 7월에는 회장 김한순의 사회로 회칙을 강화하였으며[63] 1925년 4월 7일에는 제반 중요사항을 협의하였다.[64] 1925년 5월 7일 제7회 정기총회에서는 새 회장으로 이금옥, 부회장 최명술, 총무 이부학, 서기 이순성·노복명, 재무 윤선이·이규중, 간사 이지우 등을 선출하였다.[65] 주도층은 초량여자청년회와 같은 성향의 여성들이었다.

---

60) 「釜山 女子 大講演」, 『동아일보』 1922. 4. 5.
61) 이귀원(1991), 앞의 논문, 46쪽.
62) 명칭변경 경위는 찾아볼 수 없으나 내용으로 볼 때 후신이라고 할 수 있다. 그러나 항을 따로 설정하여 고찰하였다.
63) 「中央女子靑年 例會」, 『조선일보』 1924. 7. 19. 멀리 출타한 경우를 제외하고 3차 이상 출석하지 않으면 제적이고, 입회시에는 임원회를 통과한 후 들어올 수 있다고 함.
64) 「부산여청예회」, 『동아일보』 1925. 4. 10.
65) 「釜山 女靑年 總會」, 『동아일보』 1925. 5. 9.

중앙여자청년회의 신지식층 여성들은 역시 강연회를 개최하는 등 계몽에 앞장섰다. 1923년 7월 27일 강연회에서는 김말봉이 「여자권리주의」로, 김성국은 「위생」을 주제로 강연을 하여 청중들로부터 큰 호응을 받았다.66)

그리고 1923년 8월 15일 부산서부청년회 조선일보 부산지국과 함께 조선여자고학생상조회 순회 강연단을 부산에 초청하여 강연회를 개최하였다. 강연회에서는 최성삼이 여자고학생상조회 상황을 보고하고, 장일선은 「현대여자와 사회」로, 한선화는 「여자독립의 제일보」라는 주제로 강연을 하였는데, 이 때 청중 수가 오백여명에 이르렀다.67)

조선여자고학생상조회는 1922년에 설립된 고학생들의 모임이었는데 차츰 사회문제에도 눈을 돌려 사회운동단체로 성장해 갔다. 이러한 상조회의 등장은 여성운동의 방향이 의식계몽운동에서 여성해방문제를 사회구조와 관련시켜 이해하는 사회주의 여성운동으로 변해가는 과도기의 모습을 보여 준다.68) 특히 여자고학생상조회는 1923년 7~8월과 1924년 2~3월 두 차례에 걸쳐 전국강연을 실시하였는데 부산에도 바로 이 시기에 왔던 것이다. 이 단체는 당시의 순회강연을 통해 여성억압의 근원을 해결하기 위해 資本主義制度의 打破와 無産階級女性의 역할에 주목하기 시작하였다.69) 중앙여자청년회가 여자고학생상조회를 초청하는 주체였다는 것은 중앙여자청년회의 성격이 단순히 계몽적 성격에서 벗어나 있음을 말해준다.

그리고 회원친목 · 회원확보 · 단체홍보를 목적으로 춘계대운동회를 개최하였으며,70) 또한 동아일보 부산지국 주최의 婦人見學團을 후원

---

66) 「여자청년회 강연」, 『조선일보』 1923. 7. 31.
67) 「女子苦學生에게 同情」, 『조선일보』 1923. 8. 20.
68) 한국여성연구회(1992), 『한국여성사－근대편』, 풀빛, 155쪽.
69) 박혜란(1995), 앞의 글, 177~178쪽.
70) 「女子靑年運動」, 『조선일보』 1924. 5. 6.

하였다.[71] 또한 1925년 여름에는, 낙동강 연안에 홍수가 나 많은 이재민이 생기자 동정금을 모집하고 의복을 만들어 위문대를 만들어서 7월 25일 간부들이 대저도를 시찰하고 위문품을 전달하였다.[72]

중앙여자청년회의 신지식층 여성들은 계몽활동을 주로 하고 있었지만 청년운동과 여성운동의 변화 속에서 그 활동의 내용을 다양화시켜 나갔다. 계몽운동을 꾸준히 해 나가면서 한편으로 사회주의사상도 수용하고 있었던 것이다.

2) 동래지역의 여자청년회

(1) 동래여자청년회

동래여자청년회는 1921년 5월에 동래지역의 신지식층 여성 수십명이 중심이 되어 설립되었다. 동래지역은 당시 청년운동을 비롯한 사회운동이 활발히 일어나고 있었는데 이러한 분위기에서 설립된 것으로 보인다. 주체가 되었던 여성으로는 金水先, 李琪年, 金秀範, 朴小壽 등이었다. 이들은 일신여학교와 일정하게 관련을 가졌던 이들로서 강력한 추진력을 가졌던 여성들이었다. 설립목적은 '風紀攘作과 사회적 지식증진'이었다.

동래여자청년회의 신지식층 여성들은 주 활동으로 야학을 운영하였다. 1925년 5월 '舊가정부인의 문맹을 타파하고 지식을 증진시키고 사회문제 여성문제에 대해 계몽하기 위하여' 야학교를 설치하였다. 야학교는 초등과와 보통과 2부로 나누어 설치되었다. 교장 겸 이사는 김수선이 맡았고, 교사로는 이기년 · 김수범 · 박소수 등이 활동하였다.[73]

---

71) 「부산지국주최 동래부인견학」, 『동아일보』 1925. 5. 8.
72) 「釜山女靑慰問」, 『동아일보』 1925. 8. 2.
73) 「東萊女靑總會」, 『조선일보』 1925. 5. 19. 앞의 여자야학 참조.

그리고 대중강연회를 전개하였다. 1922년 8월 12일에는 조희수가 「사람의 사는 뜻」으로,[74] 8월 28일에는 박좌순이 「우리가정에 대한 여자직분」으로, 박우윤은 「가정교육」이라는 주제로 강연하였다.[75] 이러한 강연회는 당시 여성들의 삶의 문제를 조명한 것으로 가정 내에서의 역할에 강조점을 둔 것이었다.

1926년 말에 이르면 회원이 60여명이었다.[76] 동래여청의 신지식층 여성들은 1927년 근우회가 설립되면서 그 지회 설립에 적극성을 띠어 자신들의 조직을 해체하고 근우회 동래지회로 발 빠르게 변신하였다.

(2) 기장여자청년회

1921년 6월 權銀海의 주도아래 朴次順을 회장으로 吳庚元을 총무로 하여 신지식층 여성들이 기장여자청년회를 설립하였다. 이들은 무엇보다도 여자야학을 목적으로 여자청년회를 설립하였는데,[77] 권은해는 당시 여자청년회의 결성에 대해 다음과 같이 술회하고 있다.

> 우리도 단체가 있어야겠다, 여성도 이래서는 안되겠다라고 생각해서 청년회를 만들려고 했습니다. 그리고 하는 일로는 여자야학을 하려고 했습니다. 그런데 야학을 하려고 하니까 돈이 필요했습니다. 마침 그 때 기장에 있었던 '대한부인회'의 적립금이 있었습니다. 적립금 중에서 옛날 돈 300냥을 서류를 꾸며서 받아 내왔고, 예배당에 유지들을 모아놓

---

74) 「여자청년회강연」, 『동아일보』 1922년 8. 21.
75) 「동래여자청년강연」, 『동아일보』 1922년 9. 2.
76) 「동래여자청년회」, 『동아일보』 1926. 12. 27.
77) 한상구(1990), 「일제시기 해방직후 경남지역 사회주의운동의 맥」, 『역사비평』 8호, 역사문제연구소, 375~376쪽. 권은해는 당시 기장여자청년회의 결성에 대해 '여자야학을 목적으로 하였다'고 술회하고 있다.

고 기부금도 받았습니다. 우리들의 주장은 '지금까지 우리나라는 아들 위주로 남자만 공부시키고 여자는 가르치지 않는 절름발이사회다. 여자들도 공부를 해야 한다.'[78]

그리고 부서 결정은 일신여학교 출신으로 기장에 자주 왔던 박순천의 도움을 얻었다. 박순천은 계몽강연도 하는 등 도움을 주었던 것으로 보인다. 조직은 회장 아래 총무, 서기, 회계, 평의원 5인, 간사를 두고, 덕육부·지육부·체육부 등 3부서로 나누어 활동하였다.

회장 박차순은 3·1운동시 복역한 바 있는 여성이었으며, 권은해는 명정의숙[79]출신으로 그 역시 3·1운동시 시위에 참여한 바 있었는데, 명정의숙 동기인 박필순·김묘생, 고려상회 박인표의 제수인 오경원과 함께 실제 기장여자청년회설립을 주도하고 야학에 힘을 썼다.[80]

이처럼 기장여자청년회의 설립자들은 기장지역에서 민족문제에 관심을 가졌던 신지식층 여성들로서, 기독교 교육을 받았던 이들이었다. 특히 재정문제를 해결하는데 기독교에 기반을 두었던 대한부인회(대한애국부인회)의 자금을 얻어 쓰고 예배당에서 유지들로부터 야학자금을 얻기도

---

78) 한상구(1990), 앞의 글, 375~376쪽.
79) 한상구(1990), 앞의 글, 371쪽. 한일 합방기를 전후하여 권은해의 아버지인 권상준은 지역내 지주들과 함께 사재를 털어 기장의 첫 사립학교인 보명학교와 명정의숙을 설립하였다. 명정의숙은 여자학교로 보명학교와 같은 건물에 있었다. 보명학교의 출신으로는 金枓奉, 朴容善, 김도엽 등으로 이후 기장출신의 유명한 사회운동가들이었다. 보명학교와 명정의숙 출신들이 기장지역 3·1운동을 주도하였을 뿐 아니라 1920년대 사회운동을 이끌어 나갔다.
80) 권은해는 1922년 5월 결혼으로 양산으로 옮겨갔으며 그 후 양산부녀회, 근우회 양산지회를 주도하였다. 이종봉(2004), 「권은해」, 『시민을 위한 부산인물사』, 17~18쪽. 박필순, 김묘생은 3·1운동 이후 권은해와 함께 서울로 상경했던 인물들이며, 오경원은 1919년 4월 8일 기장지역 만세운동 주동자의 한사람이었다.

하는 등 기독교의 지원을 많이 받았던 것으로 보인다.

활동은 설립목적에서 밝힌 바와 같이 야학을 중심으로 한 여성의 계몽에 중점을 두었다. 1922년 10월에는 기장여자야학회 창립 1주년 기념 추계 대운동회를 개최하였다.[81]

1923년 초에 이르러 야학의 명칭을 정화여자야학으로 변경하고 여자청년회가 독자적으로 운영하였다. 기장여자야학은 정규학교와 마찬가지로 6년제로 운영되면서 지역 여성들을 위한 정규 보통교육기관의 역할을 대신하였다.[82] 1928년 7월에는 기장여자청년회가 해체되면서 창립된 근우회기장분회로 야학의 운영권이 넘어가고, 형태도 노동야학으로 바뀌었다. 야학 교장인 오주숙이 근우회 동래지회 기장분회 창립 당시 집행위원장으로 활약한 사실이 이를 입증해 준다. 1929년 야학에는 60명의 학생과 3명의 교사가 있었다.[83]

기장여자청년회는 1925년 11월 동래여자청년회·수영여자청년회와 함께 동래청년연맹에 참가하였다.[84]

기장여자청년회의 신지식층 여성들은 계몽을 목적으로 단체를 설립하였지만, 1925년 11월 동맹에 참여한 것을 볼 때 이 때 사회주의사상을 조심스럽게 받아들이고 있었던 것으로 보인다. 이는 기장지역 사회운동 전반적 방향과 관련된 것이었다.

---

81) 『동아일보』 1922. 11. 1.
82) 기장여자야학이 6년제로 운영된 것은 제4회 졸업식이 1928년 3월에 기장공립보통학교 강당에서 거행된 사실에서 알 수 있다(「기장여자야학 졸업」, 『동아일보』 1928. 3. 31).
83) 김동철·강재순(1996), 「1920~30년대 초 기장지역 사회운동」, 『한국민족문화』 8, 부산대학교 한국민족문화연구소, 146쪽.
84) 『동아일보』 1925. 11. 26.

3) 기타 부인회

먼저 동래부인회를 보면, 동래부인회는 1922년 서희숙 · 염치일 · 한동년 등의 발기로 창립되었다. 회의 목적은 회원 간의 친목도모, 지식의 계발, 풍속개선으로 이른바 계몽단체의 성격과 친목도모의 성격을 동시에 갖고 있었다. 회원은 160여명에 이르렀는데, 동래군 안에 주소를 두고 연령이 10세 이상 된 여성은 누구든지 입회할 수 있었다.[85] 회원들은 사회사업에 공헌하기 위하여 크게 노력하였다. 1923년 11월 11일 제1회 창립기념식을 동래 공립학교 여자부 운동장에서 개최하는데 여자에 한하여 관람을 허용하였다.[86]

기장부인회 역시 친목도모와 계몽을 목적으로 설립된 것으로 보인다. 임원을 보면 회장 金庚牙, 총무 劉順今, 회계 吳新淑 등이었다.[87] 활동상을 보면 부인회는 기장여자청년회와 조선일보 기장분국과 함께 여자고학생상조회를 초청하여 강연회를 개최하였다.[88] 공립보통학교 강당에서 열린 이 강연회에는 700여명의 청중이 몰렸는데, 박일형의 사회로 정종명이 「현대여성의 생활」이라는 주제로 2시간에 걸쳐 열변을 토하였다. 이러한 강연회 외에도 계몽을 위해 부인강좌를 개설하고 견학회를 시행하였다. [89]

4) 초기 여자청년회 활동의 의미

이처럼 지역 차원에서 최초로 여성들이 주체가 되어 여성문제를 논의하고 여성을 계몽시키고자 하였던 초기의 여자청년회는 주로 민족부르주아

---

85) 『조선일보』 1926. 12. 21.
86) 「동래부인회 창립기념」, 『조선일보』 1923. 11. 11.
87) 「機張婦人總會 婦人講座를 開催」, 『조선일보』 1925. 3. 15.
88) 「女苦 巡講團을 歡迎! 盛況! 機張에서 熱辯」, 『조선일보』 1925. 3. 7.
89) 「機張婦人總會 婦人講座를 開催」, 『조선일보』 1925. 3. 15.

라고 할 수 있는 교사나 언론인·학생·종교단체종사자 등 신지식층 여성들과 기독교인에 의해 설립되고 주도되었다. 이들은 각기 지역에서 중앙으로부터의 후원이나 지원 없이 독자적으로 활동하고 있었다. 다만 지역의 청년회나 일간신문의 지방지국, 지역유지들이 여청의 조직과정과 사업 활동을 후원하였다. 특히 지역 청년회들은 장소를 제공하거나 각종 공식회의의 찬성원이나 행사 내빈으로 참석하였고, 야학교사나 강연회 연사 등으로도 활동하였다. 또한 지역유지들로부터 후원을 얻어 재정문제를 해결하기도 하였다.

활동의 내용은 여성의 지육·덕육·체육의 함양을 위한 교육과 문화사업을 중심으로 여성대중을 각성시키는 계몽활동에 역점을 두었다. 당시 자아를 각성하고 여성문제를 민족문제 못지않게 중요하게 인식하고 있었던 신지식층 여성들은 여성들의 자각에서만이 여성문제를 해결할 수 있다고 보아 자신의 깨우침을 대중 여성에게 인식시키고 싶었다. 자연히 여성운동은 대중 여성을 계몽시키는 것으로 갈 수 밖에 없었다. 그러다보니 자신들만이 주체가 되고 대중 여성은 여성운동의 주체이기 보다는 교화의 대상이 되었다.

인식에서는 처음 주로 민족주의 계열의 계몽주의적 시각을 가졌으나 지식인들이 사회주의사상을 수용하면서 부산지역 일부 신지식층 여성들도 사회주의사상을 차츰 받아들이기 시작하였다.

이러한 신지식층 여성들의 여자청년회 설립과 활동은 여성문제를 본격적으로 거론하고 있다는 점에서 중요한 의미가 있다. 그리고 초보적 수준이긴 하지만 여성대중을 각성시키고 의식화하였다는 점에서 의의가 있었다. 또한 지역의 신지식층 여성들이 지역적 차원에서 여성단체를 설립하였다는 것도 여성운동사상에서 매우 의의 있는 것이라 하겠다.

하지만 아직은 부산지역의 신지식층 여성들이 중앙과는 물론이고 지역 안에서 조차도 연계를 이루지 못하고 있었기에 여성운동의 힘을 강화시켜 나가지는 못하는 형편이었다.

2. 여자청년회의 변화

신지식층 여성들의 계몽 중심 활동은 시대적 분위기가 바뀌면서 또한 지역의 특성에 따라 그 성격이 달라졌다. 그러한 이유는 무엇보다도 1924년 조선여성동우회 등 사회주의여성단체의 설립과 또한 1924년 4월 조선청년총동맹의 결성이다.[90] 이후에는 사회주의사상을 지표로 삼는 열성적이고 젊은 활동가들이 여청의 지도권을 장악해갔다. 그러면서 기존의 여청이 사회주의적 여청으로 변모해가는 경우가 나타나게 되었다. 그리고 사회주의적 여청이 설립되기 시작하였다. 또한 일부 여청의 선진적인 신지식층 여성들은 사상단체를 설립하여 지역 여성운동을 지도하였다.[91] 부산지역의 신지식층 여성들의 활동도 이와 괘를 같이하면서 부산지역 여자청년회의 면모도 변화해 가기 시작하였다.

---

90) 1924년 조선청년총동맹은 새로운 전국적 청년조직으로 "대중 본위의 신사회 건설을 기도함, 조선민중해방운동의 선구가 되기를 기도함"이라는 사회주의적 강령을 내걸고 탄생하였다. 이로써 청년운동은 사회주의세력의 지도하에서 전국적 결집을 보았는데 창립당시의 가맹단체는 227개였으며 회원 수는 40,170명이었다. 실제 유명무실한 단체가 많았는데, 이 조직의 결성은 창립 자체만으로 전국의 청년대중에게 큰 자극을 불러 일으켰다. 이귀원(1991), 앞의 글, 59쪽: 안건호 · 박혜란(1995), 「1920년대 중후반 청년운동과 조선청년총동맹」, 『한국근현대 청년운동사』, 86~94쪽.
91) 「東萊女性團體 創立」, 『동아일보』 1926년 1월 9일: 박혜란(1995), 앞의 글, 176~184쪽.

1) 부산지역의 변화

당시의 이러한 분위기에서 부산지역의 신지식층 여성들도 여자청년회를 변화시켜 나갔다.

먼저 기존의 여자청년회들이 변화하였다. 1925년 하반기에 접어들면서 부산지역에서도 본격적인 사회주의운동의 대두를 보게 된다. 1925년 9월 6일 국제청년일 기념식이 6개 단체 연합으로 개최되었는데, 부산여자청년회와 부산중앙여자청년회가 참여하였다.[92] 즉 이는 기존의 여자청년회의 성격이 변화하고 있었음을 말해 준다.

더 나아가 부산여자청년회와 부산중앙여자청년회는 1925년 12월 8일에 발기한 부산청년연맹에 가입하였다.[93] 당시 창립총회에서의 강령을 보면 "아등은 조선민중의 해방을 기함, 아등은 합리적 사회생활의 획득을 기함, 아등은 민중이 승리를 얻음에 필요한 교양을 도모함"으로 1924년 설립된 조선청년총동맹의 강령과 기본 입장을 같이 하였다. 이는 부산청년연맹의 성격을 정확히 알려준 것으로, 부산여자청년회와 중앙여자청년회가 이에 가입하여 활동하였다는 것은 이제까지의 계몽주의적 성격에서 벗어나 새롭게 변신한 것이라 하겠다. 부산지역의 신지식층 여성들도 사회주의사상을 적극 수용하고 또 이를 토대로 여자청년회 활동의 방향을 사회주의운동 쪽으로 선회하고 있음을 말해 준다. 부산청년연맹은 창원측(서울파)의 경남청년연맹에 가입하였다.

---

92) 『동아일보』 1925. 9. 8. 참여단체는 두 여청 외에 부산청년회, 부산진청년회, 서부청년회, 목도청년회 등이었다.

93) 부산청년연맹 결성에 관한 것은 이귀원(1991), 앞의 글, 77~81쪽.

2) 새로운 여자청년회의 창립

그리고 한편 부산지역에는 새로운 여자청년회가 설립되었다. 1925년 5월 12일 수영여자청년회가 설립되었다. 4~5명의 신지식층 여성의 활동을 시작으로 5월 12일 수영 예배당에서 창립총회를 개최하였다. 총회에서는 임원을 선출하고 몇 가지 사항을 결의하였다.[94] 즉 무엇보다도 회원 모집 시 同志의 회원을 모집키 위해 임원이 순회하도록 하였으며, 특히 청년회를 후원하고, 老幼의 친목을 도모하기 위하여 老年 婦人部를 두기로 하였다. 또한 무산 여성을 위하여 예배당에서 5~6년간 운영하여 왔던 야학을 인수 경영하기로 하였다. 이에 따라 수영여자청년회는 중요 사업으로 야학을 운영하였는데, 야학의 성격은 노동야학이었다.

기존의 여자청년회와 활동이 유사하였으나, 그 내용에 있어서는 무작위의 대중 여성을 대상으로 한 것이 아니고 뜻을 같이 하는 이들, 또는 사회에서 소외된 노년층이나 무산 여성층을 좀 더 끌어안고 가고자 하였다.

또한 구포여자청년회가 1925년 8월 28일 창립총회를 개최하였는데, 임원의 구성을 보면[95] 위원장에 이은자, 서무부 노숙자 · 박경자, 재무부 김함순 · 문봉환, 교풍부 윤명숙, 체육부 김소수 · 이인숙, 사교부 윤금숙, 문예부 이정자 등이었다. 부서는 서무 · 재무 · 교풍 · 체육 · 사교 · 문예 등 6부서로 구성하였다. 특이한 것은 조직이 회장체제가 아니고 위원회체제라는 것이며, 임원의 중심인 이은자 · 김한순 · 김소수 등은 기존의 여성단체에서 또는 후의 사상단체에서 활동한 이들이었다. 위원장 이은자는 후에 적광회의 집행위원으로 활약하였다. 재무부의 김한순은

---

94)「水營女靑組織 老年部를 두며 女子夜學 經營」,『조선일보』1925. 5. 24.
95)「龜浦에 女子靑年 새로 創立」,『조선일보』1925. 9. 1.

오랫동안 부산중앙여자청년회의 회장을 역임하였던 인물이다.

이 때 신설된 수영여자청년회와 구포여자청년회는 설립시기도 그렇고 조직 활동상 등을 볼 때 특히 무산 여성을 여성운동의 주요세력으로 인식하고 있었던 점에서 상당히 사상적으로 사회주의 계열로 기울어진 단체였다고 보인다.

당시 부산지역의 여성운동을 이끌어 가고 있었던 신지식층 여성들이 이제 기독교 민족주의 범주 내의 여성운동에 머무르지 않고 사회주의 노선에 입각한 여성해방론을 수용하고 여성운동 전개에서도 사회주의 노선으로 기울어지고 있었음을 알 수 있다. 이 두 단체는 기존의 동래여자청년회 · 기장여자청년회와 함께 1925년 11월 22일에 창립된 동래청년연맹에 가입하였다.

3) 동래지역의 변화

동래지역에서는 1925년 11월 1일 동래군 청년단체 연합 육상 경기대회 개최 후 각 청년단체의 대표들이 모여 東萊靑年聯盟을 발기하였다[96]. 朴文熺 · 金亨重 · 金孕龍 등을 창립준비위원으로 하여 11월 22일에 창립하였는데 선출된 위원을 보면 박문회 · 이상진 · 김수선 · 이은자 · 김잉룡 · 오태근 · 김철규 · 박홍주 · 이방우 · 전윤영 · 최명수 · 김수용 · 오경원 · 이일영 · 김진홍 등 15인이고, 검사위원으로는 박명수 · 오석환 · 윤금수 · 김연수 · 강남석 · 박소수 등이 선출되었다. 여성위원으로는 이은자(구포) · 오경원(기장) · 김수선(동래) 등이 선발되었으며 박소수(동래)가 검사원으로 선발되었다. 다음날 개최된 집행위원회에서는 서무부

---

96) 『동아일보』 1925. 11. 12.

박문희 · 김철규, 교양부 김수선 · 오태균, 조사부 김잉룡, 조직부 박문희
가 선정되었다. 이 때 사회운동에 관한 여러 가지 사항, 즉 慶南道聯盟에
파견할 대표를 선정하고, 靑年問題, 女性問題, 少年問題, 勞動問題, 社會問
題, 衡平問題, 宗敎問題 등을 결의하였다.97)

동래지역 청년단체들은 연맹 결성 후 이전 시기에 비해 청년들의 역할
을 보다 깊이 인식하면서 청년대중의 교양과 훈련을 위한 자체연구반을
조직하고 독서회 · 강연회 등 교양활동을 보다 강화하였다.

동래여자청년회 · 기장여자청년회 · 수영여자청년회 · 구포여자청년
회는 개별단체의 활동을 그대로 유지하면서 한편으로는 동래청년연맹을
통하여 다른 단체들과 연계를 갖고 활동을 해나갔다. 여성문제 뿐만이 아
니고 당시 사회에서 요구되었던 활동을 같이 추진해 나갔다.

이제 신지식층 여성들은 여성문제의 해결이 몇 몇 제도개선에서가 아
니고 사회구조 속에서만이 가능하다는 인식을 하게 되었고, 이에 따라 여
성운동은 기독교 민족주의 내에서의 계몽운동의 범주를 뛰어 넘어 사회
구조를 바꾸는 운동에 적극 참여하게 되었다.

4) 赤洸會(적광회)의 설립

이 시기 신지식층 여성들 주도의 여성운동에서 가장 두드러진 변화는 적
광회와 같은 사회주의 지향의 사상단체를 설립하였다는 것이다. 부산 동래
의 김수선 · 박소수 등은 1926년 1월 2일 적광회를 조직하였는데, 집행위
원은 김수선 · 박소수 · 이은자 등이었다.98) 김수선 · 박소수는 동래여자

---

97) 『동아일보』 1925. 11. 26.
98) 「東萊女性團體 創立」, 『동아일보』 1926년 1월 9일: 박혜란(1995), 앞의 글, 176~184쪽.

청년회에서 계속 활동하여 왔던 인물들이고 이은자는 구포여자청년회의 위원장으로 활동하고 있었다. 지역에서 이러한 사상단체 설립의 예는 별로 찾아 볼 수 없는데, 이는 부산지역 특히 동래지역의 신지식층 여성들이 사상적으로 크게 변화했다는 것을 보여주는 부분이라고 할 수 있다.[99] 이러한 점은 근우회 동래지회 설립 시에 동래여자청년회가 근우회 동래지회로 가기 위해 빠르게 자기 조직을 해체시켰던 점에서 잘 드러난다. 적광회의 활동사항에 대하여는 자료의 부족으로 더 이상의 사항을 알 수 없다.

5) 여자청년회 변화의 의미

부산지역 신지식층 여성들은 이러한 변화 속에서 여성문제만을 주요 관심으로 생각하지 않고 민족 사회문제들을 동시에 연계시켜가며 생각하고자 하였다. 여성들의 인간적인 삶이 현실적으로 드러나고 있는 몇 가지의 여성문제만을 해결함으로써 얻어지는 것이 아니고 사회구조가 바뀌어야만 여성의 문제가 해결될 수 있다는 인식을 하게 된 것이다. 그러나 모든 신지식층 여성들이 똑같은 입장은 아니었고 각기 단체의 실정에 따라 조금씩 내용을 달리하였다.

신지식층 여성들은 단체 활동 속에서 여전히 야학이나 강연회 · 토론회 · 운동회 등을 중심으로 여성운동을 전개하였는데, 운동의 중심을 무산 여성 등 소외계층에 두고자 하였고, 여성문제의 해결은 사회구조의 변혁에 의해서 이루어진다고 보고 다른 사회운동과 연계한 활동을 많이 하고자 하였다.

---

99) 이때 동래에 革波會라는 사상단체가 있었다. 혁파회의 창립일자에 대해서는 1926년 1월 4일(『동아일보』 1926. 12. 27)과 1924년 10월 1일(『동아일보』 1929. 1. 4) 설이 있다. 김승(1996), 「1920년대 경남지역의 청년단체의 조직」, 『지역과 역사』 제2호, 161쪽.

특히 당시 운동의 주도층인 신지식층 여성들 중 많은 이들이 기독교노선 중심의 운동에서 벗어나고 있었다.

이러한 변화로 이제 신지식층 여성들의 운동이 단순히 부르주아 민족주의 계열의 운동에서 벗어나 광범한 운동을 포괄 할 수 있었다는 점에서 큰 의미가 있다고 하겠다. 그리고 1927년 근우회가 설립될 수 있는 지역적 기반의 역할을 해 주었다. 부산지역의 경우 근우회 활동이 활발히 전개되었고, 박차정을 비롯한 많은 여성운동가를 배출 할 수 있었던 것은 바로 이러한 조건에 기반한 것이었다. 또한 부산지역 여성노동운동이 활발히 전개될 수 있는 조건을 마련해 주었다.

3. 단체 활동의 의의와 그 한계

부산지역 신지식층 여성들의 단체설립과 활동은 큰 역사적 의미를 지닌 것이었다.

첫째, 최초의 진정한 여성단체를 설립하였다는 것이다. 여성들에 의한 여성을 위한 여성의 단체가 처음 출현하였다. 즉 이는 부산지역 근대 여성운동의 장을 열어 준 것이다.

둘째, 지금까지 도외시 되었던 일반 대중 여성을 여성운동에 끌어들이려고 시도하였다는 것이다. 신지식층 여성들은 자신들이 각성한 부분을 다른 여성들에게도 전달하고자 계몽활동을 통하여 여성들의 의식화를 추진하였다. 이는 나름의 성과를 가졌다. 일부의 여성들이 이에 힘입어 의식화되어졌고, 여성 계몽운동에 참여하여 운동을 활성화시키는데 일조를 하였다.

셋째, 신지식층 여성들은 사회주의사상을 받아들이면서, 여성의 문제를 구조적으로 보고 사회운동 속에서 풀어가려고 하는 시각으로까지 발전하게 되었다.

넷째, 사회주의사상의 수용에 근거하여 신지식층 여성들은 기독교 노선에 머물지 않고 다양한 여성들을 포괄하는 운동으로 나아가려고 하였다. 특히 무산 여성들을 중심에 놓고 운동을 전개하려고 하였기에 운동을 좀 더 확대시키고 민중화 시켜 나갈 수 있었다.

다섯째, 1927년 근우회가 설립되고 운동이 전개되었을 때, 부산지역은 이러한 신지식층 여성들의 단체 활동의 기반이 있었기에 어느 지역보다도 지회를 설립하고 활발한 활동을 전개해 나갈 수 있었다. 근우회 부산지회, 동래지회, 기장지회 등 3개의 지회가 설립되었다.

그러나 부산지역 신지식층 여성들의 활동에는 한계점도 있었다.

신지식층 여성들의 초기 단체 활동이 기독교 여성들을 중심으로 이루어짐으로써 그 여타의 여성들은 여기에 참여할 수 있는 기회를 얻지 못하였다. 즉 다양한 여성들을 운동에 끌어들이지 못한 한계를 갖는다. 사회주의 운동으로 접어들면서 여성운동의 중심이 소수 부르주아 여성에서 차츰 다수의 무산 여성에게로 옮겨가야 한다고 보는 시각이 대두되었고, 그 대상을 확대하고 있지만, 청년회 운동 단계에서는 크게 벗어나지는 못하였다.

IV. 맺음말

본고에서는 부산지역 신지식층 여성들의 등장과 단체활동을 1920년대 (1921~1927) 여자청년회를 중심으로 고찰하여 보았다.

부산지역에서 신지식층 여성의 형성은 근대적 여성교육기관의 인재양성과 기독교의 역할이 컸다. 1891년 포교를 위해 부산에 온 호주의 선교사들은 전도사를 키우기 위해 조선 여자아이들 3명을 데려다가 교육을 시켰고, 이것이 일신여학교의 설립으로 이어졌다. 부산지역의 지식층 여성들은 이 학교출신이 대부분을 차지하였다. 물론 서울이나 일본에서 공부한 여성들도 있었지만 그렇게 많은 숫자는 아니었다. 그리고 당시 초량교회와 부산진교회를 중심으로 한 여성들의 민족운동의 전통 아래 여성지식층들이 배출되었다.

이렇게 형성된 신지식층 여성들은 3·1운동 이후 신사상이 수용되고 민족해방운동의 각 부문운동이 활발히 전개된 것을 기반으로 또한 당시 풍미하였던 여성해방론을 이론적 토대로 하여 1920년대 초반 여자청년회를 설립하였다.

초기 여자청년회로 부산여자청년회, 초량여자청년회, 중앙여자청년회, 동래여자청년회, 기장여자청년회, 부인회 등이 설립되었다.

이러한 초기 여자청년회의 설립 목적은 대체로 사회적 지식을 증진하는 것(동래여자청년회), 여성을 계몽하는 것(부산여자청년회, 초량여자청년회), 여성을 교육시키는 것(기장여자청년회) 등이었다. 즉 신지식층 여성들은 여성문제의 해결은 여성 자신의 각성에서 비롯된다고 보아, 여성들을 계몽하기 위한 여자청년회를 설립하였던 것이다.

초기 여자청년회의 활동은 가정부인의 문맹을 타파하고 지식을 증진시키기 위한 야학설립과 운영이 주가 되었다. 그리고 토론회와 강연회를 개최하여 지역 대중을 계몽하고 여성들의 각성의 계기를 마련하고자 하였다. 또한 대운동회를 마련하였으며, 견학단을 구성하고 작은 음악회나 연극공연을 하기도 하였다.

신지식층 여성들의 계몽 중심의 활동은 1924년경 큰 변화를 맞이하게 되었다. 조선여성동우회 등 사회주의 여성단체가 설립되었고, 조선청년총동맹이 결성되면서 여자청년회를 이끄는 세력이 차츰 사회주의사상을 지표로 삼는 열성적이고 젊은 활동가들로 변모하게 되었다.

부산지역의 신지식층 여성들도 변화하기 시작하였다. 1925년 9월 6일 국제청년일 기념식이 6개 단체 연합으로 개최되었는데, 부산여자청년회와 부산중앙여자청년회가 참여하였다. 더 나아가 두 여자청년회는 1925년 12월 8일에 발기한 부산청년연맹에 가입하였다.

그리고 신지식층 여성들은 사회주의사상에 입각하여 무산 여성을 위한 사회주의 여자청년회를 새로이 설립하였다. 1925년 5월 몇몇의 신지식층 여성들이 무산자 여성을 위한 노동야학을 목적으로 수영여자청년회를 설립하였다. 그리고 이은자 · 김소수 · 김한순 등 신지식층 여성들이 구포여자청년회를 설립하였다.

이들 신설된 사회주의 여자청년회는 기존의 단체들인 동래여자청년회 · 기장여자청년회와 함께 1925년 11월에 창립한 동래청년연맹에 참여하였다. 동래청년연맹은 청년문제 · 여성문제 · 소년문제와 함께 노동문제 · 사회문제 · 형평문제 등을 주요문제로 다루었다.

이제 사회주의사상을 수용한 일부 신지식층 여성들은 여성문제의 해결이 여성문제나 제도 개선에서가 아닌 사회구조 변혁에서만이 가능하다고 인식하면서, 여성문제만을 주요 관심으로 생각하지 않고 다른 사회문제들을 동시에 연계시켜가며 생각하고자 하였다. 그리하여 여자청년회들은 각기 활동을 하면서, 또 한편 연맹을 통하여 다른 단체들과 연계하여 사회운동을 해 나갔다. 그리고 사회주의 노선으로 기운 신지식층 여성들은 여성운동의 중심이 소수 부르주아 여성에서 차츰 무산 대중 여성에게로 옮겨가야 한다고 보았다.

　이렇게 부산지역의 신지식층 여성들은 기존의 민족주의 계열과 사회주의 계열로 나뉘어지기 시작하였다. 그러나 1927년 근우회가 설립되고 근우회 동래 · 부산 · 기장 지회들이 만들어지면서 두 계열이 협동하게 되었다.

(『여성과 역사』 3집, 2005. 12, 한국여성사학회)

□ 제6장 참고문헌 □

사료

『대한매일신보』 1909.

『독립신문』 1896, 1898.

『동아일보』 1920, 1921, 1922, 1923, 1924, 1925, 1926, 1927, 1928, 1929,
       1935.

『시대일보』 1924, 1925, 1927.

『중외일보』 1926.

『신사회』 1926. 2월호.

『조선일보』 1921, 1923, 1924, 1925, 1926, 1929.

단행본

京畿道 警察部(1925), 『治安槪況』.

朝鮮總督府 警務局(1922), 『朝鮮의 治安狀況』.

朝鮮總督府 警務局(1922), 『초량교회100년사』.

국사편찬위원회(1983), 『한국독립운동사』 2.

『근대한국명논설집』, 『신동아』 1966. 1월호. 부록.

김의환(1967), 『부산교육사』.

김정명(1967), 『朝鮮獨立運動』 1.

대한예수교장로회부산진교회(1991), 『부산진교회100년사』.

대한예수교장로회초량교회(1994), 『초량교회100년사』.

동래학원(1995), 『東萊學園 100年史』.

박용옥(1984), 『한국근대여성운동사 연구』, 한국정신문화연구원.

박용옥(2001), 『한국 여성 근대화의 역사적 맥락』, 지식산업사.

박용옥(편)(2001), 『여성(역사와 한계)』, 국학자료원.

釜山直轄市教育委員會(1987), 『釜山教育史』.

윤정란(2003), 『한국 기독교 여성운동의 역사: 1910년~1945년』, 국학자료원.

장덕상(편)(1967), 『3·1운동 편(현대사자료 조선)』(1).

천화숙(2000), 『한국 여성 기독교운동사』, 혜안.

최은희(1991), 『한국근대여성사』(상), 추계최은희전집 1, 조선일보사.

한국여성연구회(1992), 『한국여성사—근대편』, 풀빛.

학술논문 및 기타

김동철·강재순(1996), 「1920~1930년대 초 기장지역 사회운동」, 『한국민족 문화』 8, 부산대학교 한국민족문화연구소.

김성은(2003), 「일제시기 근대 여성상과 교회 내 여성의 지위 문제」, 『이화사학 연구』 30집, 이화사학연구소.

김승(1996), 「1920년대 경남지역의 청년단체의 조직」, 『지역과 역사』 제2호.

김정희(1996), 「일제하 동래지역 여성독립운동에 대한 소고—근우회 동래지회 를 중심으로」, 『문화전통논집』 4, 경성대학교.

김철자·조찬석(1979), 「1920년대 서울지방의 여성운동」, 『논문집』 13, 인천교대.

김철자·조찬석(1980), 「1920년대 영남지방의 여성운동」, 『논문집』 14, 인천교대.

김철자·조찬석(1983), 「1920년대 평안남북도지방의 여성운동」, 『논문집』 17, 인천교대.

송연옥(1981), 「1920年代朝鮮女性運動とその思想」, 飯沼二郎·美在彦編, 『근 대조선사회と사상』, 미래사(「1920년대 조선여성운동과 그 사상—근우 회를 중심으로」, 『1930년대 민족해방운동』, 거름, 1984에 번역수록).

박혜란(1992), 「1920년대 사회주의운동의 조직과 활동」, 이화여대 대학원 석사
　　학위논문.

박혜란(1995), 「1920년대 여자청년단체의 조직과 활동」, 『한국근현대청년운동
　　사』, 풀빛.

스가와라 유리(2003), 「1920년대의 여성운동과 근우회」, 연세대 대학원 석사학
　　위논문.

서현선(2003), 「근대화과정에서의 한국 기독교 여성 지도자들의 정체성 형성과
　　정 연구」, 『한국문화연구』 제4호, 이화여자대학교 한국문화연구원.

신영숙(2003), 「일제시대 카톨릭 여성의 신앙생활과 사회적 역할」, 『이화사학
　　연구』 30집, 이화사학연구소.

안건호 · 박혜란(1995), 「1920년대 중후반 청년운동과 조선청년총동맹」, 『한국
　　근현대 청년운동사』, 풀빛.

이귀원(1991), 「1920년대 전반기 부산지역 민족해방운동의 전개와 노동자계급
　　의 항쟁」, 부산대학교 석사학위논문.

이배용(1996), 「일제시기 여성운동의 연구 성과와 과제」, 『한국사론』 26, 국사
　　편찬위원회.

이송희(1995), 「대한제국 말기 계몽단체의 여성교육론」, 『이대사원』 28집, 이
　　대 사학과.

이송희(1998), 「일제하 부산지역의 여성운동(1)」, 『부산사학』 제34, 부산사학회.

이송희(1999), 「일제하 부산지역의 여성단체에 관한 연구-1920년대를 중심으
　　로」, 『국사관논총』 83.

이송희(2002), 「양한나의 삶과 활동에 관한 일고찰」, 『여성연구논집』 13집, 신
　　라대 여성문제연구소.

이종봉(2004), 「권은해」, 『시민을 위한 부산인물사』, 부경역사연구소.

정경숙(1999), 「진명부인회의 활동과 사상」, 『20세기 전반기 한국사회의 연구』,
　　백산자료원.

정세화(1972),「한국근대 여성교육」,『한국여성사』 II, 이화여자대학교.

정영희(1997),「한말 여성단체의 교육구국운동」,『황산 이홍종 박사 회갑기념 사학논총』.

천화숙(1999),「1920~1930년대 조선여자기독교청년회연합회(YWCA) 농촌사 업의 전개와 그 성격」,『사학연구』 57.

한국여성사편찬위원회(1971),「사립여학교일람」,『한국여성사』 부록, 이화여 자대학교.

한상구(1990),「일제시기 해방직후 경남지역 사회주의운동의 맥」,『역사비평』 8호, 역사비평사.

제7장 신여성 나혜석의 민족의식과 민족운동

I. 머리말

나혜석은 식민지시기를 대표하는 신여성으로서 선진적 여성해방사상을 주장하였고, 그림과 글을 통하여 자신의 내면의 세계를 드러낸 인물이었다. 때문에 한국여성사에서 다루어야 할 대표적 여성 인물임에도 역사 연구에서는 그 성과가 그다지 많지 않다.

한국사 연구에서 나혜석에 관한 연구는 대체로 두 가지 방향에서 이루어져왔다. 하나는 나혜석의 민족운동에 관한 것으로 주로 나혜석 기념사업회의 발표와 논문집 발간에 실린 것들이다.[1] 또 하나는 한국 여성사 연구에서 일제하 식민지시대의 신여성과 관련한 연구들이다. 민족

---

1) 최홍규(1999), 「나혜석의 가족사」, 『나혜석 바로알기 제1회 국제 심포지움』: 박환(1999), 「나혜석의 민족의식의 형성과 민족운동」, 『나혜석 바로알기 제2회 국제 심포지움』: 채홍기(2000), 「민족의 독립을 잃어버린 선각적 근대의식의 여정」, 『나혜석 바로알기 제3회 심포지움』: 서굉일(2001), 「민족과 함께 한 정월 나혜석」, 『나혜석 바로알기 제4회 심포지움』: 황민호(2002), 「나혜석의 민족의식과 민족운동의 전개」, 『나혜석 바로알기 제5회 심포지움』: 박환(2005), 「식민지시대 예술가 나혜석의 민족운동」, 『나혜석 바로알기 제8회 국제 심포지움』.

운동에 관한 연구는 근래 기념사업회의 사업으로 전개되어왔고, 신여성과 관련한 연구는 신여성 1세대라고 일컬어지는 김일엽·김명순 등과 같이 신여성 연구의 일부로서 진행되어 왔다. 또한 최초의 여류화가·문필가로 알려졌기에 미술사 문학사에서도 많은 연구가 있었다. 특히 근래 신여성에 관한 연구가 활발히 이루어지면서 그 대표적 인물로서 다루어지고 있다.[2]

본고에서 식민지시대의 대표적 여성 인물이었지만 그 동안 역사연구에서 소홀히 다루어진 나혜석을 고찰해 보고자 한다. 특히 나혜석의 민족의식과 민족운동을 조명해 보고자 한다. 그러나 역시 나혜석이 역사적 인물로서 거론될 수 있는 것은 당시의 시대적 조건 속에서 선진적 신여성[3]으로 살았다는 점이기에 신여성으로서의 나혜석에 포커스를 맞추면서 그의 여성해방의식 민족의식의 형성과 민족운동을 고찰해 보고자 한다.

나혜석과 관련한 자료들을 보았을 때, 그의 민족의식의 출발은 인간의 해방에 대한 강한 염원 즉 여성의 해방에서 시작된 것으로 보이며, 그의 민족운동도 역시 그의 페미니즘과 결합한 것이라고 볼 수 있다. 그의 신여성으로서의 현실적 삶 위에서 민족의식이 싹텄고, 민족운동도 이에서 비롯되었다.

---

2) 신여성 연구는 1990년대 여성관과 여성의식에 관한 연구가 활성화되면서 식민지시대 여성연구의 대표적 주제로서 이루어졌다. 나혜석 대표 연구는 이상경(2000), 『영원한 신여성 나혜석 — 인간으로 살고 싶다』, 한길사; 김진송(1992), 「최초의 여류 서양화가 나혜석」, 『역사비평』 17호 봄호, 231~238쪽.

3) 당시의 신여성을 어떻게 정의할 것인가에 대체로 다음 다섯 가지의 범주로 정리할 수 있을 것 같다. 첫째, 근대적 교육을 받은 여성, 둘째, 자아인식이 강한 여성, 셋째, 사회적으로 자기 성취욕이 강한 여성, 넷째, 식민지 여성으로 민족운동에 관심을 갖고 운동에 참여한 여성, 다섯째, 현모양처에 대한 환상과 현실 속에서 갈등하는 여성.

II. 여성해방의식과 민족의식의 형성

1. 성장과정 – 학교 교육과 가족관계

나혜석은 조선 중기 수원 지방에 터를 잡은 이후 그 일족들이 지방관을 역임하면서 경제적 부를 축적하여 신교육 신문화 운동을 이끌었던 나주 나씨 가문의 출신이다. 경기도 수원군 수원면 신풍리 291번지에서 아버지 나기정과 어머니 최시의의 둘째딸로 1896년 4월 28일 출생하였다. 그의 집안은 수원에서 상당한 재력가였기에 사람들에게 나부자 집으로 불렸다.4)

나혜석의 부친 羅基貞(1863~1915)은 1906년 10월 경기도 관찰도 주사로 관직을 시작하여 1910년 10월 시흥군수로, 1912년 3월 용인군수로 재직하다가 1914년 2월 관직에서 물러났고, 1915년 별세하였다. 이로 볼 때 나기정은 현실에 잘 순응하여 살아간 인물로 볼 수 있다.

한편 나혜석의 사촌 오빠 중에 羅重錫(1878년 생, 백부인 羅基元의 자)이 있었는데, 그는 한말 관리를 지낸 대지주였으나 신교육운동가 · 자선가이기도 하였다. 그는 향리 종가에 백운당이라는 당호를 내걸고 선각자들과 교유하는 한편 사립학교를 설립하였다. 나중석은 이하영 · 임면수 · 차유순 · 최익환 · 홍건표 · 이성의 · 김제구 등과 함께 1903년 5월 삼일남학교를 설립하였다. 1906년에는 강근호를 설득하여 8만냥을 기부받았으며, 자신의 땅 900평을 희사하여 그 발전의 토대를 마련하였다. 그 후에도 그는 수원 지방에서 자선을 베풀어 지역민들로부터 많은 칭송을

---

4) 나혜석의 가계에 관하여는 최홍규(1999), 앞의 글, 85~94쪽 참조. 나혜석은 홍석, 경석, 계석, 지석 등 2남 3녀 중 차녀로 태어났다.

받았다.[5] 이러한 나씨 집안의 분위기는 나혜석에게 일정한 영향을 주었을 것으로 보인다.

나혜석은 수원에서 삼일여학교를 다녔고, 1910년 졸업했다.[6] 그리고 그 해 9월 1일 진명여학교에 입학하였다. 그 때 초명 아지兒只를 明順으로 개명하였다. 재학 중 우수한 성적과 함께 특히 그림에 뛰어난 소질을 발휘하였던 명순은 1913년 3월 28일 신학제의 진명여자고등보통학교를 우등으로 졸업하였다.[7] 이 때 이름을 혜석으로 개명, 그 개명된 이름이 1920년 5월 3일자로 호적에 등재되기에 이르렀다. 나혜석이 처음 공부한 삼일여학교는 기독교 학교로 선교사가 설립한 학교였다.[8] 이는 다른 초기 여학교들과 마찬가지로 선교사들이 포교를 목적으로 설립한 학교로 몇 명의 어린이들로 시작하였으며, 여성교역자를 길러내기 위한 교육이 중점이 되었을 것으로 보인다. 그런 점에서 나혜석은 이 교육을 통하여 서구 근대 문물을 접하게 되었을 것으로 추측된다. 그런데 기독교 상급학교로 진학하지 않고 진명여학교로 간 것은 당시 학제로 볼 때 상급학교 진학에 용이한 것이 기독교 학교보다 일반 사립학교였기 때문이 아닌가 생각된다.

이어서 신문화의 깊은 이해자였던 오빠 경석의 권유로 동경여자미술대학 양화과에 입학, 한국여성으로서는 최초로 서양화를 전공하게 되었다. 동생 지석도 뒤이어 일본 유학을 하게 되었다.[9]

---

5) 최홍규(1999), 앞의 글, 86~88쪽.
6) 삼일여학교는 1902년 수원 보시동 북감리 교회 내에 설립된 사립 삼일 여학당으로 처음 3명의 학생으로 출발하였으며 수원 지방 최초의 사립교육기관이었다. 1909년 삼일여학교로 변경되었고, 1910년 신학제에 의한 제1회 졸업생 4명을 내었다. 나혜석은 바로 신학제에 따른 제1회 졸업생이었다. 최홍규(1999), 앞의 글, 88쪽: 박환(1999), 앞의 글, 108쪽.
7) 『매일신보』 1913년 4월 1일, 2일.
8) 박용옥(1984), 『한국근대여성운동사 연구』, 한국정신문화연구원, 169쪽.
9) 동생의 경우는 얼마 후 돌아와 결혼을 하였다고 한다.

이러한 나혜석의 진학은 당시 식민지 일반 여성으로서는 누릴 수 없는 특혜였고, 특히 보통 가정에서는 생각할 수 없는 일이었다. 당시 재산가나 개화가문이라고 할지라도 여성들의 신교육에 주저하거나 차별적 봉건적 인습이 지배하던 당시로서 서울 유학에 이어 일본으로까지 유학을 갈 수 있었던 것은 나혜석의 아버지를 비롯한 나씨 일가의 개명성을 그대로 드러낸 것이다. 특히 나혜석의 어머니 최시의는 1908년 12월 교육과 자선을 목적으로 수원에서 부인회를 조직하여 여성교육을 독려하였다.10) 이러한 어머니의 교육열이 딸들의 일본유학을 가능하게 하였다.

아마 이러한 분위기에서 성장하였기에 나혜석의 사상이 선진적이고 파격적이었을 것으로 생각된다. 이혼 후, 그리고 이혼고백서 등 많은 글들을 발표한 후 나혜석이 가족으로부터도 버림받은 것으로 보이지만, 나혜석의 선진성은 집안의 분위기에서 비롯되었다.

그리고 그 중에서도 특히 나혜석의 인생에 많은 영향을 주었으며 그녀가 활동하는데 후원을 하였던 사람이 오빠 나경석이다.11)

나경석은 1910년 일본으로 건너가 동경에 있는 正則영어학교에서 2년간 수학하고 그 뒤 동경공업고등학교에 입학하였다. 1914년 동교를 졸업한 후에는 귀국하지 않고 1915년경부터 『학지광』에 빈번히 기고하였다. 『학지광』은 당시 유학생 모임인 학우회에서 발행한 잡지로 1914년 도쿄에서 창간되었는데, 신익희를 발행인으로, 최승구를 편집인으로 하였다. 그리고 이광수 · 장덕수 · 나혜석 · 최승만 · 최린 · 최남선 · 신석우 등이 이에 적극 참여하였다.12)

---

10)「一家敎育」, 『황성신문』1908년 12월 23일.
11) 박환의 경우 나혜석의 민족의식의 형성에 나경석과 최승구의 사상이 영향 주었음을 강조하고 있다.
12) 나영균(2004), 『일제시대 우리 가족은』, 황소자리, 44쪽, 55~56쪽.

그리고 1914년경에는 조선노동자들을 위한 운동에 참여하였다. 즉 정태신이 세운 조선인친목회에 관여하였는데, 1914년 9월 1일부터 매월 월례회를 개최하였다. 월례회는 '친목을 위한다'는 것이었으나 목적은 사회주의사상을 보급시키는데 있었다.

1915년 1월 정태신이 상해로 떠나자 나경석이 총간사로서 주도적인 역할을 하였다. 회원들은 오사카에 사는 한국인 노동자 중에서 약간의 교육을 받은 층이었다. 나경석은 한국인 노동자들을 찾아다니며 조금이라도 그들의 생존조건을 개선할 방법을 찾으려고 애썼다.

그는 소작농민의 삶을 "전도에 보이는 것은 궁핍과 간난뿐" 이라고 동정하면서, 그러한 상황을 타개하기 위해서는 "제네랄 스트라익, 사보타지 이것이 그들의 자위자존하는 유일방법이요 삶의 진리이지만 누가 '브나로드'하면서 깃발을 들 사람이 있겠소"[13]라고 하며 지식인의 실천적 역할을 강조하였다.[14] 당시는 일본 사상계에 초기 사회주의가 수용된 시기였다. 일본의 산업화가 진전됨에 따라 발생했던 여러 사회문제를 비판하는 데서부터 출발하였던 초기 사회주의는 노동문제·부인문제·폐창문제 및 광산에서 발생한 폐수로 인해 농작물에 피해를 입힌 사건 등 자본주의 사회가 초래한 사회문제를 개량하고자 지향했는데, 나경석은 이러한 초기 사상을 접하였고 이를 현실에서 실천하고자 하였다.[15]

당시 나경석의 사상과 활동은 나혜석의 사상과 활동에 일정한 영향을 미쳤을 것으로 보인다. 특히 나경석은 나혜석이 일본 유학을 할 수 있도록 아버지를 설득하였고, 또한 그녀가 교육을 계속 받을 수 있도록 후원자

---

13) 「저급의 생존욕」, 『학지광』 4호, 1915. 2. 25쪽.
14) 유시현(1997), 「나경석의 '생산증식론'과 물산장려운동」, 『역사문제연구』 2호, 역사문제연구소, 299쪽.
15) 유시현(1997), 앞의 논문, 300쪽.

로서의 역할을 하였다. 때문에 나혜석은 오빠를 통하여 여성문제 인식을 포함하여 일정하게 사회주의적 경향의 영향을 받았을 것으로 생각되며, 또한 '배일선인'으로 분류되었던 오빠로부터 항일의식을 갖게 되었다고 볼 수 있다.16)

이렇게 나혜석은 오빠인 나경석을 비롯하여 자신을 후원해 주고 지지해 주었던 가족이 있었기에 당시의 여성으로서는 생각해 볼 수 없었던 근대교육의 혜택을 받게 되었고, 이로써 신여성 나혜석이 탄생하게 되며 그의 여성해방인식과 민족의식이 싹트게 되었다.

2. 일본유학 – 여성해방의식과 민족의식의 형성

신여성 나혜석이 탄생할 수 있었던 데에는 그의 일본유학이 중요 관건이었다.

당시 1910년대 초반 여성으로서 일본유학을 떠난다는 것은 많은 어려움이 있었다. 나혜석의 경우 경제적으로는 문제가 없었으나, 아버지가 유학에 찬성하지 않았고, 오빠의 강한 주장으로 유학을 갈 수 있었다. 실제 나혜석은 결혼을 강요하는 아버지의 명령으로 유학 도중 학업을 중단하고 귀국을 하기도 하였다. 그러나 결혼을 거부하고 여주 공립보통학교의 교사로 취직하여 학비를 모음으로서 스스로의 힘으로 유학을 마친다.17) 나혜석은 이러한 자신의 이야기를 「경희」라는 소설로 써서 당시 여자

---

16) 박환(1999), 앞의 논문, 110쪽.
17) 나혜석, 「나의 여교원시대」, 『삼천리』 1935년 7월호. 여기에서 R이라고 되어 있는 것은 나혜석 자신이라고 생각된다. 동경여자미술대학의 학적부에 따르면 대정3년(1914년)의 3학기부터 다음 해까지 휴학하고 있다. 이노우에 가즈에(1999), 「나혜석의 여성해방론과의 특색과 사회적 갈등」, 『나혜석 바로알기 제1회 국제 심포지움』, 72쪽.

유학생을 바라보는 사회의 시선을 드러내고 그에 반박하는 자신의 논리를 잘 표현하고 있다.[18]

일본유학에서 나혜석은 어떠한 교육을 받았을까?

당시 여성의 일본유학은 중류층 이상 여성의 사회진출을 준비하는 과정이었다. 여성의 일본유학은 중등학교 교사나 의사 자격을 얻기 위한 고등직업교육을 중심으로 이루어졌고, 그 밖의 '교양형' 여자전문학교 출신들도 교사나 예술가, 기자 등 전문직에 종사하였다. 이후 이들의 활동은 여성의 제한된 사회진출 공간을 확대하였으며, 여성의 입장에서 여성문제를 제기할 수 있게 해 주었다.

그런데 일본 여자고등교육의 성격은 직업교육, 현모양처교육, '구미형' 교양교육이 혼재된 것이었다. 따라서 여자 일본유학생들은 서구 부르주아적 가치관의 영향을 받는 가운데 여성의 사회적 자아실현에 가치를 두는 한편 여성의 가정 내 역할을 중요시하는 입장을 갖기도 하였다.

이러한 가운데 여자일본유학생들은 지식인의 입장에서 식민지라는 새로운 현실을 타개할 방안에 대해 고민하지 않을 수 없었다. 이 시기 유학생 사회에는 우선 개인적인 실력을 기르자는 분위기가 팽배해 있었는데, 여기에는 자신들이 한국 사회의 앞날을 책임지고 있다는 사명감이 뒷받침되고 있었던 것이다.[19]

이런 조건 속에서 나혜석은 신여성으로 성장하며 여성해방의식과 민족의식을 키워가게 되었다.

먼저 나혜석이 여성해방의식을 키우는데 있어서, 크게 영향 받았던 것이 일본의 분위기였다. 당시 일본에서는 『세이토』(靑鞜, 1911~1916)라는

---

18) 나혜석, 「경희」, 『여자계』 2호, 1918. 3.
19) 박정애(1999), 「1910~1920년대 초반 여자일본유학생 연구」, 숙명여자대학교 대학원 석사논문, 32~33쪽.

잡지가 발간되고 있었는데 이에 크게 영향 받은 것으로 보인다. 나혜석은 이상적 부인의 한사람으로 『청탑』을 주도한 라이초 여사(1886~1971)를 거론하였다.20) 그리고 나혜석이 동경에 첫 발을 내딛은 1913년은 여성해방을 주장하는 분위기가 무르익고 있었고, 당시의 진보적인 잡지였던 『태양』과 『중앙공론』 등의 잡지에서도 앞을 다투어 부인문제에 관한 특집호를 내고 있었다.

이와 더불어 이 시대에는 자유연애를 주장하는 움직임이 활발했다. 일본에서 입센의 「인형의 집」이 초연된 것은 1911년이었으며, 이 공연에서 여주인공 노라의 가출은 여러 파문을 일으켰고, 여러 문학자들이 이와 관련하여 각종의 연애론을 쓰기도 하였다. 이런 동경의 시대적 분위기가 나혜석에게 적지 않은 영향을 미쳤던 것으로 보인다.21)

나혜석은 「이상적 부인」이라는 글에서 그는 완벽한 이상적 여성은 없지만 부분적으로 들 수 있는 인물로 '革新으로 이상을 삼은 카츄샤', '利己로 이상을 삼은 막다', '眞의 연애로 이상을 삼은 노라', '종교적 평등주의로 이상을 삼은 스토우 부인', '천재적으로 이상을 삼은 라이초 여사, 원만한 가정의 이상을 가진 요사노 여사' 등을 들고 있다. 6명의 여성 중 2명이 일본의 신여성들이었다.

라이초는 1911년 잡지 『청탑』 창간부터 발간을 주관하였고, 1912년 「노라씨에게」, 「막다를 읽다」 등의 글을 발표하였으며, 나혜석이 유학한 첫해 1913년에는 「연애와 결혼(엘렌 케이 연재에 즈음하여)」, 「세계의 부인들에게」, 「새로운 여성들」 등의 글을 발표하여, 자아해방에 근거한 여성해방을 줄기차게 주장하고 있다. 라이초는 『세이토』의 창간사에서 여성들

---

20) 나혜석, 「이상적 부인」, 『학지광』 3호, 1914. 12.
21) 노영희(1999), 「나혜석의 '이상적 부인'과 일본의 신여성과의 관련성」, 『나혜석 바로알기 제2회 국제 심포지움』, 92쪽.

마음속에 내재되어 있는 천재적 성향을 끌어내려는 강한 의지를 보이고 있으며, 자신이 신여성임을 주장하고 신여성은 과거의 도덕과 법률을 파괴하기를 원하고 있다고 강력하게 주장한 바가 있다. 라이초는 자신이 "중도에 쓰러지더라도 두 손을 들고 여성이여, 앞으로 나아가라, 나가라"고 마지막까지 외칠 것이라고 다짐하고 있다.

이러한 라이초의 사상은 자의식이 강하고 한국의 봉건적 관습과 관련하여 여성문제에 관심이 많았던 나혜석에게 많은 영향을 주었을 것으로 보인다.[22]

그리고 이렇게 형성된 나혜석의 여성해방에 대한 인식은 민족의 문제에도 그대로 적용되었다. 일본에서 얻어진 나혜석의 여성에 대한 인식은 자연스럽게 일제의 억압 아래 있었던 민족문제에도 그대로 적용되었다.[23]

나혜석의 민족의식의 형성에는 같은 여성으로서 민족의 문제를 고민하고 있었던 김필례(김마리아의 막내고모), 황애시덕 · 김마리아 등의 영향이 컸다고 하겠다. 같은 여성들이었기에 여성의 문제를 공유하면서 민족의 문제를 끌어낼 수 있는 공감대가 형성되었다. 김마리아 등 민족주의자들과 만나면서 그의 여성해방의식과 민족의식은 결합하게 된다.

김필례는 기독교인으로서 정신여학교 1회 졸업생으로, 일본 동경여자학원에 입학하여 서양사를 공부하였는데, 1916년 졸업하였다. 특히 김필례는 이 시기에 동경에서 여자기독청년회 회원으로 활동하기도 하였다. 그는 귀국 후 조선여자기독교청년회를 창설하기 위하여 아펜셀러 부인을 찾아가 김활란과 같이 1922년 조선여자기독교청년회 설립에 앞장섰고

---

22) 앞의 글, 94~96쪽.
23) 이노우에 가즈에(1999), 「나혜석 여성해방론의 특색과 사회적 갈등」, 『나혜석 바로알기 제1회 심포지엄』, 70~71쪽.

초대 총무가 되었다. 그 후 4개의 지방조직을 꾸리고, 여학교기독청년회도 조직하였다.24) 김필례는 기독교 정신 위에서 여성문제와 민족문제를 고민하던 선진여성이었다.25) 나혜석과 김필례의 만남은 조선여자유학생 친목회에서 이루어졌는데, 나혜석은 이러한 만남을 통하여 여성으로서 민족의식을 갖게 되었던 것으로 보인다.

김마리아는 황해도 출신으로 조실부모하고 서울로 올라와 정신학교를 졸업하였고, 1915년 5월 동경에 유학 온 동경여자학원 학생이었다.26) 나혜석은 1915년 잠시 학교를 휴학하고 다시 동경에 돌아왔는데, 이들의 만남은 김마리아가 동경에 오면서부터 이루어 졌을 것으로 보인다. 이 후 조선여자유학생친목회에서 같이 일하게 되었고, 후에 3·1운동 시에도 같이 활동하였다.

황애시덕(황애덕, 황에스터)은 평양출신으로 이화학당 중등과를 졸업하고 당시 동경여자의학전문학교에서 공부하였는데,27) 나혜석과는 조선여자유학생친목회에서 만났고, 당시 『여자계』의 편집부원으로 활동하였다.28)

이들 여성들의 공통점은 기독교인들이었다는 점이다.29) 당시 기독교

---

24) 최은희(1991), 『한국근대여성사』(하), 추계 최은희전집 3, 197~198쪽.
25) 천화숙(2000), 『한국여성기독교 사회운동사』, 혜안, 97~99쪽. 김필례는 해방 후에는 광주 수피아여학교 교장(1945~1947)과 정신여고 교장(1947~1961)을 역임하였다.
26) 국가보훈처(1988), 『독립유공자 공훈록』 5, 487쪽. 김마리아는 김필례의 조카이다.
27) 최은희(1991), 『한국근대여성사(하)』, 앞의 책 3, 23~26쪽. 황에스터는 1892년생으로 송죽회 활동 이후 1914년 이화학당 대학과에서 1년 공부, 평양 기홀병원에서 의학공부 1년, 숭의학교 교원, 일본 유학 등의 경력을 갖고 있다. 황에스터와 김마리아가 친해진 것은 1917년 동경 유학 시절부터였다고 한다. 이들은 3·1운동에도 함께 참여하였고, 상해 임시정부가 명명해준 대한민국애국부인회의 활동에서 회장과 총무부장으로 활동하였다. 최은희(1991), 『한국여성개화열전』, 앞의 책 4, 179~192쪽.
28) 「소식」, 『여자계』 2호.
29) 김마리아 황애덕 등은 대지주 집안의 여성이었지만, 선교사의 권유와 학비 지원이 일본 유학의 결정적 동기로 작용하였다고 한다. 박정애(1999), 「1910~1920년대 초반 여자

여성들은 개화한 가정에서 자라면서 여성으로서의 자의식을 갖게 되었고, 치외법권의 영역이었던 종교학교 교육을 통하여 어느 누구보다도 민족정신을 일찍이 갖게 되었다.

특히 1910년대 일제의 무단통치 속에서 합법적 테두리에서의 조선인의 활동은 종교와 교육에 겨우 의존하고 있었기에 민족의식이 고양될 수 있는 공간은 여성들의 경우 기독교와 기독교학교들을 통하여서 가능하였다.

더욱이 황애시덕은 1913년 기독교 여성들의 송죽회라는 비밀결사를 조직한 장본인이었다. 1913년 9월 평양의 숭의여학교 교사 황애덕, 이효덕 및 숭현여학교 교원 김경희, 교회부인 안정석 등이 당시 일제의 무단헌병통치 속에서 독립을 위한 비밀결사 조직의 필요성을 인식하고 박혜숙 · 이마대 · 채광덕 · 송복신 · 황신덕(황애덕의 동생) 등을 포섭하면서 약 20명의 여성들이 모여 송형제로 뭉치면서 창립되었다. 이 단체의 구체적 목표는 여성들에 대한 애국심과 우국적인 자각의 고취, 독립지사들 가족의 생활보조, 독립운동의 연락 활동 등이었다.

이 단체는 비밀결사조직으로 점조직으로 운영되었는데, 포섭자와 포섭대상자의 일대 일의 관계만 있을 뿐 수직 수평적인 연관성은 비밀에 부쳤다.[30] 3 · 1 운동 시 평양시위에서 눈부신 여성 참여는 이 송죽회의 조직에 의해서였으며, 대한애국부인회도 그 기본 조직의 배경은 송죽회였다.[31]

　　일본유학생 연구」, 숙명여대 석사학위 논문, 28쪽.

30) 최은희(1991), 『한국여성개화열전』, 앞의 책 4, 179~192쪽. 학생회원들은 방학을 이용하여 수놓기, 편물 등으로 약간의 돈을 마련하여 월회비 30전씩을 납부하였고, 송형제들은 매달 1번씩 정기 집회를 열고 각자가 포섭한 회원의 인물점검과 회비의 수납 성적, 재정의 처리 등을 논의하였다. 수납된 자금은 해외에서 활약하는 독립지사들의 생활비와 독립자금으로, 또한 국내에 들어온 독립운동가들의 생활비와 독립자금으로 쓰여졌고, 밀입국한 독립지사들의 활동에 필요한 숙박비, 여행비, 출국경비로 충당되었다.

31) 박용옥(1984), 앞의 책, 171~173쪽.

이러한 전력을 갖고 있었고 개인적으로 조선사회의 여성으로서 어려움을 갖고 있었기에[32] 황애시덕은 일본 유학시 『여자계』 편집에 관여하면서 나혜석과 여성문제 · 민족문제 등에 대한 공감대를 형성할 수 있었다.

나혜석은 어렸을 때부터 기독교를 믿기는 하였지만 세례를 받은 것은 1917년 12월 동경의 조선교회에서 조선인 목사로부터였다. 이로 볼 때도 유학시기 나혜석의 사상에 많은 영향을 주었던 것이 기독교 여성들의 기독교 민족주의 · 여성주의가 아니었을까?

당시 나혜석의 여성해방의식과 민족의식은 발표하였던 글들 속에서 잘 나타나고 있다.

나혜석은 「이상적 부인」에서 현모양처(당시 계몽기에 주장된 현모양처란 것은 여성도 국민의 한사람으로서 근대 국민의 어머니와 아내로서의 역할을 잘 할 수 있어야 하므로 여성에게도 교육이 필요하다는 주장을 담고 있었다)란 교육가들이 상업적으로 내세우는 것에 불과하며, 온양유순이라는 것도 여자를 노예로 만들기 위한 것에 지나지 않는다고 비판하였다.

나아가 「잡감」[33]에서는 그 때까지 여성에게 미덕이라고 강요되어 온 빙긋 웃고 살짝 돌아서며 말 안하는 것은 허구이며, 오히려 비난을 감수하더라도 그런 미덕이라는 것을 거스르고 나아가는 것이 여성의 임무임을 강조하였다. 그리고 조선의 여성도 사람이 될 것을 다음과 같이 주장하였다.

---

32) 황애덕은 과년한 여자아이라고 하여 학교에 다닐 수가 없자 단식투쟁을 하여 학교에 갔고, 부모들끼리의 약속으로 졸업 전 약혼을 하였으나, 1913년 이화학당을 졸업하고 숭의여학교 교사로 내려오면서 이 문제를 직접 처리하여 결말을 냈다. 교육과 결혼에서 당시 여성들의 문제를 체험했고, 이를 당당히 부딪치며 해결 해 나갔다.

33) 「잡감」, 『학지광』 12호, 1917. 4.

우리 朝鮮 여자도 인제는 그만 사람이 좀 되바야만 할 것이 아니오?
女子다운 女子가 되어야 할 것이 아니오? 美國女子는 理性과 哲學으로
여자다운 여자요, 佛國여자는 科學과 藝術로 여자다운 여자요, 獨逸女
子는 勇氣와 勞動으로 여자다운 여자요. 그런데 우리는 인제서야 겨우
女子다운 女子의 第一步를 밟는다 하면 이 너무 늦지 않소? 우리의 비운
은 너무 참혹하오 그래

즉 미국·프랑스·독일 여자 등과 비교하여 조선여자도 이제 여자다
운 여자가 되어야 함을 강조하고 있다. 즉 나혜석은 다른 나라와 비교하
여 조선의 자주적인 의식 하에 여자다운 여자가 될 것을 강조하고 있다.

또한 「잡감―K언니에게 여함」에서도 다음과 같이 주장하고 있다.

1은 조선여자도 사람이 될 욕심을 가져야겠소…… 내가 여자요 여자
가 무엇이지 알아야겠소. 내가 조선 사람이오. 조선 사람이 엇더케 해야
할 것을 알아야겠소.

2는 자기 소유를 만들려는 욕심이 있어야겠소…… 일본은 남의 문화
를 수용하되 일본화하는 것이오 일본 사람은 외적 자극 받아가지고 내
적 조직을 만드는 것이오 우리도 배우는 학문을 내 소유로 만들어야겠소.
조선화시킬 욕심을 가져야겠소.

3은 활동할 욕심을 가져야겠소…… 탐험하는 자가 없으면 그 길은
영원히 못 갈 것이요, 우리가 욕심을 내지 아니하면 우리 자손들을 무엇
을 주어 살리잔 말이오 우리가 비난을 받지 아니하면 우리의 역사를 무
엇으로 꾸미잔 말이오? 다행히 우리 조선 여자 중에 누구라도 가치 있
는 욕을 먹는 자가 있다 하면 우리는 안심이오.[34]

즉 여성들에게 자기 것을 갖고 사람이 되고 활동할 것을 촉구하고 있
는데, 특히 조선의 여성으로서 배운 것을 조선화 시킬 것을 강조하였다.

---

34) 「잡감―K언니에게 여함」, 『학지광』 13호, 1917. 7.

이렇게 당시의 글 속에서 나혜석은 여성문제와 민족의 문제를 연결시키기 시작하였다. 전체로서의 여성이 아니라 식민지의 여성으로서의 한국여성의 문제를 제기하기 시작하였던 것이다. 이 시기 그의 여성해방사상은 자연스럽게 민족의식으로 전개되었다.[35]

여기에서 신여성으로 탄생한 나혜석의 면모를 볼 수 있다. 나혜석은 근대교육을 받았고 이를 통해 여성으로서의 자아를 깨닫고 여성해방을 주장하였으며, 이를 기반으로 여성의 사회적 성취에 많은 관심을 가졌고, 또한 자유연애 · 자유결혼을 기반으로 하는 평등한 가족을 꿈꾸었으며, 식민지 조선의 여성으로서 여성문제의 해결과 민족문제의 해결을 항상 같이 고민하였다.

Ⅲ. 조선여자유학생친목회 활동과 『여자계』의 발간

신여성 나혜석의 여성의식과 민족의식은 구체적 행동으로 표현되었다. 1915년 조선여자유학생친목회 결성과 활동이 그 시작이었다. 1915년 4월 3일 김필례, 나혜석 등 10여명이 발기하여 조선(동경)여자유학생친목회를 결성하였는데, 설립 목적은 "재경 조선 여자 상호간의 친목 도모와 품성 함양이었다".[36] 초대 회장으로 김필례가 선출되었고, 그 밖의 임원구성은 보이지 않는다.[37]

---

35) 이것을 이상경은 여성의 자기인식으로 해석하고 있다. 이상경(2000), 앞의 책, 37쪽.
36) 박정애(1999), 앞의 글, 33쪽. 박정애는 이를 동경여자유학생친목회라고 하고 있다. 1917년에 가서 동경여자친목회를 본부로 삼고 일본 각 지방에 있는 여자친목회와 밀접한 관계를 맺게 되었다고 하고 있다.
37) 『학지광』 제5호, 1915, 64쪽.

동경조선여자유학생친목회는 창립 초기 친목 모임의 성격을 가지면서 동경에 있는 여자유학생들의 단결과 지식교류를 도모하였다.

그러나 이의 창립은 이 시기 일본 유학생 사회에 실력 배양의 분위기가 고조되고 남자유학생 중심의 통일단체인 유학생학우회38)가 1913년 결성된 상황 속에서 여자유학생들의 문제를 생각해 보고 조선의 여성문제를 따로 보자는 것으로 여자유학생들만의 성별조직을 마련하였다는 점에서 의미를 갖는다. 이제 여성들이 남자유학생들과는 달리 여성들만의 조직이 필요하다는 것을 느끼고 이를 실천하였던 것으로, 특히 식민지 조선에서 여성이 처한 특수한 문제에 관심을 가지고 여성문제를 사회문제의 일환으로 제기하기 위한 여성주체세력의 형성 기반을 마련하기 시작한 것이다.

나혜석이 이러한 여성유학생단체의 설립에 적극 관여하였던 것은 자신이 갖고 있었던 여성의식과 민족의식의 발로에서 비롯된 것이었다.

1917년 이후 동경조선여자유학생친목회는 전체여자유학생의 대표단체로서 성격을 갖기 시작하였다. 10월 17일 임시총회를 계기로 동경여자유학생친목회를 본부로 삼고 일본 각 지방에 있는 여자유학생친목회의 대표가 총회에 참석하기 시작하였다. 특히 이러한 조직의 확대는 기독교와 일정한 관련을 가진 것으로 보인다. 이날 총회에서는 김마리아를 회장에 나혜석을 총무로 선출하고 여성잡지『여자계』의 편집 사무를 주간하기로 결정하였다. 그리고 편집부장 김덕성, 편집부원 허영숙 · 나혜석, 찬조원 전영택 · 이광수 등을 임명하여 편집부를 구성하였다.39)

1917년 10월부터『여자계』는 일본여자유학생친목회의 기관지로 발행된다.『여자계』는 1917년 봄에 등사판으로 처음 나왔다가, 6월 말 당국의

---

38) 당시 유학생들은 출신지역별로 조직되어 있던 단체들의 통일단체를 구성하여 유학생학우회를 결성하고 기관지『학지광』을 통하여 유학생들의 신사상을 선전하였다.

39)「소식」,『여자계』 2호, 참조.

인가를 받고 활판으로 공식적인 창간호를 낸 여성잡지였다.[40] 이는 처음 여자유학생들 간의 간단한 소식지 형태로 나왔다가, 유학생뿐만 아니라 조선 본국의 여성들에게도 발언하는 여성잡지로서 위상을 높이면서 당국의 인가도 받고 활판으로 만들어 공식적으로 발행하였던 것으로 보인다.

『여자계』는 여자 사회의 개혁을 담당할 선도자로 자임한 여자유학생들의 사명감이 넘치는 잡지였다. 특히 나혜석은 경비문제로『여자계』발간이 사실상 어렵자, 1918년 1월 전영택과 함께 적극적으로 간행 기금을 모금하여 1918년 3월 하순『여자계』2호가 발행될 수 있게 하였다.[41]

나혜석은『여자계』제2호(1918년 3월)에는 소설「경희」와 시「光」을, 그리고 3호(1918년 9월)에는「회생한 손녀에게」를 실었다. 이 글들은 나혜석이『여자계』가 발간되기 전 학우회의 기관지였던『학지광』에 실었던「이상적 부인」(1914. 12),「잡감」(1917. 3),「잡감－K언니에게 여함」(1917. 7) 등과 같은 맥락에서 쓰여진 글들이었다.

「경희」는 나혜석의 자전적 글로서 일본유학생 경희는 방학에 돌아와 집안일을 도우며 당시 사회의 '신여성'에 대한 편견을 불식시키고자 노력한다. 그러나 아버지가 결혼을 강요면서 "계집애라는 것은 시집가서 아들 딸 낳고 시부모 섬기고 남편을 공경하면 그만이니라"고 하자 경희는 "그것은 옛말이에요, 지금은 계집애도 사람이라해요, 사람인 이상에는 못할 것이 없다고 해요, 사내와 같이 돈도 벌 수 있고, 사내와 같이 벼슬도 할 수

---

40)「소식」,『학지광』13, 1917. 84쪽: 평양숭의여학교 동창회 잡지부에서는 '인가는 우리가 득하였는데, 명예는 동경여자유학생친목회에 주었다'고 하고 있다.「소식」,『여자계』제2호, 1918. 75쪽:『여자계』의 발간과 창간호 등에 대하여는 서정자(2000),「나혜석의 처녀작 '부부'에 대하여－최초의 여성작가론」,『나혜석 바로알기 제3회 심포지엄』, 25~27쪽.

41) 박경식(1975),『재일조선인 관계 자료 집성』제1권, 동경, 삼일서방, 68~70쪽.

있어요. 사내가 하는 것은 무엇이든지 하는 세상이에요"라며 당차게 말하는 여성이다. 나혜석은 이 글에서 조선의 현실 속에서 고뇌하는 신여성의 입장을 자신의 처지와 관련하여 사실적으로 그려줌으로써 당시의 여성의 문제를 정확히 보여 주고 있다.[42]

그리고 「회생한 손녀에게」에서는 조선인에게 필요한 것은 조선적인 것이라는 것을 강조하고 있다. 아마 이것은 조선의 여성들이 조선 여성의 문제를 해결하기 위해서는, 또는 조선인들이 조선의 문제를 해결하기 위해서는 서구의 이론이나 방식이 아닌 조선인만이 가질 수 있는 방법으로 문제를 해결할 수 있다고 보고 있다. 나혜석의 여성의식과 민족의식의 일면을 볼 수 있는 대표적 글이라 하겠다.

이 후 동경조선여자유학생친목회는 매년 3차의 정기총회를 열고, "호상친목하며 감상과 학식을 대론하고 여러 가지 회무를 처리"했다.[43] 또한 임시회를 열고 『여자계』간행을 위한 기금 모집에 힘썼으며, 시사에 관한 사항을 논의하기도 하였다.[44] 특히 시사에 관하여는 조선의 근대화 문제, 제1차 세계대전, 여성해방론, 민족문제 등이 주요 주제였다.[45]

이러한 여성문제인식과 민족문제인식에 기반한 여자일본유학생들의 활동은 2 · 8독립선언과 3 · 1운동의 주도로 이어졌다.

1920년 조선여자학흥회가 설립되면서 동경조선여자유학생친목회는 이에 흡수되었다. 여자학흥회는 『여자계』발간을 여자유학생들이 온전히

---

42) 소설 「경희」에 대해서는 여성문학계에서 많은 연구들이 있다. 김복순은 「'경희'에 나타난 신여성 기획과 타자성」에서 나혜석이 이 소설을 통하여 신여성에 대한 부정적 인식을 말끔히 불식시키는 한편 이상적인 신여성상을 형상화해 보여준다고 보고 있다. 『나혜석 바로알기 제4회 심포지엄』 125쪽.
43) 『여자계』 4호, 1920. 3. 67쪽.
44) 박경식(1975), 앞의 책, 89쪽.
45) 박환(1999), 앞의 글, 118쪽.

맡게 됨에 따라 처음에는 잡지 발간을 위해 동경조선여자유학생친목회 내부에 별도로 조직한 단체였는데, 이후 여자유학생의 활동이 여자학흥회에 집중되자 동경조선여자유학생친목회는 자연스럽게 조선여자학흥회에 흡수되었다.[46]

Ⅳ. 초기 3·1운동 지도

나혜석은 『여자계』 2호가 발간된 즈음 1918년 3월 동경여자미술학교를 졸업하고 4월 귀국하였다. 일본 유학 기간 동안 1915년 12월 아버지 나기정이 사망하였고, 이어 애인 최승구가 1916년 4월 사망하였다. 그후 나혜석은 오빠 나경석의 권유로 쿄토에서 유학중이던 김우영과 사귀게 되었고, 귀국 즈음에는 결혼을 약속한 사이로 발전하였다.

나혜석은 서울에 돌아온 후 모교인 진명여학교에서 교편을 잡았으나 8월경에 건강이 좋지 않아 그만 두고 집에서 그림 공부를 하였다. 『여자계』 3호(1918년 9월)에 단편 소설 「회생한 손녀에게」를 발표한 것이 이 즈음이었다. 그리고 1919년 1월 21일부터 2월 7일까지 『매일신보』에 「섣달대목」이라는 주제로 4회, 「초하룻날」이라는 주제로 5회, 모두 9회의 만평을 연재하였다.[47]

이즈음 동경에서는 유학생들을 중심으로 2·8독립선언이 있었다. 당시 일본 유학생들은 윌슨의 민족자결주의의 원칙 아래 우리 민족도 반드시 자주 독립을 획득해야 하며, 이 목적을 달성하기 위해서는 유학생들이

---

46) 박정애(1999), 앞의 글, 38쪽.
47) 나혜석의 연보는 이상경(2000), 앞의 책, 686~698쪽 참조.

앞장서서 희생적 정신으로 간난을 이겨내고 전진해야 될 것이라고 논의하였다. 그리고 1919년 2월 8일 동경유학생들은 학우회총회를 기독교 청년회관에서 열기로 하고 이를 기회로 400명의 유학생이 모인 가운데 독립선언문과 결의문을 낭독하였다. 이 때 일제는 선언서 선포에 참가한 많은 학생들을 붙잡아 갔다. 선언서에 서명한 10명의 서명위원과 기타 10명이 검거되어 출판법 위반 죄목으로 동경 지방재판소에 송치되었고 다른 유학생들은 9일 석방되었다.[48]

이 때 조선여자유학생친목회 회원들도 이에 가담하여 활동하였는데 김마리아와 황애시덕은 경시청에 체포되었다가 풀려났으며 이후 귀국하여 국내운동을 전개하고자 하였다. 사실 이보다 이전인 1월 6일 조선여자유학생친목회 회원들인 김마리아 · 황애시덕 · 노덕신 · 유영준 · 박정자 · 최청숙 등은 독립운동에 대하여 논의를 하였는데,[49] 김마리아는 국내에서 만세운동을 전개하기 위하여 2월 15일에 부산에 도착하였으며, 광주를 들러 2월 21일에는 서울에 도착하였다.[50] 황애시덕은 2월 28일 동경에서 귀국하였다.[51]

국내에 들어온 김마리아와 황애시덕은 여성들을 중심으로 하는 만세운동을 추진하고자 하였고, 이를 위해 김마리아는 나혜석에게 일본에서의 만세운동에 대하여 이야기하고 함께 활동할 것을 권유하였다. 이에 동의한 나혜석은 3월 2일 김마리아와 함께 이화학당 박인덕의 방으로 갔다[52].

---

48) 독립운동사 편찬위원회(1975), 『독립운동사』 제3권, 3 · 1운동사(하), 655~660쪽.
49) 국사편찬위원회(1991), 「김마리아 신문조서」, 『한민족독립운동사자료집』 14, 3 · 1운동 4, 291쪽.
50) 국사편찬위원회(1991), 「김마리아 신문조서」, 앞의 책, 289쪽.
51) 국사편찬위원회(1991), 「황애시덕 신문조서」, 앞의 책, 305쪽.
52) 이화여자대학교(1967), 『이화 80년사』, 118~119쪽. 당시 이화학당에서는 안팎 곳곳에서 비밀회합이 거듭되었다고 한다. 신마실라 박인덕 신준려 김활란 황애시덕을 비롯한 10

박인덕의 방에는 나혜석을 비롯하여 김마리아 · 박인덕 · 황애시덕 · 김하르논 · 손정순 · 안병숙 · 안숙자 · 신체르뇨 · 박승일 · 안병수 등 11명이 모였다.[53]

이 모임에서 김마리아는 어제 남학생들이 먼저 독립운동을 시작하였는데 여자 쪽은 어떻게 하였으면 좋겠는가라고 논의를 시작하였다. 이때 황애시덕은 세 가지 방안을 제시하였다. 첫째, 부인단체를 조직하여 조선의 독립을 전개할 것, 둘째, 남자단체와 여자단체와의 사이에 연락을 취할 것, 셋째, 남자 단체 활동에서 할 수 없을 때에는 여자단체가 그 것을 대신하여 운동할 것 등이었다. 나혜석은 위의 두 가지에는 찬성하고 세 번째 안에 대해서는 입장을 밝히지는 않았던 것 같다. 이어서 활동자금에 대한 논의가 있었는데, 이는 개인들이 따로 마련하자고 하였다. 아울러 김마리아는 이 단체를 영구히 지속화시키기 위하여 회장을 선출하자고 제의하였다. 그리고 향후 계획은 3월 4일 다시 모여서 논의하기로 하였다.[54]

나혜석은 이 논의에 따라 부인단체를 조직하고 그에 필요한 자금을 조달하기 위하여 3월 3일 오후 개성으로 출발하였다. 개성에서는 정호여숙의 교장인 이정자를 방문하였다. 나혜석은 지금 경성에서는 여자단체를 조직하여 독립운동을 하기로 되어 있으니 만약 이 곳에서도 그런 일이 있으면 통지하고 연락을 취해 달라고 말했는데, 그는 찬성은 하지만 교장으로서 참가할 수는 없다고 하였다. 나혜석의 진술에 따르면 이정자의 질녀가

여명이 모였다고 한다. 때로는 나혜석 등 밖의 인사들도 왔다고 한다. 최은희(1991), 「황애덕」, 『한국여성개화열전』, 앞의 책 4, 181쪽.

53) 국사편찬위원회(1991), 「나혜석 신문조서」, 앞의 책, 298쪽: 국사편찬위원회(1991), 「신준려 신문조서」, 앞의 책, 301쪽.

54) 국사편찬위원회(1991), 「나혜석 신문조서」, 앞의 책, 298쪽.

경성의 여자고등보통학교에 다니는데 나혜석과 이웃에 살아서 찾아 갔다고 하고 있다.

나혜석은 이어 평양으로 가 정진여학교 교사 박충애를 방문하였다. 박충애는 나혜석의 설명을 들은 후 자신이 관헌의 주목 대상이어서 움직일 수는 없지만 가능한대로 참가하겠다고 뜻을 밝혔다. 박충애는 수원 삼일여학교 동창으로 서로 1등을 다투었다고 한다. 이화학당을 졸업한 이후 강원도 원주 감리교회 부속초등학교 교원으로 일하였으며, 일본에 유학하여 橫濱에 있는 여자신학교를 다녔다.

위의 개성과 평양 방문내용은 나혜석의 진술서의 내용[55]이기에 그 것을 액면 그대로 다 믿을 수는 없다. 이전에 나혜석이 이정자·박충애와 민족문제에 대한 아무런 교감이 없었다면 어떻게 중요하고 비밀스러운 일을 전개하고자 하는데 찾아 갔겠는가 하는 점이다. 개성과 평양은 황해도와 평안도의 중심지이다. 이 지역에 나혜석이 특별히 방문 한 것은 단순히 개인적 만남을 위해서가 아니라 그 지역의 여성들을 수합하고, 이를 전국적인 규모의 여성조직으로 만들어 가기 위한 작업이었을 것으로 보인다. 개인적으로 간 것으로 강조하고 있지만 이들을 끌어들이지 않기 위하여 소홀하게 대답하고 있다. 그리고 나혜석이 이렇게 중요한 조직 확대 일에 앞장서고 있는 것은 3·1운동 당시 나혜석의 위상을 말 해주는 것이기도 하다.

이후 3월 5일 나혜석은 서울로 돌아왔다. 나혜석이 부재중 4일 회합이 있었고, 여기에서 단체 조직이 구체화되고 조직 인선이 있었다. 나혜석·황애시덕·김마리아·박인덕 등 4인이 간사로 선정되었다. 간사는 자금을 조달하기로 하였으며, 박인덕은 주로 학생 쪽을 돌보기로 하였다.[56]

---

55) 국사편찬위원회(1991), 「나혜석 신문조서」, 앞의 책, 299쪽.
56) 국사편찬위원회(1991), 「황애시덕 신문조서」, 앞의 책, 307쪽

한편 3월 5일 신준려와 박인덕은 여성단체의 논의에 따라 이화학당의 식당에서 아침식사 때 학생들에게 만세를 부르도록 지도하였다.[57]

이 사건으로 인하여 나혜석은 김마리아 · 황애시덕 · 박인덕 등과 함께 일경에 체포되어 3월 18일 경성지방검사국에서 심문을 받았다. 그 결과 투옥되었다가 김마리아와 함께 1919년 8월 증거 불충분으로 면소되었다.

그런데 나혜석의 경우 이화학당에서 3월 2일의 모임이 있기 전에 자신의 모교인 진명여학교 만세운동에 영향을 미쳤다. 즉 3월 2일 11시 나혜석은 진명여학교 기숙사로 가서 재학생 이정희에게 독립선언서 한 장을 전하였다. 그리고 재촉하는 태도로 "오늘 오후 1시경 기숙사생 전부를 데리고 종로로 나와서 만세시위에 참가하라"고 촉구하였다. 이정희는 이에 매우 감격하여 정희로 · 김영숙 · 최관실 등을 불러 시위에 참가하기 위한 준비를 하였다. 그리고 학생들은 교원들이 저지함에도 담을 넘는 등의 방법을 써서 경복궁 3문 해태 앞으로 모여 종로 쪽으로 나가려고 하였다. 그러나 도중에 경기도 경찰국 형사대가 돌연히 나타나 학생들 전부를 연행해 갔다. 물론 시위에는 참여하지 못하였지만 이 사건은 진명여학교의 3 · 1운동 참여의 중요한 사실로서, 이 핵심에 나혜석이 있었던 것이다.[58]

이로 볼 때 3 · 1운동 시 나혜석은 일본에서 김마리아가 오기 전 이미 국내의 일정 세력들과 연계하여 학생운동에 관여하고 있었음을 알 수 있다.

이러한 활동은 신여성 나혜석의 민족의식을 드러낸 대표적 활동으로 조선여자유학생친목회 활동에 이어 역시 여성운동과 민족운동을 연결시킨 활동이라고 하겠다.

---

57) 국사편찬위원회(1991), 「신준려 신문조서」, 앞의 책, 302쪽.
58) 최은희(1991), 『한국근대여성사』(중), 앞의 책 2, 129~132쪽: 서굉일(2001), 앞의 논문, 63쪽.

그러나 나혜석은 3·1운동 이후 정신여학교 미술교사로 재직하였고, 김마리아 황애시덕 등이 참여한 비밀여성조직인 대한민국애국부인회 활동에는 참여하지 않았다.[59] 이는 나혜석이 1920년 4월 결혼 등 개인적인 이유와 화가로서의 자신의 본업에 충실하면서 나타난 현상이 아니었는가 한다. 그리고 1919년 12월에는 어머니가 사망하였다.

V. 의열단활동 등 민족운동 지원

1920년대에 들어 나혜석은 결혼과 함께 그림 그리는 일에 많은 시간을 보내게 되었다. 그러면서 1919년 3·1운동의 경험을 바탕으로 여성단체가 설립되고 신여성들을 중심으로 여성운동과 민족운동이 활발하게 전개되었던 상황에서 단체활동에 참여하지 않았다. 이 점은 그가 유학시절 조선여자유학생친목회의 핵심멤버로 활약하고 『여자계』 발간을 주도하였으며, 또한 3·1운동 시기 여성계의 대표로서 활동해 왔던 것과 비교해 본다면 큰 변화라고 할 수 있다.

그러나 1920년대 초반 조선노동공제회 잡지인 『공제』에 「早朝」를 발표하고,[60] 『개벽』에 「開拓者」를 발표한 것[61]을 보면 나혜석이 개인적 삶에

---

59) 대한민국애국부인회는 혈성단과 대조선독립애국부인회가 임시 정부 수립을 앞두고 통합된 조직으로 전국적 조직망을 갖고서 연계하여 독립투사를 돕고 군자금을 모집하였다. 회장에 김마리아, 부회장에 이혜경, 총무에 황에스터였다. 이송희(1999), 「일제하 부산지역 여성단체에 관한 연구─1920년대를 중심으로」, 『국사관논총』 83집, 247~248쪽: 박용옥(1984), 앞의 책, 174~181쪽.

60) 나혜석, 「조조」, 『공제』 창간호, 1920년 8월.

61) 나혜석, 「개척자」, 『개벽』 13호, 1921년 7월.

안주한 것은 아니라고 보인다. 이는 3 · 1운동을 통해 민중의 힘을 새롭게 인식한 그녀가 조선 청년 지식인의 사회와 호흡을 같이 하였음을 보여주는 것이라고 할 수 있다.

이러한 경향은 나혜석의 글에서도 나타나는데, 1920년『신여자』4호에 발표한 수필「4년전의 일기 중에서」에서는 일본 유학시절인 1917년 여름방학을 이용하여 경성으로 돌아오던 기차에서의 일본인에 대한 불쾌감을 직설적 어법으로 표현하였다.[62]

그리고 1921년 남편 김우영이 일본 외무성으로부터 만주 안동현 부영사로 부임하게 되자 나혜석은 만주에 이주하여 살게 되었다. 이 때 나혜석은 여자야학을 개교하고 조선인 학생들을 대상으로 교육활동을 적극적으로 전개하였으며 이것이 당시『동아일보』를 통하여 국내에 알려졌다.

> 우리 朝鮮女子를 위하여 熱心 盡力하는 나혜석 여사는 금번 當地 8番
> 通 泰誠醫院 내에 女子夜學을 설립하고 매주 3일간 오후 7시에서 10시
> 까지 單獨히 熱誠으로 敎鞭을 執한다 하며, 입학지원자가 逐日踏至한다
> 더라(安東)[63]

이 내용으로 볼 때 나혜석은 비록 남편이 일본관리가 되어 만주에 머물고 있었지만 조선여성들이 배워야 한다는 뜻은 여전하였고, 거기에서 자신이 할 수 있는 일을 여자야학이라고 생각하고 단독으로 이를 실행하였던 것으로 보인다. 나혜석의 여성해방 · 민족의식에는 변함이 없었음을 보여준다.

그리고 나혜석과 남편 김우영은 의열단 단원 등 독립운동자들의 활동을 적극 지원하였다.

---

62)「4년전의 일기중에서」,『신여자』4호, 1920년 6월.
63)「安東縣 女子夜學」,『동아일보』1922년 3월 22일.

의열단[64]은 1919년 11월 만주 길림성에서 조직된 항일 비밀결사로 폭력을 독립투쟁의 중요 수단이라고 보고 조선총독 이하 고관, 군부수뇌, 대만총독, 매국노, 친일파거두, 적의 밀정, 반민족적 토호열신 등을 암살 대상으로 규정하고 조선총독부, 동양척식주식회사, 매일신보사, 각 경찰서, 기타 왜적 중요기관을 파괴대상으로 정하였다. 의열단은 창단 직후부터 대대적인 의열 활동에 들어갔다. 의열단의 의백이었던 김원봉은 1922년 신채호선생을 만나게 되고, 신채호선생은 의열단의 지침이 될 역사적 선언문 「조선혁명선언」을 1923년 1월 작성하였다. 약산이 이끌던 의열단은 제1차, 2차, 3차의 의열 활동을 실시하였다.

부산경찰서 폭탄사건, 밀양경찰서 폭탄사건, 조선총독부 폭탄사건, 상해 황포탄사건, 김상옥격전사건, 동경 이중교 폭탄사건 등 수많은 구국투쟁이 의열단원을 통해 전개되었다. 1923년 김상옥은 종로경찰서를 부수고 왜경과 총격전을 벌렸다.

나혜석은 1923년 3월의 의열단이 주도한 '黃鈺경부 폭탄사건'에서 의열단 단원을 도와주었다. 이 사건은 의열단이 1923년 5월을 기하여 조선총독부 · 조선은행 · 경성우체국 · 경성전기회사 등에 대한 폭파는 물론, 사이토총독과 미스노정무총감을 대상으로 한 대규모의 암살계획을 실행에 옮겨 일제에게 결정적인 타격을 주고자 추진하였던 독립운동사건이었다.

---

64) 의열단에 관하여는 다음 연구들이 있다.

염인호(1992) 『김원봉연구』, 창작과 비평사; 박태원(2000), 『약산과 의열단』, 깊은 샘: 김학준 · 이정식(1988), 『혁명가들의 항일회상』, 민음사; 한홍구 · 이재화(1986), 『한국민족해방운동사자료총서』 3권, 경원문화사, 송건호(1985), 『의열단』, 창비: 김창수(1988), 「의열단의 성립과 투쟁」, 『한국민족독립운동사』 4: 노경채(1985), 「김원봉의 독립운동과 사상」, 『백산학보』 30 · 31합집: 염인호(1992), 「상해시기(1922~1925) 의열단의 활동과 노선-진보적 민족주의 노선의 성립」, 『허선도선생 정년기념한국사학논총』, 일조각.

이를 위해 의열단에서는 북경에서 폭탄 36개, 권총 5정, 그리고 신채호가 작성한 「조선혁명선언」 등의 문서와 전단 3,000매를 국내로 반입하여 거사를 도모하고자 하였으나 일제 경찰에게 발각되어 실패하였으며, 김시현·박기홍·유석현·황옥·백영무 등이 각각 12년에서 6년의 징역형을 받았다.

그런데 이 사건의 전개과정에서 나혜석 부부는 의열단 단원들에게 여러 가지 편의를 제공해 주었으며, 나혜석은 감옥에 있었던 의열단 단원들을 직접 방문하여 걱정해 주고 정신적으로 용기를 북돋아 주었고 유석현이 출소한 후에는 비밀리에 보관하고 있던 권총 2자루를 돌려주기도 하였다.[65]

그리고 또한『동아일보』부산지국 기자로 상해 임시정부 주최 국민 대표자회의에 참석하였다가 의열단에 가입하였던 문시환이 자금모집을 위해 귀국하다가 안동현에서 압록강을 건너기 직전 일본 경찰에 체포되었다. 동향이었던 김우영은 문시환의 석방을 위해 노력하였으며, 문시환은 무사히 귀국하였다고 한다.[66] 문시환은 바로 의열단의 제3차 암살 파괴 운동에 참여하려 하였던 것이다. 당시 김원봉은 경비 조달을 위해 1923년 12월 200명의 단원 가운데 11명을 선정하여 의열단 신임장을 휴대하고 각각 자기가 바라는 한국 내 각 지역에 잠입할 것을 명하였는데, 의열단의 동태 파악에 혈안이 되어 있었던 일제 경찰에 의해 12월 22일 구여순을 시작으로 김정현·오세웅·강일 등이 체포되었고, 29일 문시환이 체포되었던 것으로, 이때 김우영의 도움이 있었던 것이다.[67]

의열단 단원이었던 유자명도 회고록에서 나혜석이 의열단 단원들을

<hr />

65) 황민호(2002), 앞의 글, 125쪽: 유석현, 「잊을 수 없는 사람들」,『한국경제신문』1984. 11. 6.
66) 서굉필(2001), 앞의 글, 66~67쪽.
67) 염인호(1992), 앞의 책, 72쪽.

도와주었음을 기록하고 있다. 특히 유자명은 김마리아가 애국부인회 사
건으로 대구 감옥에 갇혀 있을 때 나혜석이 김마리아를 찾고, 그것을 「김
마리아 방문기」로 써서 발표한 일을 기억하면서, 나혜석이 그러한 애국
사상을 가졌기에 남정각과 박기홍을 자기의 친동기와 같이 대해주고 자
기의 집에서 숙식케 하였다고 회고하였다.[68]

이 밖에 나혜석은 1923년 8월에는 독립자금의 모집을 위해 국내에서
활동하다가 중국으로 들어가려던 아나키스트 鄭華岩이 압록강을 무사히
건널 수 있도록 도와주기도 하였다.[69] 박태원도 저술『약산과 의열단』의
맨 뒤에 다음과 같이 기록하고[70] 있다.

> 동지가 아니면서도 의열단에 대하여 은근히 동정을 표하여 온 사람
> 은 그 수가 결코 적지 않으며, 그 가운데 여류화가로 이름이 높던 나혜
> 석이 있다. 약산은 면식이 없었으나, 단원 박기홍이 그를 잘 알고 있었
> 던 것이다. 일찍이 박기홍은 처치하기가 곤란한 한자루 단총을 그에게
> 맡겼던 적이 있다. 나혜석은 당시 안동현 부영사의 부인이었으므로 그
> 의 집처럼 안전한 은닉장소도 드물 것이었다. 그로써 얼마 지나지 않아
> 박기홍은 계획한 일이 사전에 드러나, 왜적의 손에 검거되고, 이어 형을
> 받았다…… 이 여류화가가 전에 맡겼던 그 위험하고 불온한 위탁물-단
> 총을 그 때까지 보관하였다가 도루 내어준 일이다. 나혜석은 의열단의
> 비밀을 위하여 이 사실을 부군에게도 알리는 일없이 밤마다 베고 자는
> 베갯속에 이를 간직하여 지내온 것이었다.

이러한 나혜석의 위험을 무릅쓴 의열단의 지원은 그의 인간해방에 대한 강
한 의지에서 출발한 것으로, 이 것이 민족의식의 발로로 이어졌다고 보인다.

---

68) 유자명(1983),『나의 회억』, 요녕 인민출판사.
69) 정화암(1992),『몸으로 쓴 근세사』, 자유문고, 46~47쪽.
70) 박태원(2000), 앞의 책, 203쪽.

나혜석의 민족운동과 관련한 활동은 이후 별다르게 드러난 것은 없다. 나혜석은 결혼과 만주에서의 생활로 당시 여성해방운동 · 민족운동과는 거리를 둘 수밖에 없었던 것으로 보인다. 자아인식과 개성이 강하였던 나혜석은 운동으로서 보다는 개인의 삶 속에서 문제를 풀어내고자 하였던 것이다.

VI. 맺음말

본고에서는 신여성 나혜석의 민족의식과 민족운동에 관하여 고찰하여 보았다.

나혜석의 민족의식과 민족운동의 출발은 여성문제에 대한 인식에서 출발하였다. 나혜석은 부유한 가정환경, 교육열이 많았던 아버지 어머니의 덕분에 당시 여성들과는 달리 근대 교육의 혜택을 받았고, 특히, 선진적 지식인 오빠의 도움으로 일본유학까지 할 수 있었다. 이런 조건 속에서 나혜석은 일찍이 기독교 여성관을 흡수하였고, 일본의 선진적 여성지식인 신여성들의 사상으로부터도 크게 영향 받아, 당시로서는 파격적인 여성해방의식을 갖게 되었다. 즉 신여성으로 탄생할 수 있었던 것이다. 그리고 이는 민족의식을 강하게 갖고 있었던 기독교 유학생들을 만나게 되면서, 나혜석의 민족의식의 형성으로 이어졌다. 나혜석 사상의 근본적 기반은 여성해방의식이고 인간해방이었다고 보인다. 그리하여 때로는 이것이 민족의식과 결합하여 민족운동으로 표현되었지만, 주로는 여성해방에 관련한 활동으로 전개되었다.

나혜석은 이러한 여성해방의식과 민족의식을 기반으로 하여 유학시기에 조선여자유학생친목회 결성과 『여자계』의 발간 등 여성운동과 민족운동에 참여하였다. 이 시기 나혜석은 이러한 의식을 기반으로 하는 글들을 『학지광』과 『여자계』에 발표하였다.

귀국 후 나혜석은 주로 미술작업에 많은 시간은 보내는 듯했으나, 1919년 3·1운동이 있기 이전부터 만세운동을 주동하는 세력들과 일정한 관련을 가졌던 듯하고 3·1운동 시에는 김마리아, 황애시덕 등과 여성들만의 조직을 중심으로 만세운동을 전개하기 위하여, 개성·평양까지 가서 조직 결성을 준비하였다. 또한 진명여학교 학생들을 만세운동에 끌어들이기 위해 모교를 찾아가 후배들을 설득하였다. 역시 여성운동과 연계하여 민족운동을 전개하였던 것이다.

5개월 구속 후 풀려난 나혜석은 결혼 등의 이유로 일선운동에서 멀어진 듯하다. 당시 나혜석과 같이 활동했던 여성들은 비밀결사를 조직하는 등 후속 활동을 한 것과는 비교되는 사항이다. 그러나 민족운동을 전개하고 있었던 이들을 돕는데 앞장섰으며, 최선을 다하여 그들을 지켜주고자 하였다.

1924년 이후 나혜석의 활동에서 민족운동과 관련한 것은 찾아보기 힘들다. 그러나 더욱 파격적 여성해방의식을 갖고 글로써 표현하였다.

(『여성연구논집』 제17집, 2006년 4월, 신라대학교 여성문제연구소)

❑ 제7장 참고문헌 ❑

사료

『공제』 창간호(1920. 8).

『개벽』 13호(1921. 7).

『동아일보』 1922년.

『매일신보』 1913년.

『삼천리』 4호(1935. 7).

『신여자』 1920. 6.

『女子界』 2호(1918. 3), 4호(1920).

『조선일보』.

『학지광』 3호(1914. 12), 4호(1915. 2), 5호(1915), 12호(1917. 4), 13호(1917. 7).

단행본

국가보훈처(1988), 『독립유공자 공훈록』 5.

국사편찬위원회(1991), 『한민족독립운동사자료집』 14, 3·1운동 4.

김학준·이정식(1988), 『혁명가들의 항일회상』, 민음사.

나영균(2004), 『일제시대 우리 가족은』, 황소자리.

독립운동사 편찬위원회(1975), 『독립운동사』 제3권, 3·1운동사(하), 고려도서
　　　무역출판부.

문옥표(편)(2003), 『신여성-한국과 일본의 근대 여성상』, 청년사.

박경식(1975), 『재일조선인 관계 자료 집성』 제1권, 동경, 삼일서방.

박용옥(1984), 『한국근대여성운동사 연구』, 한국정신문화연구원.

박태원(2000), 『약산과 의열단』, 깊은 샘.

송건호(1985), 『의열단』, 창비.

염인호(1992), 『김원봉연구』, 창작과 비평사.

유자명(1983), 『나의 회억』, 요녕 인민출판사.

이상경(2000), 『영원한 신여성 나혜석 — 인간으로 살고 싶다』, 한길사.

이화여자대학교(1967), 『이화 80년사』.

정화암(1992), 『몸으로 쓴 근세사』, 자유문고.

천화숙(2000), 『한국여성기독교 사회운동사』, 혜안.

최은희(1991), 『한국근대여성사』(상), 『한국근대여성사』(하), 『한국여성개화열
　　　전』, 『추계최은희전집』 1 · 3 · 4, 조선일보사.

한홍구 · 이재화(1986), 『한국민족해방운동사자료총서』 3권, 경원문화사.

학술논문 및 기타

김경일(2000), 「일제하의 신여성 연구」, 『사회와 역사』 제57호, 한국사회사연구회.

김경일(2001), 「1920~30년대 신여성의 실체와 근대성」, 『정신문화연구』 84.

김미영(2003), 「1920년대 여성담론 형성에 관한 연구: '신여성'의 주체형성과정
　　　을 중심으로」, 서울대 대학원 박사학위논문.

김수진(2000), 「'신여성': 열려 있는 과거 멎어 있는 현재로서의 역사쓰기」, 『여
　　　성과사회』 제11호, 한국여성연구소, 창작과 비평사.

김진송(1992), 「최초의 여류 서양화가 나혜석」, 『역사비평』 17호, 봄호.

김창수(1988), 「의열단의 성립과 투쟁」, 『한국민족독립운동사』 4.

노경채(1985), 「김원봉의 독립운동과 사상」, 『백산학보』 30, 31합집.

노영희(1999), 「나혜석의 '이상적 부인'과 일본의 신여성과의 관련성」, 『나혜석
　　　바로알기 제12회 국제 심포지움』.

류시현(1997), 「나경석의 '생산증식론'과 물산장려운동」, 『역사문제연구』 2호,

역사문제연구소.

박노자(2003), 「한국적 근대 만들기, ⅩⅥ: 나혜석(1896~1946) 근대적 선택의 고
통을 짊어진 한 여성의 몸」, 『인물과 사상』 통권 제62호, 인물과 사상사.

박용옥(2001), 「1920년대 신여성 연구」, 『여성』, 국학자료원.

박정애(1999), 「1910-1920년대 초반 여자일본유학생 연구」, 숙명여자대학교
대학원 석사논문.

박정애(2000), 「초기 '신여성'의 사회진출과 여성교육」, 『여성과 사회』 제11호,
창작과 비평사.

박정희(2004), 「한의 페미니즘적 이해: 나혜석의 경우」, 『철학논총』 제37집, 새
한철학회.

박환(1999), 「나혜석의 민족의식의 형성과 민족운동」, 『나혜석 바로알기 제2회
국제 심포지움』.

박환(2005), 「식민지시대 예술가 나혜석의 민족운동」, 『나혜석 바로알기 제8회
국제 심포지움』.

서굉일(2001), 「민족과 함께 한 정월 나혜석」, 『나혜석 바로알기 제4회 심포지움』.

서정자(2000), 「나혜석의 처녀작 '부부'에 대하여-최초의 여성작가론」, 『나혜
석 바로알기 제3회 심포지움』.

신영숙(1985), 「일제하 신여성의 사회인식」, 『이대사원』 21, 이대사학회.

신영숙(1986), 「일제하 신여성의 연애 · 결혼문제」, 『한국학보』 45, 일지사.

서형실(1994), 「일제시기 신여성의 자유연애론」, 『역사비평』 여름호, 역사비평사.

염인호(1992), 「상해시기(1922~1925) 의열단의 활동과 노선-진보적 민족주
의 노선의 성립」, 『허선도선생정년기념한국사학논총』, 일조각.

유석현, 「잊을 수 없는 사람들」, 『한국경제신문』 1984. 11. 6.

윤혜원(1978), 「현대 일본 여성운동」, 『아세아여성연구』 18, 숙명여자대학교.

이노우에 가즈에(1999), 「나혜석 여성해방론의 특색과 사회적 갈등」, 『나혜석
바로알기 제1회 심포지엄』.

이상경(1996), 「여성의 근대적 자기표현의 역사와 의의」, 『민족문학사연구』 제
    9호, 민족문학사연구소.
이송희(1999), 「일제하 부산지역 여성단체에 관한 연구-1920년대를 중심으로」,
    『국사관논총』 83집.
이종원(1983), 「일제하 한국 '신여성'의 역할갈등에 관한 연구」, 정신문화연구
    원 석사학위논문.
전은정(1999), 「일제하 '신여성' 담론에 관한 분석: 여성주체 형성과정을 중심으
    로」, 서강대 석사학위논문.
채홍기(2000), 「민족의 독립을 잃어버린 선각적 근대의식의 여정」, 『나혜석 바
    로알기 제3회 심포지움』.
최홍규(1999), 「나혜석의 가족사」, 『나혜석 바로알기 제1회 국제 심포지움』.
황민호(2001), 「나혜석의 민족의식과 민족운동의 전개」, 『나혜석 바로알기 제4
    회 심포지움』.

제3편

근대 여성사 연구, 성과

■제8장
한국 근대 여성사 연구의 성과와 과제

제8장 한국 근대 여성사 연구의 성과와 과제

I. 머리말

한국 근대 여성사 연구는 여성연구와 괘를 같이 하면서, 여성운동과 일정한 연계를 가지면서 진행되어 왔다. 특히 현실적 상황 하에서 여성문제를 해결하기 위한 필요성에서 연구가 진행되기도 하였다.

그리고 근대 여성사는 한국의 근대가 갖는 특수성 때문에 그것을 담보한 연구가 될 수밖에 없었다고 하겠다. 즉 근대 여성들은 봉건적 요소들을 척결해야만 하는 과제, 식민지에서 벗어나야 하는 과제, 자본주의 시대로 접어들면서 갖는 어려움을 해소해야만 하는 과제 등 시대적 과제의 배경 속에서 살아갔기 때문이다. 자연히 근대 여성사 연구는 이러한 소재들을 중심으로 되어왔다.

이러한 전제 하에서 근대 여성사 연구는 양적인 면에서 축적되어 왔다. 그리고 연구의 진척에 따라 몇 가지 주제들이 부상하게 되었다.

그럼에도 근대 여성사 연구를 어떻게 할 것인가에 대한 논의는 많지 않았다. 사실 이 논의가 간단하다고 생각하지 않는다. 여성사가 무엇이고 어떻게 연구되고 어떻게 쓰여져야 할 것인가의 논의 아래 가능하기 때문이다. 이런 논의들이 있기는 하였지만 시작 단계이고, 한국사에서는 이론적으로 정립되지 않은 것들이다.

본 논문에서는 먼저 시대별 연구 상황을 1950 · 1960년대, 1970년대, 1980년대, 1990년대, 2000년대로 나누어 그 연구경향을 중심으로 간략히 개관하려 한다. 시대구분은 여성사 연구가 당시 사회 경제적 상황과 맞물려 전개되었던 여성운동 · 여성연구와 그 축을 같이하기에 그에 근거하여 한 것이다.1) 그리고 그 내용 분류는 가족과 여성생활, 여성노동, 여성교육, 여성관과 여성의식, 법과 정책, 여성운동 등으로 하였다.2)

그리고 많은 연구들이 축적되고 있지만 그 중 가장 많이 논의 되고 있으며 쟁점이 되고 있는 신여성, 군위안부문제, 여성운동, 기타 근대 여성교육 연구 등을 살펴보고자 한다. 먼저 그 성과를 정리해 보고, 쟁점이 되는 점을 고찰 한 다음, 그 각각의 과제를 점검해 보고자 한다.3)

여기에서의 근대는 1876년 개항을 전후한 시기부터 1945년 해방 시기까지로 한정하였다.

---

1) 시대별 일반적 연구경향에 대해 다음의 글들이 참고가 되었다: 김홍숙(1986), 「한국 여성을 대상으로 한 사회과학에서의 연구추세」, 이화여대 석사논문; 지은희 · 강이수(1988), 「한국 여성 연구의 자성적 평가」, 『'80년대 한국 인문사회과학의 현단계와 전망』; 이송희(1990), 「한국 여성연구의 현황과 과제」, 『여성연구』 창간호, 부산대 여성문제연구소; 최숙경(1994), 「한국여성사 연구의 성립과 과제」, 『한국사 시민강좌』 15집, 일조각; 한국여성연구소 여성사연구실(1999), 「한국 여성사의 이해」, 『우리 여성의 역사』, 청년사; 이송희(2005), 「근현대 여성사 연구 50년」, 『한국사 연구 50년』, 혜안(이화여대 한국문화연구원).
2) 주제분류는 한국여성연구회의 분류 방법에 따른 것이다. 근대 여성사에 대한 연구 동향과 과제에 대하여는 다음과 같은 성과들이 있다. 한국여성연구회 여성사분과(1994), 「한국 여성사 연구 동향과 과제─근대편」, 『여성과 사회』 5, 창작과 비평사; 한국여성연구회 연구위원회(1995~2000), 「여성관련 연구의 동향」, 『여성과 사회』 6, 7, 8, 9, 10, 11호, 창작과 비평사; 이송희(2005), 「근현대 여성사 연구 50년」, 『한국사 연구 50년』, 혜안(이화여대 한국문화연구원).
3) 각 연구는 뒤의 참고문헌에 정리해 두었다.

II. 시대별 연구 성과[4]

1. 근대 여성 연구의 시작 - 1950~1960년대

1950년대 우리 사회는 미군정 · 전쟁 · 분단을 겪으면서 전체적으로 보수적 흐름 속에 놓여 있었다. 여성들은 전쟁과 그 이후 소용돌이 속에서 생계를 꾸려가기 위해 사회적 진출을 시도하였고, 그 속에서 여성들의 바깥 활동이 늘어갔다. 그러나 여성운동은 보수화의 물결 속에서 침체기로 들어섰고, 그나마 지위향상운동으로 전환되고 있었던 시기였다. 다만 1953년부터 전개되어온 가족법 개정운동만이 유일하게 지속되고 있었다.[5]

따라서 여성문제에 관한 논의 자체가 소극적으로 진행되었고, 여성연구도 미미할 수밖에 없었다. 더욱이 근대의 여성에 관한 연구는 바로 당시대 자신들의 문제와 연결되어 있었기에 어려웠다. 다행히 1950년대 말부터 이화여대의 『한국여성문화논총』[6]을 시작으로 여자대학을 중심으로 여성에 관한 연구와 저술이 나오기 시작하였다. 그러나 이는 근본적 문제에 대한 접근보다는 관심의 차원에 머물렀다.

1960년대 후반에 이르러 여성연구 전문지인 『아세아여성연구』가 간행되었고, 가족에 관한 연구가 시작되어, 『한국가족연구』와 『한국가족제도 연구』 등의 업적이 나왔다. 또한 여성운동에 관한 연구가 다른 분야에 비하여 일찍 이루어져, 일제하의 여성운동에 관한 조망, 여성단체 성립, 3 · 1운동 이후의 여성운동, 여성단체활동 등이 발표되었다. 그리고 한편 여성

---

4) 시대별 연구성과는 이송희(2005)의 내용을 일부 수정 보완 정리하였다.
5) 최민지(1979), 「한국여성운동소사」, 『여성해방의 이론과 현실』, 창작과 비평사.
6) 이 논총은 여성을 중심으로 한 문화 역사 각 부문의 활동양상을 다루고 있다.

교육에 관한 관심이 커지면서 그 연구도 시작되었다.

이처럼 1960년대까지의 근현대 여성사 연구는 이제 막 걸음마를 하기 시작하여 가족, 여성운동, 여성교육 등에 관한 관심을 키워가고 있었다.

2. 여성의 지위향상과 관련한 연구 - 1970년대

1970년대에 들어서 여성들의 삶에 많은 변화가 일어났다. 산업화 과정에서 성장한 여성노동자들이 노동운동 등을 통하여 여성 자신들의 역량을 표출하기 시작하였고, 한편 배운 중산층 여성들이 여성문제에 관심을 가지면서 남녀불평등의 여러 사례를 시정하고자 애썼다. 이러한 사회적 변화와 더불어 서구의 다양한 여성해방이론을 담은 저서가 번역 소개되었고 1977년 이화여대에서 여성학 강좌가 개설되었다. 그리고 1975년 멕시코 세계여성대회를 계기로 제3세계 여성해방이론이 소개되었다. 이는 여성들에게 여성문제와 민족문제의 논의를 가져다주었다.[7]

당시 제기된 문제들은 다음의 세 가지로 분류할 수 있다. 첫째, 산업화 근대화로 인한 사회변동 속에서 여성의 지위 · 역할 · 의식이 어떠해야 하는가의 문제였다. 이는 가족 내에서의 여성의 역할과 지위, 여성의 법적 교육적 지위, 여성의 사회 정치 경제 활동참여의 현황과 그에 따라 나타나는 문제, 여성 의식구조의 변화 등의 내용을 포함한다. 둘째 여성노동에 관한 관심이다. 이와 관련하여 일제시대의 여성노동, 성과 노동의 관계, 여성노동자들의 상황에 대한 연구들이 이루어졌다. 셋째 한국 여성운동에 대한 새로운 평가와 여성운동의 개념에 대한 문제제기가 이루어졌다. 여성운동에 관한 관점정리와 새로운 조명, 또 한국사회에서 여성운동은

---

7) 이에 대해서는 이송희(1990)의 글에 잘 정리되어 있다.

어떤 것이어야 하는가를 규명하고자 하는 시도가 있었다.

이러한 문제의식 속에서 성과가 많았던 것은 교육부문이었다. 개화기부터 일제시대까지의 근대여성교육의 흐름에 관한 연구를 비롯하여,『독립신문』등을 중심으로 개화기의 여성교육론과 근대 여성교육관,『독립신문』등이 여성에 미친 영향 등에 관한 연구 등이 나왔다. 그리고 일제하 한국여성 교육정책과 그에 대한 저항, 여자야학과 여성교육 운동론에 관한 논문이 있었다. 즉 한국 여성들의 변화 과정에서 여성교육이 중요하게 역할하였던 것에 주목하고 주로 긍정적인 입장에서 그것을 밝히는데 주력하였다.

이어 많은 연구가 이루어진 것이 여성운동사였다. 주로 민족운동의 범주 내에서의 여성운동을 정리한 것들이었다. 일제하 민족운동을 중심으로 한국여성운동사를 정리하고 한국 근대 여성사를 정리하였다. 특히 일제하 연구로 한국여성의 신문화운동을 1920년대 초기의 여성문화운동을 중심으로 다룬 것과, 1920년대 초 항일부녀단체 지도층의 형성과 그 사상에 관한 연구가 있었으며, 단체 연구로 근우회에 관한 연구가 조직 전개에 초점을 맞추어 분석한 것과 전반에 관해 분석한 논문이 있었다.

그리고 법과 정책에 관한 연구가 이루어졌다. 한국 여성의 법적 지위를 분석한 것과 신분법상·혼인법상 여성 지위의 변천에 관한 연구들이 나왔으며, 또한 한국의 전통가족과 가장권 연구와 개화기 가족법규범 연구 등이 있었다.

또한 1970년대는 여성노동자들의 증가와 이들의 노동운동의 활성화와도 관련하여 여성노동의 문제가 이슈로 대두되어 연구되었다. 일제하 여성 근로자들의 취업실태와 노동운동 연구를 시작으로, 이어 일제하의 여성임금노동자계급의 형성과 노동자계급의 실태 분석과 여성노동의 사례 연구가 이루어졌다.

3. 민중 여성을 역사의 주체로 하는 연구 시도 - 1980년대

1980년대에 들어서면서 여성문제에 대한 인식의 틀은 1980년 5·18 광주민주화항쟁 이후 사회운동권과 사회과학이론의 인식들의 전환과 맞물려 크게 변화하였다. 1980년대의 여성운동과 여성연구는 이제 한국적 현실 위에 서기 위한 모색의 단계에 접어든 것이다.

여성운동에서는 무엇보다도 과거의 중산층 지식층 여성의 자기계층 중심적인 사회참여나 여권운동의 차원에서 탈피한 새로운 단체들이 생겨나 민중 여성들을 위한 민중 여성이 주체가 되는 다양한 운동이 전개되기 시작하였다.8) 여성평우회, 여성의 전화, 각 단체의 여성부의 설치 등이 있었고 노동여성운동, 빈민여성운동, 농민여성운동, 여학생운동 등 각기 부문운동이 일어나, 이러한 여성운동은 1987년 여성단체연합회의 결성으로 이어졌다.9)

여성연구 환경을 보면, 1982년 이화여대 대학원에 여성학과가 설치되어 여성학이 분과학문으로 자리 잡을 수 있는 터전을 마련하였다. 이어 1984년 한국여성학회가 발족하였다. 그리고 1985년 현실 문제의식에서 출발한 여성 학자들이 무크지 『여성』을 출판하고, 이어 여성문제를 한국적 토양 위에서 고민하고 해결해 보고자 한국여성연구회를 결성하였으며 『여성과 사회』를 발간하였다.

이러한 조건위에서 1980년대 여성사 연구의 방향과 성격은 크게 변화하였다. 즉 여성사에 대한 개념 규정과 연구 시각, 대상과 범위, 방법론에 있어서 일정한 진전을 보였다. 그리하여 민중 여성을 역사발전의 주체로

---

8) 이송희(1992), 「80년대 여성운동」, 『여성연구논집』 3집, 부산여자대학교 여성문제연구소, 참조.

9) 80년대의 상황은 지은희·강이수(1988)의 글과 이승희(1988), 「1988년 상반기 여성운동의 동향」, 『동향과 전망』, 한국사회연구소, 참조.

보는 관점이 대두했고, 여성사는 기본적으로 페미니즘의 시각에 입각한, 여성에 관한 연구라는 정의를 얻게 되었다. 특히 일제하 사회주의 여성운동에 대한 관심이 제고되고 더 나아가 일반 기층 여성의 일상적 삶이나 경험의 영역까지 관심이 확대되었다.[10]

먼저 근대 여성사에서 두드러지게 많은 성과를 보이고 있는 것이 당시 1980년대 상황과 맞물린 여성운동사 분야였다. 그 중 1920년대의 여성운동이 가장 많은 성과를 냈다. 1920년대 운동을 전반적으로 다룬 것을 비롯하여, 서울지역 영남지역 평안남북도 등 지역 연구가 있었으며, 가장 중요하고 자주 연구주제가 되었던 것이 근우회 연구였다. 이 외 근대 여성운동 전반에 관한 연구가 이루어졌고, 대한제국말기의 여성운동에 관한 연구들과 3·1운동과 여성을 주제로 연구한 것 등이 있었다. 이렇게 여성운동 연구가 1920년대를 중심으로 특히 사회주의 여성운동이 주요 테마가 된 것은 1980년대 여성운동이 민중 여성 중심으로 나아가고자 그 모델을 1920년대 운동에서 찾은 데에도 연유하였지만, 1980년대 역사학 연구의 민중지향성과 금기시 되었던 사회주의운동 연구의 활성화와도 맞물린 것이었다.

다음으로 많은 연구가 이루어진 것이 여성관과 여성의식에 관한 것이었다. 특히 일제시기 신여성들에 관한 연구가 시작되었다. 신여성의 사회인식과 연애 결혼문제, 신여성의 역할갈등에 관한 연구가 있었다. 또한 근대문학에서의 여성 활동, 1930년대 여성작가의 여성문제의식 등 문학과 관련한 여성의식에 관한 논문들이 다수 발표되었다. 그러나 아직은 신여성들에 관한 본격적 연구라고 하기 보다는 소개하는 단계에 머물렀다.

그리고 여성교육에 관해서는 여전히 많은 연구가 이루어졌다. 여성교육은 개화기의 연구가 1970년대에 이어 주 대상이 되었는데, 개화기 여성

---

10) 최숙경(1994)과 한국여성연구소(1999) 참조.

교육과 자녀교육 연구,『독립신문』의 여성교육 등이 연구되었다. 대한제국기의 연구로는 한말 개화자강파의 여성교육관 연구, 대한제국시기의 여성교육관 분석, 한말 여성지의 교육론 연구가 있었다. 또한 기독교 여성교육과 관련하여 감리교를 중심으로 한국교회 여성교육의 역사와 문제 분석, 기독교학교와 여성교육 연구가 있었다. 그리고 일제시기 연구로는 여성고등교육의 사회적 성격에 관한 것이 있다.

법과 정책에 관한 연구는 주로 법제사상 여성들의 지위와 가부장권에 대한 것이 다수였다. 한국 근대 여성의 법률상의 지위를 다룬 것, 일제시대 법제상의 가부장권에 관한 고찰, 가부장권 법제를 사적으로 고찰한 연구들이 있었다. 또한 한국여성사법사가 출판되었다.

여성노동에 관한 연구들이 본격적으로 시작되었는데, 일제하 재일 한국인 방적·제사여공 연구가 있었고, 식민지 자본주의화 과정에서의 여성노동의 성격을 1930년대 전반기 고무제품제조업과 제사업을 중심으로 분석한 것이 있었다. 또한 식민지 자본주의화 과정에서의 여성노동 변모 연구가 있었다. 이 연구들은 주로 식민지하에서의 여성노동의 성격과 그 변화에 초점이 맞추어졌다. 가족생활에 대한 연구는 일제하 1920년대 1930년대 소작 빈농층을 중심으로 한 농촌가족 연구가 나왔다.

4. 새로운 근대 여성 연구의 시도 - 1990년대, 2000년대

1) 근대 여성의 흔적을 통한 정체성 확립 시도기 - 1990년대

1990년대는 사회민주화운동의 성과로 나름의 시민사회로의 진입이 이루어진 시기였다. 여성운동도 1980년대 사회변혁운동의 일 부문으로서의 전통을 계승하면서 다양한 운동방식과 내용을 갖게 되었다. 법적 제도적 차원에서의 여성 지위향상운동이 활발하게 이루어졌다. 1995년 여성발전기본법이 제정되었으며, 1991년 1997년에 영유아보육법이 제정 개정되었다. 그리고 성폭력특별법의 제정(1994년), 가정폭력 관련법들이 제정되었다.

그리고 여성운동계의 연대와 정치세력화가 두드러졌다. 한국정신대대책협의회(1990)와 같은 전문적 여성단체들, 성폭력상담소(1991)와 같은 인권 기구가 설립되기 시작하였다. 또한 운동의 방법과 내용에서 다변화가 이루어졌다. 소규모 조직을 단위로 하는 운동방식이 등장하여 많은 성과를 거두었고, 문화운동과 지역에서의 생활운동 등은 여성운동의 대중성을 확보해 나가는데 일조를 하였다.[11]

여성연구는 1990년대에 들어와 기존 연구를 기반으로 성과를 축적하고, 많은 연구자들을 배출하였다. 국내 대학원의 여성학과를 중심으로 석사 박사가 배출되었고, 국외에서 여성학 관련으로 학위를 받은 다양한 전공의 연구자들이 대거 귀국하였다. 그리하여 여성에 관한 연구가 급격히 증가하고 그 경험이 축적되었다. 특히 연구자들의 확산으로 각 대학에 연구소가 설립되고 지방에서도 여성연구를 목적으로 하는 소규모의 단체들이 등장하게 되었다. 이 단체들은 지역여성의 문제를 구체적으로 연구하여 그 대안을 제시하려는 노력들을 하였다.

이 같은 활발한 여성연구와 많은 연구자들의 등장은 다양한 부분에서의 전문가들을 배출하게 하였고 이는 이론적인 면에서만이 아닌 구체적 현실의 대안을 제시하는 단계로까지 여성학의 위상을 높혀 나가고 있다. 여성사 연구도 이에 힘입어 일정한 성과를 얻게 되었다. 『한국여성사－근대편』(한국여성연구회, 1992)와 『우리 여성의 역사』(한국여성연구소, 1999)가 출간

---

11) 1990년대 상황은 이송희(1999), 「현대의 여성운동」, 『우리 여성의 역사』 참조.

되었고,『한국사시민강좌』15집(1994)이 여성사를 주제로 다루었고,『역사학보』150집(1996)도 여성사 특집호를 냈다.

가장 많았던 연구는 식민지시대 여성인물에 관한 것이었다. 사회주의 여성운동에 관한 관심의 고조로 사회주의 여성운동가인 허정숙, 박진홍, 강경애 연구를 시작으로 여성운동가 독립운동가인 조신성, 박차정 등이 연구되었으며, 신여성에 대한 연구 활성화의 결과로 나혜석, 김명순, 최승희, 윤심덕 등이 조명되었다. 기독교와 여성운동 연구의 결과로 기독교 계열의 여성운동가 황애덕, 황신덕, 김마리아, 차미리사 등이 연구되었다. 그리고 여성 의병 윤희순, 명성황후에 대한 조명도 있었다.

그리고 1990년대에는 신여성에 관한 연구가 본격적으로 이루어졌다. 신여성의 자유연애론, 신여성과 가부장제, 신여성과 사회주의, 신여성과 모더니티, 신여성교육론, 전문직 진출과 사회적 지위, 신여성 담론 분석, 소설 속의 신여성상, 신여성의 성격, 여성주체 형성과정, 신여성의 실체와 근대성 등의 주제로 많은 연구가 이루어졌다.

또한 여성의식의 변화과정, 대한제국시기와 식민지시대의 여성교육론, 식민지시대의 여성해방론, 식민지시대 현모양처론 등이 연구되었고, 식민지시대 기독교 여성들의 여성문제 인식과 식민정책에 대한 대응의 논리 등 기독교 관련의 논문이 여러 편 발표되었고, 또한 천도교의 여성관 등 종교 관련의 연구가 있었다.

이렇게 여성관 여성의식과 관련한 부분의 연구가 활발히 있었던 것은 이제 여성사 연구에서도 여성들의 움직임이나 눈에 드러나는 부분보다도 그것의 원인이 되는 부분을 천착하는 연구가 활발히 진행되었기 때문으로 보인다. 즉 여성 자신의 정체성을 찾아가는 것과 관련한 연구가 활성화된 것이라 보인다.

다음으로 많은 성과가 축적된 것이 군위안부 연구였다. 한국정신대 연구소와 한국정신대문제 대책협의회 활동가·연구자들을 중심으로 다수의 연구자들이 참여하여, 일본군 위안부 정책의 본질, 군위안부의 실태 및 특성, 실상과 진상 등에 관하여 많은 연구를 이루어냈다. 그리고 기존 연구에 관한 검토, 일본의 책임과 관련한 연구, 군위안부 동원, 성노예로서의 군위안부, 강제연행 관련 연구 등이 있었다. 또한 강제로 끌려간 군위안부들의 증언집들이 발간되었고, 군위안부 피해자들의 귀국 후의 삶과 후유증에 관한 연구들도 다수 나왔다.

여성운동에 대한 연구도 많은 성과를 냈는데, 특히 1920년대에 관한 것이 많이 나왔다. 1920년대 여성단체운동, 사회주의여성운동의 조직과 활동, 여성운동의 이념과 활동 등을 비롯하여 지역운동에 관한 연구로 부산지역의 여성운동, 부산지역 여성단체 활동 등이 있었다. 그리고 국외에서의 여성들의 항일투쟁, 항일여전사 연구, 국외 여성단체들의 활동 등 여성항일운동에 관한 연구도 활발하였고, 여성운동가들에 관한 조명도 이루어졌다.

2) 여성연구의 환경 변화―2000년대

2000년대 들어서 한국 사회는 불만족스럽기는 하지만 일정하게 시민 사회로 진입하게 되었고, 이는 여성들의 사회적 지위와 역할에 많은 변화를 가져다주었다. 2001년 여성부가 설치되고, 특히 여성발전기본법(2002년), 건강가정기본법(2004년) 등 여성 관련법들이 제정 개정되고, 여성들의 사회적 진출도 두드러지게 늘어났으며, 2005년에는 호주제가 폐지되었다. 이런 과정에서 성인지적 정책이 입안되었고, 여성들의 사회 활동을 지원하는 모성보호 관련법들이 만들어졌다.

그리고 여성운동계는 정치세력화가 더욱 두드러졌으며 성매매 관련 여성들을 위한 인권기구들, 성폭력상담소 가정폭력상담소 등과 같은 인권 기구가 많이 설립되었다. 또한 장애 여성들의 조직도 확대되는 등 여성운동도 소수자들의 인권을 지키는 운동이 활발해졌다. 특히 결혼 이주 여성을 위한 기구들이 전국 곳곳에서 서서히 설립되기 시작하고 있다.

여성연구에서는, 2001년 진보적 여성연구자 모임인 한국여성연구회가 잡지『페미니즘』을 발간하기 시작하였다. 연 2회에 발간되는『페미니즘』은 여성 일반 이론부터 한국 현실의 문제에 이르기까지 망라한 학술 잡지로서 한국 여성연구의 축적을 보여주는 책이라고 하겠다.

그리고 서양 · 동양 · 한국 여성사 연구자들이 2004년 9월 한국여성사학회를 창립하였다. 이들은 "여성이 걸어온 역사의 진실을 밝혀내는 작업뿐만 아니라 현재 여성의 삶과 미래, 나아가서는 인류의 종합적인 이해관계를 위해 헌신할 수 있는 여성사를 탐구하는데 학문적 정성을 다할 것"을 창립에서 밝혔다.[12] 그리고 매월 월례발표회를 개최하고, 학술지『여성과 역사』를 매년 2회 발간하고 있다. 2005년, 광복60년을 기념하는 "한국여성의 생활세계와 의식변화"를 주제로 학술대회를 열었고, 2006년에는 여성문학회 여성철학회와 함께 제1회 여성주의 인문학 연합학술대회를 "근대를 바라보는 여성주의적 시각"이라는 주제로 개최하였다. 2007년 전국역사학대회에서는 자유패널로 참여하였다.[13]

한국사학회가 2004년 전국역사학대회에서, 한국역사연구회는 2007년 전국역사학대회에서 "한국사에서의 여성의 정치 참여"라는 주제로 분과

---

12) 이배용, 「창간사」, 『여성과 역사』 창간호, 2004. 12.
13) "한국 여성사 현황과 과제"로 7명의 발제가 있었다. 많은 호응이 있었던 자유패널이었다.

발표회를 개최하였다.

또한 여성사 강좌를 개설하는 학교들이 증가하고 있는 실정이다. 물론 학부 전공강의로 개설되는 경우는 아직 많지는 않지만 늘어가고 있다.

한편 지자체를 중심으로 지역 여성연구에 관한 관심이 늘어나고 있다. 2003년 "부산지역 여성인물", 2004년 "강원 여성의 역사적 조명", "전통과 근대적 사회변화 속의 서울여성" 등을 비롯하여 많은 지역에서의 여성에 대한 조명이 있었다. 그리고 각 지역 단위에서 지역여성사가 발간되었다.『전남여성 100년』(전라남도, 2003년),『경북여성사』(경북여성개발원, 2005년),『제주여성사』,『경기여성사』등이 발간되었고 지금 많은 지역에서 준비 중이다.

이러한 연구 환경의 변화는 2000년대 여성연구에 많은 성과를 가져다주었다.

III. 연구의 현황과 과제

본 장에서는 현재 연구의 현황과 과제를 보고자 한다. 단 지금까지 많은 연구가 이루어져왔던 신여성 연구, 공창제도와 군위안부 연구, 여성운동 연구, 여성교육 연구 등 네 분야에 한하여 다루려 한다.[14]

1. 신여성 연구

근래 식민지시대 여성연구에서 가장 많은 연구가 이루어진 것이 신여

---

14) 다른 분야의 경우도 연구가 많이 있긴 하지만 그 범위를 논쟁이 되어 왔던 네 분야로 정하였다. 다른 분야는 뒤의 참고문헌을 참조하였으면 한다.

성에 관한 것이다. 여성 자신들의 여성해방이론이 나름대로 정립된 시기가 1920년대였고, 글이나 그림 등을 통하여 여성관과 여성의식을 가장 잘 드러내준 여성들이 1920~1930년대의 신여성이었기 때문이다. 따라서 한국 근대 여성연구에 있어서 신여성 연구는 주요할 수밖에 없다. 특히 1980년대 이후 한국의 여성들이 정체성을 찾아가는 과정에서 과거의 신여성에서 자신들의 삶의 일면을 발견하고 자신과 동일시하면서 많은 관심을 가졌고 문제해결의 실마리를 찾고자 하였다.

초기 신여성 연구는 무엇보다도 소설 속에 그려진 여성을 통해 신여성을 논하였고, 신여성들의 창작활동을 통한 여성의식 연구가 주로 이루어졌다. 여성 문학계의 연구가 많았다.15) 그러다가 역사학에서도 신여성에 관한 연구가 전개되었다.

이종원(1983)이 신여성의 역할갈등을 연구한 것을 시작으로,16) 신영숙이 신여성의 사회인식과 연애결혼(1985, 1986) 등을 발표하였다. 이종원은 신여성의 역할갈등을 시대적 한계로 지적하였고, 신영숙은 당시 여성들에 대한 사회의 기대와 여성들의 요구는 컸으나 식민지 현실은 여성의 취업 기회가 부족하고 가족관계의 봉건성이 지배하는 것이었음을 지적하였다. 또한 1920년대 신여성들은 지나치게 자유연애를 강조하고 행동으로 옮긴 반면 1930년대에는 오히려 현모양처론을 강조하며 현실에 안주하려 하였다고 보았다.

이러한 연구 가운데 여성주의적 시각이 강조되면서 조은과 윤택림(1995)은 '가부장적 민족주의의 강압에 대항한 주체'로서 신여성을 적극 평가하였다.

---

15) 현재도 여성문학계에서는 신여성들의 작품을 발굴하고, 평가하는 작업을 계속하고 있다.
16) 이미 윤혜원의 연구가 있으나 주로 비교사적인 것이었다.

이 후 유봉호(1999)는 신여성교육론을 분석하였고, 이배용(1999)은 전문직 진출과 사회적 지위를, 전은정(1999)은 신여성 담론 분석을 시도하였고, 황수진(1999)은 소설 속의 신여성상을 고찰하였다.

2000년에 들어서도 신여성 연구는 계속되고 있다. 김수진(2000)은 신여성의 성격을 분석하였으며, 전은정(2000)은 신여성을 통해 여성주체 형성과정을 살펴 보았고, 박정애(2000)는 초기 신여성의 사회진출을 여성교육과 관련하여 보았다. 김경일은 신여성의 성격(2000)과 신여성의 실체와 근대성(2001, 2004) 등을 연구하였다. 김경일은 2004년의 저술에서 신여성의 개념에 대한 정의와 변천, 민족주의와 페미니즘을 둘러싼 신여성의 자기정체성 문제, 성과 사랑, 신체와 단발, 스포츠, 소비와 유행, 지식과 교육, 일과 직업 등 여러 영역에 걸쳐 고찰하고 있다. 특히 중점을 두었던 것이 근대성의 의식에 입각하여 신여성을 분석하고자 하였고, 동아시아의 시각에서 파악하고자 하였다.[17]

그리고 신여성 인물에 관한 연구들도 활발히 이루어지고 있다. 가장 대표적 인물이 나혜석으로, 나혜석의 경우는 작품들이 발굴되어 출판되면서 (이상경, 2000) 문필가 여성해방론자로서의 나혜석 연구를 가능하게 해주고 있다.[18] 나혜석 기념사업회는 매년 심포지움을 열어서 나혜석의 그림, 글, 여성해방사상, 민족의식과 민족운동까지도 조명해 오고 있다.[19]

이러한 연구들은 주로 신여성들이 시대적 사회적 제약을 뛰어 넘어서 자기 자신의 정체성을 찾아가고자 하였으나 여러 가지 제약으로 그 한계를 노정할 수 밖에 없었음을 드러내 주었다. 특히 신여성은 한국사회의

17) 김경일(2004), 『여성의 근대, 근대의 여성』, 푸른역사, 6~7쪽.
18) 이상경 (2000), 『나혜석 전집』, 태학사.
19) 나혜석 기념사업회는 매년 4월 나혜석의 생일을 즈음하여 학술 심포지움을 열어 나혜석의 삶, 사상과 활동을 조명하고 있다. 2007년 제10회 심포지움이 열렸다.

근대와 식민지 경험을 해명할 수 있는 소재로서 주목받았다.

그리고 이러한 연구 가운데 쟁점이 되었던 것이 민족주의와 페미니즘에 관한 논쟁이었다. 한국 여성학계는 '민족주의는 가부장적이고 여성의 삶을 억압하는 또 하나의 도구'라고 지적하기 시작하였다. 신여성의 경우도 민족주의에 억압받는 실체라고 보았다. 즉 민족주의와 페미니즘은 서로 대립된다고 보고, 사실상 페미니즘의 민족주의로부터의 결별을 요구하였다.[20] 이에 여성사학계는 한국의 페미니즘이 민족주의를 거부할수록 민족국가 내에서 여성이 영속적으로 소외될 가능성이 높다는 것을 지적하고, 식민지 탈식민지 국가의 페미니즘은 민족주의 운동과 그 담론에 개입할 지점을 찾아내야 한다고 주장하였다.[21]

이러한 한국 내의 논의에 대해 송연옥은 나혜석이라는 1930년대 한 신여성에서 민족주의와 페미니즘의 불행한 결별을 찾아보고, 민족주의와 페미니즘의 연관성을 그리고 신여성에 대한 평가를 하고 있다. 즉 식민지 지배 하에서는 아무리 한 개인이 해방되었다고 하더라도 제국주의라는 구조의 새로운 함정이 기다리기에 식민지시대의 여성을 논할 때 저항적 민족주의를 떼버리고 논할 수 없다는 것이다. 즉 근대의 한국의 탈민족주의를 주장하는 페미니즘에 대해 "사적인 영역의 이야기에만 몰두하는 것은 공적인 영역의 이야기를 비판할 힘을 잃게 하고 오히려 정당화시키는 함정이 될 수도 있음을 우리는 반드시 주목해야 한다"고 하였다.[22]

이런 논의의 전개 속에서 신여성에 관한 연구는 지속적으로 이루어지고 있고, 인물에 관한 사례들이 계속 연구되고 있다.

---

20) 김은실(1994), 「민족 담론과 여성: 문화 권력 주체에 관한 비판적 읽기를 위하여」, 『한국여성학』 제10집.
21) 정현백(2001), 「민족주의와 페미니즘」, 『페미니즘 연구』 창간호, 46쪽.
22) 송연옥(2001), 「민족주의와 페미니즘의 불행한 결별」, 『페미니즘 연구』 창간호, 70쪽.

지금 단계에서 신여성 연구는 나름대로 정리를 해 볼 필요가 있는데, 신여성에 대한 큰 범주 내에서의 개념 정립와 구체적인 실상 파악이 같이 가야 한다고 본다. 즉 완벽한 개념 정리는 아니라고 하더라고 그 범주를 정하고, 또한 신여성 내에도 다양한 사상을 가진 다양한 층이 있었다는 것을 염두에 두면서 차별성을 두고 그 구체적 내용을 밝혀야 할 것이라고 생각된다. 시대적으로 어떻게 변화해 나갔는가를 고찰해야 할 것이다. 어떤 일면만을 갖고 또는 한 시대의 내용만을 갖고 그것을 전체에 적용하는 것은 적절하지 않다고 생각된다.

신여성 연구와 더불어 2000년대 들어서는 담론에 관한 연구가 많이 나오고 있다. 이경하(2004)는 『제국신문』에 나타난 여성들의 계몽담론을, 김미영(2003)은 1920년대 여성담론 형성에 관한 연구를 신여성의 주체형성과정을 중심으로 분석하였고, 유진월과 이화형(2003)은 근대 여성의 담론 형성을, 김현미(2003)는 식민권력과 섹슈얼리티를, 서지영(2004)은 식민지 근대 유흥풍속과 관련한 여성의 섹슈얼리티를 다루고 있다. 그리고 단발과 관련한 사회적 인식 변화를 다룬 연구들이 나왔다.

또한 종교와 관련한 여성 인식들에 관한 연구로는 서현선(2003)이 근대화 과정에서의 한국 기독교 여성지도자들의 정체성 형성에 관한 연구를 내놓았고, 천목은(2003)이 해월 최시형의 여성존중 사상을 분석했다.

2. 공창제, 군위안부 연구

민족주의와 페미니즘의 대립구도의 시각은 공창제와 군위안부 연구에도 그대로 연결되었다.

공창제 연구를 보면, 손정목(1988)은 일제하의 공창과 사창에 관련한 사료를 모아서 실태와 그 생활을 사적으로 고찰하였다. 야마시다 영애 (1992, 1997)는 일제가 공창제도를 이식한 과정과 내용 및 성격을 법규 중심으로 분석하였다. 그는 이러한 공창제도는 일본의 천황제라는 가부장적 체제하에서 확립되었고, 또한 이것이 그 후 일본군이 실시한 종군위안부 정책으로 이어졌다는 점을 지적하였다. 송연옥(1998)은 개항 이후 일제의 병합시기까지의 공창제 도입에 관한 연구를 내놓았다. 특히 군사적으로 중요지역에서는 일본군이 군인을 위한 매춘업을 직접 관리했다고 밝히고 있어 공창제와 군위안부를 연결시키고 있다. 이 외 강정숙(1998)의 일제초기 서울의 매춘업과 공창제도에 대한 연구와 양동숙의 해방 후 공창제 폐지 과정에 대한 연구가 있다.

군위안부 연구는 1990년대 들어서 가장 활발한 연구가 이루어진 분야 중 하나이다. 2000년대에도 여전히 중요 주제로서 연구되고 있다. 처음 정신대라는 용어로 알려졌는데 윤정옥이 관련자들을 취재한 글을 발표하면서 국내 연구가 시작되었다.[23] 정신대연구회는 1993년부터 계속하여 증언집을 발간하고 있다. 이 증언집은 군위안부에 끌려 갔던 여성들의 실제 증언으로 군위안부의 실체가 무엇이었는가를 적나라하게 드러내 준다.

이 후 군위안부에 관한 본격적 연구가 시작되었는데, 이 연구는 대체로 두 개의 관점으로 나누어졌다. 하나는 한국인 군위안부 피해문제를 국가 · 민족 · 성이라는 중층적 입장에서 보는 견해이다. 정진성(1993)은 처음 민족적 관점에서 이 문제를 다루어 정신대운동과 연결시켰다. 이어 정진성(1994)은 군위안부의 명칭과 정책 형성 배경, 위안부의 동원 방식, 위안소의 규정과 실제, 위안부의 귀환 후 생활 등을 다루었다. 신영숙 ·

---

23) 윤정옥은 자신의 동년배 여성들이 '정신대'로 끌려 갔던 것을 항상 죄의식으로 갖고 있었고, 영문학자인 자신이 앞서 이 문제를 조사하기 시작하였다.

조혜란(1995)은 문헌과 사례조사를 기초로 군위안부의 개념, 위안소 유형, 동원과 생활실태 및 그 이후의 피해를 다루었다. 그리고 윤정옥(1997), 여순주(1997), 조혜란·신영숙(1997), 강정숙(1997), 정진성(1998) 등의 연구도 대체로 이러한 관점으로 이어졌다.

또 하나의 입장은 성 변수의 우위성을 강조한 견해이다. 강선미와 야마시다(1993)는 일본 천황제 국가의 가부장적 성격과 관련하여 군위안부문제를 다루었다. 즉 이 글은 조선여성을 군위안부로 동원한 일제의 식민지 정책적 의도는 약하게 취급하고 천황제의 가부장적 성격이란 일반성을 강조하였다. 이러한 입장은 한국 여성학계의 민족주의의 가부장성을 주장하는 입장과 맥을 같이 하면서 논의를 전개시켰다. 김성례(1994)는 정신대연구소에서 행한 증언조사가 여성학적 관점을 결여하였다고 비판하였고, 김은실(1994)도 군위안부 연구들이 여성경험의 특수성을 부인하고 이를 민족문제로 보편화시켰다고 비판하였다. 야마시다(1999) 역시 한국의 군위안부를 바라보는 시각이 너무 민족주의적 경향이 강하다고 비판하였다.[24]

이러한 연구 가운데 쟁점이 되었던 것이 민족주의와 페미니즘에 관한 논쟁이었다. 한국 여성학계는 1994년 여성학회 발족 10주년 기념으로 "한국 페미니즘의 현대적 과제"라는 주제의 학술대회를 개최하였고 이 시기부터 '민족주의는 가부장적이고 여성의 삶을 억압하는 또 하나의 도구'라고 지적하기 시작하였다. 즉 민족주의와 페미니즘은 서로 대립된다고 보고, 사실상 페미니즘의 민족주의로부터의 결별을 요구하였다. 특히

---

[24] 정진성(1999)은 이 논문에서 군위안부 문제를 중심으로 한국여성학의 민족 및 민족주의에 대한 논의를 분석하였다. 신영숙(2001), 「일제시기 여성사 연구에 있어 민족과 여성 문제」, 『여성』, 신영숙도 이 문제를 다루고 있다.

김은실의 경우는 정진성의 연구(1993)가 "일본 국가의 군위안부 정책이 군위안부 여성의 경험을 구성하는 직접적이고 기본적인 조건임을 시사하고 있다"고 지적하기까지 하였다.25)

이에 정진성 등은 여성학계의 민족주의를 배제한 가부장제로서 군위안부 문제를 보려고 하는 시각에 대한 비판(1999)을 하였고, 한편 여성사학계는 한국의 페미니즘이 민족주의를 거부할수록 민족국가 내에서 여성이 영속적으로 소외될 가능성이 높다는 것을 지적하고 식민지 탈식민지 국가의 페미니즘은 민족주의 운동과 그 담론에 개입할 지점을 찾아내야 한다고 주창하였다.26)

이 문제를 민족차별과 가부장제라는 것으로 파악하는 글(이상화 1993)도 나왔으며, 이 문제의 해결을 위한 사회운동의 분석에 있어서 민족주의와 페미니즘이 긴장과 결합을 이루는 과정을 묘사한 연구(이효재 1997, 신혜수 1994)들도 나왔다.

2000년대 들어서도 군위안부 문제는 여전히 중요 과제로서 가장 많은 연구가 이루어지고 있는데, 한편에서는 여전히 민족주의를 배제한 페미니즘을 강조하면서 그러한 논조 가운데 군위안부들의 개인적 삶이나 경험을 강조한 글들을 발표하고 있고, 또 한편에서는 민족주의와 페미니즘의 범주 속에서 이 문제를 강조하고 있다.

양현아는 군위안부들의 증언 듣기와 역사쓰기(2000, 2001)를, 정진성은 군위안부 정신대의 개념의 고찰(2001)과 운동(2004)을, 정신대연구소와 정신대문제 대책협의회는 강제로 끌려간 조선군 위안부들의 증언집 4권(2001)과 5권(2002)을 출판하였고, 부설 인권센타는 군위안부 여성들의

---

25) 김은실(1994), 앞의 글, 39쪽. 여성학계의 많은 연구자들이 김은실과 같은 입장에서 군위안부 문제를 바라보고 있다.
26) 정현백(2001)은 이 논문에서 여성사학계를 대표하여 자신을 입장을 펴고 있다.

경험과 기억(2004)을 재현해 냈다. 신영숙 등은 해남도에서의 실태를 밝혀내기도 하였다(2003).

그리고 이와 관련한 학위논문들이 많이 나왔는데, 양수조(2004)와 이애리(2004)는 실태를 분석하였고, 서경수(2004) 이영선(2004)은 교과서 분석을 하였으며, 김정란은 박사학위논문으로 정대협의 활동을 분석(2004)하기까지 하였다.

군위안부 문제는 작게는 사실 그 여성 개개인들의 문제이지만 또한 민족의 피억압적 상황에서 일어난 집단적 문제이기에 가부장제의 시각으로만 풀 수 있는 것은 아니라고 생각된다. 여성사가 기존의 남성 중심의 역사학의 시각으로 문제를 풀어가서는 안되겠지만 그렇다고 하여 역사적 조건과 시대적 배경을 사상하고 그 문제를 바라볼 수는 없다. 물론 시대를 바라볼 때 기존에 배제되었던 여성주의적 시각이 필요한데 어떤 것이 여성주의적 시대 인식인가 하는 것은 고민해 보아야할 점이라고 생각된다.

3. 여성운동 연구

여성운동 연구는 양적인 면에서 가장 많은 연구가 이루어진 부분이었다. 그것은 개항 이후 민족운동의 전개과정에서 여성들의 활동이 전 시대에 비하여 상대적으로 두드러졌기 때문이다. 따라서 여성운동 연구는 여성주의적 시각에서 보다는 민족운동 과정에서 여성들의 활동을 다루는 것으로 출발했다. 처음에는 기존의 남성중심의 역사학의 방식에서 크게 벗어나지 못하고 여성을 대상화하는 경우가 많았다.

그 후 1980년대 이후 여성운동의 활성화에 따라 근대 한국여성운동의 전개에 대한 관심이 고조되면서 많은 연구들이 이루어졌다. 여성운동의 뿌리를 찾고자 한 것이다.

초기 연구자들은 여성의 인격 확립과 남성에 대한 여권신장을 여성운동으로 보면서도 민족의 어려운 상황에서는 여권신장은 유보될 수 있다고 보았다.[27] 따라서 여성운동이 개항기 이래 전개된 민족운동의 일익을 담당하였음을 강조하였다. 박용옥의 경우(1984)도 민족운동의 전개 과정 속에서 여성의 역할을 고찰하여 이를 대표적 여성운동으로 강조하였다.

이에 대하여 이효재(1987)는 민족운동의 전개에서 여성들의 활동과 함께 남녀 차별 이데올로기와 가부장적 가족제도로부터의 해방을 여성근대화의 주요 과제라고 보았다. 당시 여성개화와 여성교육은 근대화의 지향과 가부장제의 극복을 위한 지평을 처음으로 열었지만 시대적 계층적 한계가 있음을 지적하였다. 즉 생산을 담당한 농민여성들의 문제나 도시빈민여성의 노동문제가 여권상승이나 개화와의 관련에서 문제시되지 않았다는 것이다.[28]

식민지시대의 연구는 1920년대가 집중 연구 대상이 되었다. 초기의 연구에서는 1920년대 초반의 실력양성적 여성교육계몽운동을 교육을 통한 자기 발견 또는 여성의 지위향상이라고 보았고 민족운동의 일환이었다고 파악하였는데, 한국여성연구회(1992)는 이를 서구의 것과 동일한 것은 아니지만 부르주아 민족주의 여성운동이라고 그 성격을 규정하였다. 이는 1980년대 말 이효재 이후 민중 여성을 역사 발전의 주체로 보아야 한다는 관점이 대두된 것의 결과라고 하겠다.

이러한 경향과도 관련하여 1920년대 사회주의 여성운동에 관한 연구가

---

27) 초기의 연구들은 민족운동 속에서 여성들의 역할을 찾는데 주력하였고, 이것을 여성운동으로 보았다.

28) 여성운동론에 관하여는 여전히 다양한 의견들이 있다. 여성사가 무엇인가의 논의가 맞물려 있다고 하겠다.

1980년대 후반부터 활발하게 이루어졌다.[29] 과거에는 주로 기존의 공산주의 연구자들인 김준엽 · 김창순 등의 연구에 따라 '분파주의'나 '이론 없는 운동'으로 평가되었다. 그러나 남화숙(1989), 한국여성연구회(1992), 박혜란(1993) 등은 기존의 연구시각을 전면적으로 비판하면서 사회주의 여성운동을 사실적으로 재구성하고 그 것을 여성운동과 민족해방운동으로 복원시키고자 하였다. 이들은 근대 여성운동을 반제 반봉건의 민족해방과 여성해방을 동시적 과제로 갖는 운동이어야 한다고 보았다. 따라서 여성해방운동은 식민지 민족해방운동의 주요 부분이지만 자신만의 독특한 과제를 지닌 독자적 운동이어야 하며, 그 해결주체는 여성노동자 여성 농민 등 민중 여성이어야 한다고 보았다. 때문에 부르주아적 여권운동만으로 여성해방이 이루어질 수 없다고 보았다.

운동단체 연구로는 근우회 연구가 1980년대 많은 성과를 냈다. 근우회 운동의 주체, 이념, 활동과 관련하여 그 역사적 평가는 대체로 3가지 입장이 있었다.[30] 박용옥(1987)은 민족주의 계열이 중심이 된 여성운동이라고 보았다. 송연옥(1981)은 근우회의 결성을 민족주의 계열과 사회주의 계열의 협동전선의 결과라고 보았고, 근우회 운동 과정에서 사회주의 여성들이 여성문제를 사회구조 및 민족문제와 관련하여 파악함으로써 이념상의 발전이 있었다고 파악하였다. 남화숙(1989)은 근우회의 결성과 발전의 주도권이 사회주의 여성운동의 이념적 조직적 발전을 기반으로 하였다고 보았다. 즉 근우회는 반제 반봉건 민족해방과 여성해방의 과제를 자기 과제로 인식하고 그를 실현코자 하였던 광범위한 여성 대중조직이라고 규명하였다.

---

29) 이는 시대적 상황과 관련한 것으로 일반 역사연구와도 맞물려 있다고 하겠다.
30) 이러한 세 가지 입장은 근우회 문제만이 아니라 다른 여성운동을 바라보는 시각에도 일정하게 관련을 갖고 있다.

1990년대 들어 국외에서의 항일활동과 관련한 연구들이 다수 나왔다. 만주 항일 투쟁하에서의 여성해방정책과 농민여성에 대한 연구(박현옥, 1993), 1930년대 만주지역 항일 여전사들 연구, 미주한인 여성단체의 광복운동지원에 대한 연구(박용옥 ,1994, 1995a) 등이 있다.[31] 이 연구들은 여성사 연구 영역을 해외로 확대 하였고 다루기 어려운 문제를 다루었다는 점에서도 주목된다. 조신성의 민족운동과 의열 활동(박용옥, 1995b), 여성항일운동사(1995b) 연구 등도 나왔다. 이와 관련하여 여성항일운동가 박차정(이송희, 1996) 연구, 김마리아(박용옥 1999, 2003) 연구 등 인물 연구가 있다.

한편 지역 연구로는 서울·영남·평안도지역 연구, 부산지역 연구들이 있다. 이러한 지역 여성운동의 연구는 식민지하 여성운동의 실상을 밝히고 성격을 규명하는데 그 의미가 있다고 하겠으나, 여전히 기존의 실증적 사실 나열의 연구 방식을 벗어나지 못하고 역사적 사실을 정리하는데 그치고 있는 점이 아쉽다.[32]

근래 종교관련 여성운동 연구가 많이 나오고 있다(윤혜원, 1985: 천화숙, 1999: 강영옥, 2003: 윤정란, 2003). 한국 근대 여성 연구에서 빼놓을 수 없는 것이 종교이고, 또한 기독교라는 것은 누구나 인정하는 것이다. 많은 여성들이 기독교를 통해 근대와 만난 경우가 많았다. 때문에 한국여성의 근대성과 기독교와의 관계는 밝혀야 할 중요한 과제라 생각된다. 초기에는 여성교육과 관련하여 기독교를 다루다가 근래에는 한말 이래 기독교 여성운동을 조명한 연구들이 나왔다. 하지만 여전히 한국 근대여성과

---

31) 이 시기의 전반적 여성운동, 여성인물에 관하여 박용옥은 많은 연구를 내 놓고 있다.
32) 지역사 연구가 활발해지면서 지역 여성운동에 관한 연구들이 나오고 있으나, 아주 미미한 형편이다. 근래 지역여성사가 정리되면서 자연히 지역의 여성운동이 거론되고 있으나 대체로 개략적인 연구에 불과하다.

기독교의 관계가 현재까지 어떻게 연결되어 왔고 그 역사적 의미가 무엇인가에 대한 연구까지는 아직 이르지 못하고 있다.

노동 여성들의 운동에 관한 연구들은 주로 식민지하 공장여성들에 관한 연구가 그 주를 이루었다. 이효재 · 정충량(1973)의 연구를 시작으로 서형실(1990)은 1930년대 전반의 고무공업을 제사업과 비교하여 기혼여성노동자가 노동운동에 적극적으로 참여한 요인을 분석하였다. 그리고 한국여성연구회(1992, 1999)가 1920년대 초반 이래의 여성노동운동과 여성농민운동을 다루고 있다. 여성노동운동의 연구는 주로 여성노동 상태에 관한 연구들이 계속 되고 있는 실정이다.[33]

이처럼 가장 중요하게 다루어져야할 민중 여성－여성노동자 여성농민에 관한 연구는 여전히 운동사에서 중요 주제로 다루어지고 있지 않다.

여성운동사 연구에서 앞으로 해 나가야 할 과제는 첫째, 여성해방운동이 무엇이어야 하는가의 합의점을 찾아야 할 것 같다. 둘째, 여성노동자 · 여성농민 등 민중 여성의 운동이 연구되어야 하겠다. 셋째, 1930년대 이후의 여성운동에 관한 연구가 이루어져야 하겠다. 넷째, 새로운 자료의 발굴을 통하여 다양한 연구가 이루어지고, 연구 방법론도 새로운 방법론을 적용하여 기존의 사료도 새롭게 접근해 보는 것이 필요할 것 같다.

4. 여성교육 연구

여성사 연구에서 1970년대 1980년대에 걸쳐 많은 연구가 이루어진 분야가 여성교육이었다. 당시 여성들의 교육에 대한 욕구는 노동시장에서의 여성 노동력 요구와 맞물려 증가하고 있었다. 때문에 여성교육이 주요

---

33) 이 부분은 참고문헌에서 <여성노동>을 참조 바랍니다.

화두가 되었고, 많은 연구가 있었다.

여성교육 연구는 여성관의 변화에 따른 여성교육론의 내용, 근대 학교 설립과 운영, 교과과정과 교육내용 등을 중심으로 이루어졌다.

개화기와 한말의 연구를 보면 무엇보다도 당시 여성관의 변화에 따른 교육론에 관한 연구가 많았는데,『독립신문』·『제국신문』·한말 여성지의 여성교육론과 한말 개화자강파와 계몽운동단체들의 여성교육론이 연구되었다. 또한 대한제국시기의 여성교육론, 한국 근대 여성교육관, 한말 여성해방논리의 전개 등이 다루어졌다.

이러한 개화기 한말 여성교육 논의 과정에서 대체로 두 가지 입장이 대두되었다.[34] 하나는 여성교육의 중요성을 강조하고 1970년대 산업화 분위기에서 근대화라는 것에 강조점을 두면서, 개화파 등의 근대 여성교육론이 갖고 있었던 장점만이 주장되었다. 즉 개화파들이 남녀동등의 근대적 여성교육을 주장하였다는 점에 초점을 두었다(유봉호, 1983: 김숙자, 1988).

또 하나의 입장은 개화파 남성들의 여성교육관이 여성의 활동영역을 가정으로 몰아간 점, 여학교 교과내용에서 정치·경제·법률 등 경세의 학문을 포함시키지 않은 점(최숙경, 1983: 노인화, 1982: 김영주, 1990), 또한 개화파 남성들이 여성교육을 통해서 길러내고자 하였던 여성상은 주체적 인격자로서의 여성이 아니라 가정 내 존재로서의 여성으로 자본주의적 가부장제에 적합한 여성이었음이 지적되었다(이송희, 1995).

식민지시대에 관한 연구를 보면, 개화기나 한말 연구의 연장선상에서

---

34) 근대 여성연구에서 여성교육은 중요 주제로 가장 초기 연구부터 시작되었는데, 초기에는 무조건 근대의 여성교육의 장점만이 강조되고 그 방향에 대한 점검은 없었다. 아직도 이러한 연구 경향이 많다. 앞으로 많은 실증적 연구, 특히 구체적 사료연구에 입각한 연구들이 필요하다. 근대 여성교육이 시작되면서 설립된 학교들은 교사의 차원에서 대체로 미화하는 입장을 취하고 있기 때문에 사실 이에 대한 객관적 연구가 어려운 실정이다.

여학교의 설립과 발전과정, 일제의 여성교육관, 학생 수, 교과과정을 통한 교육실태 등 개괄적 검토가 주를 이루었다.

이후 최고학부였던 이화여자전문대학의 학적부를 기초로 학생들의 사회경제적 계층과 지리적 종교적 구성을 분석한 연구가 있었고(박지향, 1988), 1930년대 여성교육에 대한 사회적 성격 분석(김성은, 1992)이 있었다. 한편, 경성여자고등보통학교를 중심으로 한 여성교육사례 연구(현경미, 1998), 1910년대~1920년대 초반 여자 일본유학생 연구(박정애, 1999), 1920년대 여성교육 연구(채성주, 2000) 등 석사학위논문들이 나왔다. 또 일제시기 배운 여성의 근대교육경험과 정체성에 관한 연구(정미경, 2000)가 발표되었다.

또한 여성교육운동론, 여성해방교육론, 지역의 여성교육, 여성교육의 변천과정, 여성야학 연구, 1920~1930년대 소작농가의 자녀교육 등의 연구들이 축적되었다.

여성교육에 관한 연구는 다른 분야보다 빨리 연구가 시작되었음에도, 근대 여성교육이 일단 여성들에게 교육의 기회를 가져다주었다는 점을 강조하다 보니 다양한 관점에서의 연구가 이루어지지 못하였다. 그 교육이 구체적으로 어떠한 여성을 길러냈으며, 과연 그 여성들이 주체적 여성으로서의 삶을 살았는가? 아니면 새로운 현모양처론 속에 침몰하였는가? 교육받은 여성들이 당시 사회를 어떻게 바라보았고, 당시 여성운동 사회운동과는 어떤 연결고리를 갖고 있었는지 등에 관한 연구가 부족했다.

다행이 근래 사례연구들과 구술사 등을 통하여 근대 여성교육이 갖는 명암이 밝혀져 가고 있다. 그러나 여전히 해결해야 할 과제가 많다. 첫째, 단계 단계마다 여성교육의 지향점을 점검해 볼 필요가 있다. 더욱이 식민지시기의 교육은 여러 가지 내용을 복합적으로 가질 수밖에 없었기에 더욱 그러하다. 그리고 지역에서의 여성교육에 관한 사례연구가 많이 나와야 한다. 가능한 구술까지 받아서 한다면 더 효과적일 것이다. 또한 민중여성을 대상으로 하였던 야학이나 강습소를 통한 여성교육에 대한 분석이 필요하다. 거기에서 민중 여성들이 얻은 것은 무엇이었는가 하는 것이다. 앞으로 새로운 관점에서 많은 연구가 있어야 할 것이 여성교육이다.

IV. 맺음말

지금까지 한국 근대 여성사 연구의 현황과 과제를 정리해 보았다.

먼저 II장에서는 시대별 연구 성과를 개관하여 보았으며, III장에서는 신여성, 군위안부, 여성운동, 여성교육 등의 주제를 중심으로 그 연구의 현황과 쟁점, 그리고 과제를 분석하여 보았다.[35)]

근대 여성사 연구는 처음 페미니즘 관점에서 시작된 것이 아니고 일반사를 하는 과정에서 여성을 연구대상으로 삼으면서 시작되었다. 그리고 여성들이 자신들의 정체성을 찾아가는 과정에서 가까운 과거—근대 여성에 관심을 가지면서 연구되었다. 그러나 여성사는 아직 역사학계에서 주변적 학문으로 인식되고 있으며 연구자의 숫자도 많지 않은 실정이다. 그 시작 단계라고 할 수 있다.

따라서 여성사의 개념이나 범주, 방법론에 대한 치열한 논의도 없었고 자연스럽게 시대적 변화와 더불어 연구가 진행되고 연구대상이나 방법론이 변화하는 과정을 거쳐 왔다. 새로운 논의를 시작하면 자연스럽게 거기에

---

35) 그동안 국내 학계의 성과를 다 포함하지는 못하였고, 해외의 연구 성과나 북한의 연구 성과는 넣지 못하였다.

따라가거나, 아니면 기존의 입장을 고수하면서 연구들이 진행되어 왔다.

앞서의 연구 성과들을 보았을 때, 근대 여성사의 경우 우리 근대사회의 특수성 때문에 큰 이슈들을 중심으로 연구되어 왔다. 그리고 당시 사회가 식민지적 조건에서 봉건적 요소들을 그대로 온존시키면서 자본주의 시장으로 진입하고 있었기에 그와 관련한 연구들이 주를 이루었다. 때문에 시대적 변화 속에서 여성들의 집단적 움직임, 운동, 사상의 경향, 중요 인물 연구 등이 주 테마였다. 그러다 보니 보통 여성들의 삶을 구체적으로 보여주는 연구는 많지 않았다.

이러한 현 상황에서 한국 근대 여성사 연구의 활성화와 심화를 위해 몇 가지 점을 제안해 본다.

첫째, 이 문제는 한국의 근대 여성연구에만 해당되는 것이 아니고 다른 영역에도 그대로 적용되리라고 생각되는데, 무엇보다도 여성사에 대한 개념정리가 필요하다고 생각된다. 여성사란 무엇인가? 어떠한 내용을 담을 것인가? 범주를 어떻게 정할 것인가? 등등에 대한 고민이 필요하다고 본다. 단순히 여성을 대상화시키는 연구가 되어서는 안 된다는 것을 염두에 두어야 할 것이다.

둘째, 근대 여성은 전근대사회에서 근대사회로 이행하는 변혁기를 살았던 여성들이었다. 또한 식민지라는 특수한 경험 속에서 근대를 맞게 되고, 자신의 정체성을 찾아가게 되었다. 이러한 특수한 시대적 배경을 어떻게 여성들의 삶 속에 녹아나게 하여 그 여성들을 조명할 것인가를 고민해 보아야 한다고 본다. 고전적 자본주의의 길을 걸었던 서양의 여성들과는 다른 역사적 조건에 놓여 있었던 여성들을 같은 기준을 갖고 볼 수 없기 때문이다.

셋째, 근대에 이르러 여성들은 역사의 전면에 나서게 되었고, 또한 다양한 계층의 여성들이 역사의 주체로 부상되었다. 그러므로 근대 여성사 연구에서는 다양한 계층의 여성들을 연구해야 하는데 여전히 연구들이 부르주아 여성으로 집중되어 있고 민중 여성들에 대한 연구는 아직 미미한 편이다. 앞으로의 연구는 보통 여성들의 삶을 드러내 주는 것이 많이 연구되어야 한다고 본다. 그렇게 될 때 당시 여성들의 전체 상을 만들어 갈 수 있으리라고 생각된다. 아울러 보통 생활을 보여줄 수 있는 일상적인 것에 대한 연구도 함께 이루어졌으면 한다. 이러한 연구가 이루어져야만 당시 여성들의 삶에 더 가까이 다가가 볼 수 있을 것이다.

넷째, 연구 방법론에 대한 많은 논의가 있어야 할 것이다. 이 문제는 서양사 동양사 한국사 각 분야에서 여성사를 하는 연구자들끼리 끊임없이 교류하면서 논의하고 토론하는 과정 속에서 풀어 가야할 문제로, 많은 연구자들의 배출과 연구 성과물의 축적 속에서 이루어 나가야 할 과제이다.

(『여성과 역사』 6집, 2007년 6월, 한국여성사학회)

❑제8장 참고문헌❑

가족과 여성생활

최재석(1966), 『한국가족연구』, 민중서관.

김두헌(1969), 『한국가족제도연구』, 서울대학교 출판부.

문소정(1988), 「일제하 농촌가족에 관한 연구-1920,30년대 소작빈농층을 중심으로」, 『한국사회사연구회논문집』 12, 문학과 지성사.

문소정(1990), 「일제시대 공장노동자계급의 가족적 배경에 관한 연구」, 『한국의 사회와 문화』 14, 한국정신문화연구원.

문소정(1991), 「일제하 한국농민가족에 대한 연구-1920~1930년대 빈농층을 중심으로」, 서울대 박사학위논문.

신영숙(1989), 「일제하 한국여성사회사 연구」, 이대 박사학위논문.

신영숙(1992), 「일제시기 부부관계와 여성생활」, 여성한국사회연구회(편), 『한국가족의 부부관계』, 사회문화연구소.

신영숙(1994), 「대한제국시기 가부장제와 여성생활」, 『여성학논집』 제11집, 이화여대 여성연구소.

조 은(1991), 「일제하 향촌반가의 가족생활과 변화」, 여성한국사회연구회(편), 『여성 가족 사회』, 열음사.

조 은(1993), 「한말 서울의 가족구조」, 『한국사회사연구회논문집』 39, 문학과 지성사.

이광자(1991), 「이씨가족사를 통해 본 전통문화의 지속과 변동」, 여성한국사회연구회(편), 『여성 가족 사회』, 열음사.

조성숙(1991), 「한 양반가족의 해체와 변형」, 여성한국사회연구회(편), 『여성 가족 사회』, 열음사.

강득희(1991), 「임씨가족 3대의 삶」, 여성한국사회연구회(편), 『여성 가족 사회』, 열음사.

김경일(1998), 「한국근대사회의 형성에서 전통과 근대−가족과 여성관념을 중심으로」, 『사회와 역사』 제54집, 문학과 지성사.

소현숙(1999), 「일제 식민지시기 조선의 출산통제 담론의 연구」, 한양대 석사학위논문.

소현숙(2000), 「일제시기 출산통제 담론 연구」, 한국역사연구회, 『역사와현실』 제38호.

유승현(1999), 「구한말·일제하 여성조혼의 실태와 조혼폐지·사회운동」, 성신여대 석사학위논문.

역사문제연구소(1999), 「혼인의 사회사」, 『사회사로 보는 우리역사의 7가지 풍경』, 역사비평사.

이배용(1999), 『우리나라 여성들은 어떻게 살았을까』 1·2, 청년사.

이배용(1999), 「개화기·일제시기 결혼관의 변화와 여성의 지위」, 『한국근현대사연구』 10.

이은순(1999), 「일제하 농촌 여성의 생활과 민간신앙」, 『국사관논총』 83.

한국여성연구소 여성사연구실(1999), 『우리 여성의 역사』, 청년사.

최유리(1999), 「일제하 통혼정책과 여성의 지위」, 『국사관논총』 83.

박효승(2000), 『일제 식민지시대 하층여성 조혼』, 경북대 석사학위논문.

여성노동

정충량·이효재(1973), 「일제하 여성근로자 취업실태와 노동운동에 관한 연구」, 『논총』 22, 이대 한국문화연구원.

이효재(1976), 「일제하 한국여성노동연구」, 『한국학보』 4, 일지사.

박정의(1983), 「일본식민지시대의 재일한국인 여공－방제 · 제사여공」, 『논문집』17, 원광대.

정진성(1988), 「식민지 자본주의화 과정에서의 여성노동의 변모」, 『한국여성학』4, 한국여성학회.

안연선(1988), 「한국식민지 자본주의화 과정에서 여성노동의 성격에 관한 연구－1930년대 방직공업을 중심으로」, 이대 석사학위논문.

서형실(1990), 「식민지시대 여성노동운동에 관한 연구－1930년대 전반기 고무제품제조업과 제사업을 중심으로」, 이대 석사학위논문.

이정옥(1990), 「일제하 공업노동에서의 민족과 성」, 서울대 박사학위논문.

이정옥(1990), 「일제하 한국의 경제활동에서의 민족별 차이와 성별 차이」, 『한국사회사연구회논문집』20, 문학과 지성사.

강이수(1991), 「일제하 면방 대기업의 노동과정과 여성노동자의 상태」, 『한국사회사연구회논문집』28, 문학과 지성사.

강이수(1992), 「1930년대 면방대기업 여성노동자의 상태에 관한 연구－노동과정과 노동통제를 중심으로」, 이대 박사학위논문.

강이수(1993), 「1920~1960년 한국여성노동시장 구조의 사적 변화」, 한국여성연구회 편, 『여성과 사회』4, 창작과 비평사.

조형 · 강이수(1995), 「일제하 공업노동과 성별분업의 역사적 형성」, 『광복50주년 기념논문집 8－여성』.

한국여성연구회 여성사분과(편)(1992), 『한국여성사－근대편』, 풀빛.

이송희(2001), 「일제하 부산지역 여성노동자들의 노동운동」, 『여성』, 국학자료원.

이송희(2003), 「일제하 부산지역 방직공장 고무공장 여성노동자들의 쟁의」, 『이화사학연구』30집, 이화사학연구소.

강이수(2004), 「근대 여성의 일과 직업관: 일제하 신문기사를 중심으로」, 『사회와 역사』제65집, 한국사회사학회.

여성교육

박용옥(1969), 「구한말의 여성교육-관립한성여학교 설립을 중심으로」, 『사학연구』 21, 한국사학회.

최명인(1970), 「한국 개화기의 여성교육에 관한 연구」, 『연구논문집』 3, 성신여대 인문과학연구소.

정세화(1972), 「한국근대여성교육」, 『한국여성사』 2, 이대출판부.

정충량(1975), 「독립신문의 개화기 여성의 교육계발, 진흥 및 사회참여에 미친 영향에 관한연구」, 『논총』 26, 이대 한국문화연구원.

노영택(1975), 「일제하의 여자야학」, 『사학지』 9, 단국대 사학회.

노영택(1978), 「한말 일제하 여성교육운동론의 성격」, 『여성문제연구』 7, 효성여대 여성문제연구소.

최숙경·정세화(1976), 「개화기 한국여성의 근대의식형성」, 『논총』 28, 이대 한국문화원.

조항래(1981), 「독립신문의 여성교육논조」, 『여성문제연구』 10, 효성여대 여성문제연구소.

노인화(1982), 「한말개화자강파의 여성교육관」, 『한국학보』 27, 일지사.

박용옥(1982), 「양성원의 조직과 활동」, 『사학연구』 34, 한국사학회.

유봉호(1983), 「대한제국시대의 여성교육론」, 『대한제국연구』 1, 이대 한국문화연구원.

김은주(1985), 「한국교회 여성교육의 역사와 문제에 대한 연구-감리교회 여성교육을 중심으로」, 이대 석사학위논문.

윤혜원(1985), 「기독교학교와 여성교육」, 한국기독교 100주년 기념사업협의회 여성분과위원회(편), 『여성』, 대한기독교출판사.

윤혜원(1987), 「개화기 여성교육」, 『한국근대여성연구』, 숙대 아세아여성문제연구소.

김숙자(1988), 「구한말 여성지의 구국교육론」, 『한국민족운동사연구』 2, 한국민족운동사연구회.

박지향(1988), 「일제하 여성고등교육의 사회적 성격」, 『사회비평』 1, 나남.

김영주(1990), 「'대국신문'의 여성개화론연구」, 이대 석사학위논문.

문소정(1990), 「1920~30년대 자작농가 자녀들의 생활과 교육」, 『한국사회사 연구회논문집』 20, 문학과 지성사.

김성은(1992), 「1930년대 조선여성교육의 사회적 성격」, 이대 석사학위논문.

여운실(1994), 「1920년대 여자야학연구」, 성신여대 석사학위논문.

이송희(1994), 「1920년대 여성해방교육론에 관한 일고찰」, 『부산여대사학』 제12집.

이송희(1995), 「대한제국 말기 계몽운동단체의 여성교육론」, 『이대사원』 제28집.

이송희(1996), 「일제하 부산지역의 여성교육」, 『부산여대사학』 13 · 14집.

현경미(1998), 「식민지시대 여성교육사례 연구-경성여자고등보통학교를 중심 으로」, 서울대 교육학과 석사학위논문.

박정애(1999), 「1910~1920년대 초반 여자 일본유학생 연구」, 숙명여대 석사학 위논문.

박정애(2000), 「초기 신여성의 사회진출과 여성교육」, 『여성과 사회』 11, 헌국 여성연구소.

유봉호(1999), 「신여성교육론의 전개」, 『대한제국사연구』, 백산자료원.

정미경(2000), 「일제시기 '배운 여성'의 근대교육 경험과 정체성에 관한 연구」, 이화여자대학교 여성학과 석사논문.

채성주(2000), 『1920년대 여성교육 연구』, 고려대 교육학과 석사학위논문.

김재인(2001), 『한국 여성교육의 변천과정 연구』, 한국여성개발원.

김옥란(2004), 「근대 여성 주체로서의 여학생과 독서체험」, 『상허학보』 제13 집, 상허학회.

박선미(2004), 「가정학이라는 근대적 지식의 획득-일제하 여자일본유학생을 중심으로」, 『여성학논집』 21~2, 이화여대 한국여성연구원.

최숙영(2004), 「일제시대 여성교육에 관한 고찰: 제천공립실과여학교를 중심으 로」, 세명대 교육대학원 석사학위논문.

여성관과 여성의식

최숙경 · 정세화(1976), 「개화기 한국여성의 근대의식형성」, 『논총』 28, 이대 한국문화연구원.

최숙경(1980), 「한말여성해방사상의 성립」, 『한국사학』 1, 한국정신문화연구원 사학연구실.

최숙경(1983), 「한말 여성해방논리의 전개와 한계점」, 『논총』 43, 이대 한국문화연구원.

박용옥(1981), 「동학의 남녀평등사상」, 『역사학보』 91, 역사학회.

박용옥(1984), 『한국근대여성운동사연구』, 한국정신문화연구원.

김경애(1984), 「동학, 천도교의 남녀평등사상에 관한 연구: 경전, 역사서, 기관지를 중심으로」, 이대 석사학위논문.

김현옥(1988), 「동학의 여성개화운동연구-만해의 여성관을 중심으로」, 『성신사학』 6, 성신여대사학회.

박석분 · 박오봉(1994), 『인물여성사』, 새날.

이배용 · 신영숙 외(1994), 「한국여성사 정립을 위한 여성인물 유형 연구Ⅲ-3 · 1 운동이후부터 해방까지」, 『여성학논집』 제10집, 이화여대 여성연구소.

이배용(1994), 「한국근대 여성의식 변화의 흐름」, 『한국사 시민강좌』 제15집, 일조각.

이배용(1999), 「개화기 · 일제시기 결혼관의 변화와 여성의 지위」, 『한국근현대사연구』 10.

이배용(1999), 「한국 근대 여성의식의 변화과정-개화기에서 일제시기까지」, 『대한제국사연구』, 백산자료원.

이송희(1994), 「1920년대 여성해방론에 관한 연구」, 『부산사학』 25 · 26집.

홍양희(1997), 「일제시기 조선의 '현모양처' 여성관의 연구」, 한양대 석사학위논문.

고일영(1999), 「1920년대 천도교의 근대적 여성관 연구: 『개벽』 『신여성』 『별건곤』을 중심으로」, 상명대 석사학위논문.

고일영(1999),「일제하 여성의 전문직 진출과 사회적 지위」,『국사관논총』83.

고일영(1999),「한국 근대 여성의식의 변화과정: 개화기에서 일제시기까지」, 『대한제국사연구』, 백산자료원.

정미경(2000),「일제시기 배운 여성의 근대교육 경험과 정체성에 관한 연구」, 이화여대 석사학위논문.

홍양희(2000),「현모양처론과 식민지 '국민' 만들기」, 역사문제연구소(편),『역사비평』제52호, 역사비평사.

강선미(2003),「조선파견 여선교사와 (기독)여성의 의식형성」, 이화여대 대학원 박사학위논문.

김성은(2003),「일제시기 근대 여성상과 교회 내 여성의 지위 문제」,『이화사학연구』30집, 이화사학연구소.

정현백(2003),『민족과 페미니즘』, 당대.

고한나(2003),「일제시대 여성흡연에 대한 담론분석: 1920~1930년대를 중심으로」, 서울대 대학원 석사학위논문.

김현미(2003),「식민권력과 섹슈얼리티: 19세기 서구 여성의 여행기에 나타난 담론들을 중심으로」,『비교문화연구』제9집 제1호, 서울대 비교문화연구소.

서현선(2003),「근대화과정에서의 한국 기독교 여성 지도자들의 정체성 형성과정 연구」,『한국문화연구』제4호, 이화여자대학교 한국문화연구원.

신영숙(2003),「일제시대 카톨릭 여성의 신앙생활과 사회적 역할」,『이화사학연구』30집, 이화사학연구소.

유진월 · 이화형(2003),「<新女子>와 근대 여성 談論의 形成」,『語文研究』31권 2호, 한국어문교육연구회.

천목은(2003),「해월 최시형의「내수도문 · 내칙」분석: 그의 여성 존중 사상을 중심으로」, 이화여대 대학원 석사학위논문.

최은희(2003),『여성을 넘어 아낙의 너울을 벗고: 한국 최초의 여기자 추계 최은희의 개화여성열전』, 문이재.

김윤미(2004),「도산 안창호의 여성관」, 단국대 교육대학원 석사학위논문.

서지영(2004), 「식민지 근대 유흥풍속과 여성 섹슈얼리티: 기생 · 카페 어급을
　　　중심으로」, 『사회와 역사』 통권65집, 한국사회사학회.

성균관대 동아시아유교문화권 교육 · 연구단 엮음(2004), 『동아시아와 근대, 여
　　　성의 발견』, 청어람 미디어.

이경하(2004), 「『제국신문』 여성독자투고에 나타난 근대계몽담론」, 『한국고전
　　　여성문학연구』 제8집, 한국고전여성문학회.

이화형 외(2004), 『한국근대여성의 일상문화: 근대여성의 삶을 만나러 가는 길
　　　1~9』, 국학자료원.

임윤정(2004), 「근대 여성사적 측면에서 본 단발의 사회적 인식변화: 개화기에
　　　서 1930년대까지」, 동아대 대학원 석사학위논문.

전혜숙 · 임윤정(2004), 「근대여성사적 측면에서 본 단발의 사회적 인식변화:
　　　개화기에서 1930년대까지」, 『한국의상디자인학회지』 제6권 제2호, 한
　　　국의상디자인학회.

태혜숙 외(2004), 『한국의 식민지 근대와 여성공간』, 여이연.

신여성

이종원(1983), 「일제하 한국 '신여성'의 역할갈등에 관한 연구」, 정신문화연구
　　　원 석사학위논문.

신영숙(1985), 「일제하 신여성의 사회인식」, 『이대사원』 21, 이대사학회.

신영숙(1986), 「일제하 신여성의 연애 · 결혼문제」, 『한국학보』 45, 일지사.

서형실(1994), 「일제시기 신여성의 자유연애론」, 『역사비평』 여름호, 역사비평사.

조은 · 윤택림(1995), 「일제하 '신여성'과 가정경제─근대성과 여성에 대한 식민지
　　　담론의 재조명」, 『광복50주년 기념논문집8─여성』, 한국학술진흥재단.

권희영(1998), 「1920~1930년대 '신여성'과 사회주의」, 『한국민족운동사연구』
　　　제18호.

권희영(1998), 「1920~1930년대 신여성과 모더니티의 문제─'신여성'을 중심으로」,

『사회와 역사』 제54집, 문학과 지성사.

유봉호(1999), 「신여성교육론의 전개」, 『대한제국사연구』, 백산자료원.

이배용(1999), 「일제하 여성의 전문직 진출과 사회적 지위」, 『국사관논총』 83.

이상경(2000), 『영원한 신여성 나혜석 – 인간으로 살고 싶다』, 한길사.

전은정(1999), 「일제하 '신여성' 담론에 관한 분석: 여성주체 형성과정을 중심으로」, 서강대 석사학위논문.

전은정(2000), 「근대경험과 여성주체 형성과정」, 『여성과 사회』 11, 창작과 비평사.

황수진(1999), 「한국 근대조선 속에 나타난 신여성상 연구」, 건국대 석사학위논문.

김경일(2000), 「일제하의 신여성 연구」, 한국사회사연구회, 『사회와 역사』 제57호.

김수진(2000), 「'신여성': 열려 있는 과거 멎어 있는 현재로서의 역사쓰기」, 한국여성연구소, 『여성과 사회』 제11호, 창작과 비평사.

박정애(2000), 「초기 '신여성'의 사회진출과 여성교육」, 한국여성연구소, 『여성과 사회』 제11호, 창작과 비평사.

박용옥(2001), 「1920년대 신여성 연구」, 『여성』, 국학자료원.

김경일(2001), 「1920~1930년대 신여성의 실체와 근대성」, 『정신문화연구』 84.

송연옥(2001), 「민족주의와 페미니즘의 불행한 결렬: 1930년대의 한국 신여성」, 『페미니즘연구』 창간호, 동녘.

김미영(2003), 「1920년대 여성담론 형성에 관한 연구: '신여성'의 주체형성과정을 중심으로」, 서울대 대학원 박사학위논문.

문옥표(편)(2003), 『신여성 – 한국과 일본의 근대 여성상』, 청년사.

박노자(2003), 「한국적 근대 만들기, ⅩⅥ: 나혜석(1896~1946) 근대적 선택의 고통을 짊어진 한 여성의 몸」, 『인물과 사상』 통권 제62호, 인물과 사상사.

김경일(2004), 『여성의 근대, 근대의 여성: 20세기 전반기 신여성과 근대성』, 푸른역사.

박정희(2004), 「한의 페미니즘적 이해: 나혜석의 경우」, 『철학논총』 제37집, 새한철학회.

김은정(2004), 「근대적 표상으로서의 여성패션 연구 1: 모던걸(개화기~1945년)을 중심으로」, 『아세아여성연구』 제43집 제2호, 숙명여대 아세아여성문제연구소.

신남주(2005), 「1920년대 지식인 여성의 등장과 해외유학」, 『여성과 역사』 3집, 한국여성사학회.

이송희(2005), 「부산지역 신지식층 여성들의 등장과 단체활동」, 『여성과 역사』 3집, 한국여성사학회.

여성인물

남화숙(1988), 「여장군 김명시의 생애」, 여성사연구회, 『여성』 2, 창작과 비평사.

이애숙(1989), 「정종명의 삶과 투쟁」, 여성사연구회, 『여성』 3, 창작과 비평사.

송호숙·김진송·김채현·노동은(1992), 「식민지현실과 사회주의 여성―김명순, 최승희, 나혜석, 윤심덕」, 『역사비평』 여름, 역사비평사.

서형실(1992), 「정열의 여성운동가 허정숙」, 『여성과 사회』 3, 창작과 비평사.

서형실·오미일·서은주(1992), 「일제 식민지현실과 사회주의 여성―허정숙, 박진홍, 강경애」, 『역사비평』 겨울, 역사비평사.

김문기(1994), 「여성 의병 문희순의 가사 고찰」, 『한국의 철학』 22, 경북대 퇴계연구소.

이배용(1995), 「개화기 명성왕후 민비의 정치적 역할」, 『국사관논총』 66.

신영숙(1996), 「일제시기 여성운동가의 삶과 그 특성 연구―조신성, 허정숙」, 『역사학보』 150.

신영숙(1997), 「일제시기 여성운동가의 생활과 활동양상―황애덕 신덕을 중심으로」, 『한국여성학』 13권, 한국여성학회.

강대민(1996), 「박차정의 생애와 민족해방운동」, 『문화논집』 4, 경성대.

강대민(2001), 「박차정의 생애와 민족해방운동」, 『한일연구』 제12집.

이송희(1996), 「박차정의 삶과 투쟁」, 『지역과 역사』 창간호, 부경역사연구소.

윤혜영(1997), 「기독교여성민족운동과 황애덕에 관한 연구—일제시대를 중심
　　　으로」, 감리교신학대학 석사학위논문.

박용옥(1999), 「김마리아의 망명생활과 독립운동」, 『한국민족운동사연구』 22.

박용옥(2000), 「차미리사의 미주에서의 국권회복운동」, 『한국민족운동사연구』 25.

박용옥(2001), 『김마리아: 나는 대한의 독립과 결혼하였다』, 홍성사.

서영희(2001), 「역사인물: 명성황후 연구」, 『역사비평』 제57호.

박 환(2001), 「나혜석의 민족의식 형성과 민족운동」, 『여성』, 국학자료원.

이송희(2002), 「양한나(1893~1976)의 삶과 활동에 관한 일 고찰」, 『여성연구
　　　논집』 제13집, 신라대학여성문제연구소.

이혜정(2004), 「식민지 시기 김활란의 삶과 활동」, 서울대 대학원 석사학위논문.

나혜석 기념사업회(1998~2007), 「나혜석 바로알기 심포지움」, 1회~10회.

법과정책

이영섭(1958), 「법적으로 본 한국여성 40년사」, 『한국여성문화논총』, 이대출판부.

이태영(1972), 「한국여성의 법적 지위」, 『한국여성사』 2, 이대출판부.

권대훈(1976), 「한국신분법상 여성지위의 변천」, 고려대 석사학위논문.

정동호(1979), 「개화기의 가족법규범에 관한 일고찰; 형법대전의 규정을 중심
　　　으로」, 『논문집』 13, 강원대.

김주수(1985), 「한국 근대여성의 법률상의 지위」, 『한국근대여성연구』, 숙대
　　　아세아여성문제연구소.

박병호(1987), 「일제시대 법제상의 가부장권」, 매석 고창현박사 화갑논집, 『민
　　　법학의 현대적 과제』, 박영사.

박병호(1988), 「한국가부장권 법제의 사적 고찰」, 『한국여성연구』 1, 청하출판사.

손정목(1988), 「일제하의 매춘업—공창과 사창」, 『도시행정연구』 3, 서울시립대.

배경숙(1988), 『한국여성사법사』, 인하대출판부.

이상욱(1989), 「일제하 가족법제의 정비에 따른 전통적인 가족제도의 왜곡, 변용」,

『한국전통문화연구』5, 효성여대 한국전통문화연구소.

이효재(1990), 「한국가부장제의 확립과 변형」, 『한국가족론』, 여성한국사회연구회(편), 까치.

야마시다 영애(1992), 「한국근대 공창제도 실시에 관한 연구」, 이대 석사학위논문.

야마시다 영애(1997), 「식민지 지배와 공창제로의 전개」, 『사회와 역사』 제51집, 한국사회사학회.

박수성(1993), 「우리나라 혼인법의 변천과정에 있어서 여성의 법적 지위에 관한 연구」, 창원대 석사학위논문.

김성례(1994), 「구술사 여성사 방법론」, 한국 여성학회 워크샵 자료집.

김은실(1994), 「민족 담론과 여성」, 『한국여성학』 제10집, 한국여성학회.

강정숙(1998), 「대한제국 일제초기 서울의 매춘업과 공창제도의 도입」, 『서울학연구』 제11호.

송연옥(1998), 「일제 식민지화와 공창제도입」, 『한국사론』 제10집, 서울대.

양동숙(1998), 「해방 후 한국의 공창제 폐지과정에 대한 연구」, 한양대 석사학위논문.

이승일(1999), 「일제시대 친족관습의 변화와 조선민사령 개정에 관한 연구: 조선민사령 제11조 제2차 개정안을 중심으로」, 『한국학논집』 33.

군위안부

강선미·야마시다 영애(1993), 「천황제국가와 성폭력: 군위안부문제에 관한 여성학적 시론」, 『한국여성학』 9, 한국여성학회.

야마시다 영애(1999), 「일본군 '위안부' 문제해결 운동의 과제」, 『근현대 한일관계와 재일동포』, 서울대 출판부.

한국정신대문제대책협의회·정신대문제연구회(1993), 『강제로 끌려간 조선인 군위안부들』, 한울.

한국정신대문제대책협의회 · 한국정신대연구회(1997),『강제로 끌려간 조선인
　　군위안부들』, 한울.
한국정신대연구소 · 한국정신대문제대책협의회(1999),『증언집─강제로 끌려
　　간 조선인 군위안부들』3, 한울.
이상화(1993),「군위안부 경험에 관한 연구」, 이화여대 석사학위논문.
정진성(1994),「일본군위안부 정책의 본질」,『한말, 일제하의 사회사상과 사회
　　운동』, 한국사회사연구회논문집 제42집.
정진성(1998),「억압된 여성의 주체형성과 군위안부 동원」,『사회와 역사』제54.
정진성(1999),「민족 및 민족주의에 관한 한국 여성학의 논의─일본군 위안부
　　문제를 중심으로」,『한국여성학』제15권 제2호.
정진성(1999),「군위안부 강제연행에 관한 연구」,『근현대 한일관계와 재일동
　　포』, 서울대 출판부.
정진성(2001),「군위안부 · 정신대 개념에 관한 고찰」,『사회와 역사』제60집,
　　한국사학사학회(편).
정진성(2004),『일본군성노예제: 일본군위안부문제의 실상과 그 해결을 위한
　　운동』, 서울대출판부.
신영숙 · 조혜란(1995),「일제시기 조선인 군위안부의 실태 및 특성에 관한 연구」,
　　광복 50주년 기념사업위원회,『일제 식민지 정책 연구 논문집』, 한국학
　　술진흥재단.
조혜란(1996),「일제시기 조선인 군위안부의 실태 및 특성에 관한 연구」,『한일
　　간의 미청산 과제』, 아세아 문화사.
윤정옥(1997),「조선 식민정책의 일환으로서의 일본군위안부」, 한국정대협,『일
　　본군위안부문제의 진상』, 역사비평사.
여순주(1997),「군위안부 생활에 관한 연구」, 한국정대협,『일본군위안부문제
　　의 진상』, 역사비평사.
이효재(1997),「일본군 위안부 문제 해결을 위한 운동의 전개과정」, 한국정대협,

『일본군위안부문제의 진상』, 역사비평사.

김수아(1999), 「일본군 위안부 문제의 담론구성에 관한 연구」, 서울대 석사학
위논문.

山下英愛(1999), 「한국의 '위안부' 문제 해결 운동의 과제」, 『근현대 한일관계와
재일동포』, 서울대 출판부.

山下英愛(1999), 「민족 및 민족주의에 관한 한국 여성학의 논의: 일본군 위안부
문제를 중심으로」, 『한국여성학』 제15권 2호.

한국정신대연구소 · 한국정신대문제대책협의회 엮음(1999), 『증언집: 강제로
끌려간 조선인 군위안부들』 3, 한울.

□雄一(1999), 홍종필 옮김, 「태평양전쟁중 일제의 조선여성동원: 애국반을 중
심으로」, 『명지사학』 10.

양현아 · 김수진(2000), 「증언듣기: 기억, 재현, 역사쓰기」, 한국정신대문제대
책협의회, 『정대협 10주년 기념 학술 심포지엄 발표문』.

김백일(2000), 「오키나와 전쟁의 상흔과 한국인 위안부」, 『역사비평』 제50호,
역사비평사.

심영희(2000), 「침묵에서 증언으로: '군위안부' 피해자들의 귀국 이후의 삶을 중
심으로」, 『정신문화연구』 23권 2호(통권 79호), 한국정신문화연구원.

윤정옥(2000), 「왜 2000년 일본군성노예전범 국제법정인가?」, 『정대협 10주년
기념 학술 심포지엄 발표문』, 한국정신대문제대책협의회.

이만열 · 김영희(2000), 「1930 · 1940년대 조선 여성의 존재 양태: '일본군 위안
부'정책의 배경으로」, 『국사관논총』 제89집, 국사편찬위원회.

이수현 · 이철원 · 심영희(2000), 「피해자의 육체적 후유증; 피해자의 심리적 후
유증; 피해자의 사회적 후유증」, 『정대협 10주년 기념 학술 심포지엄 발
표문』, 한국정신대문제대책협의회.

한국정신대문제대책협의회(2001), 『기억으로 다시 쓰는 역사─강제로 끌려간
군위안부들』 4, 풀빛.

한국정신대연구소(2001), 『기억으로 다시 쓰는 역사－강제로 끌려간 군위안부들』 5, 풀빛.

양현아(2001), 「증언과 역사쓰기: 한국인 '군위안부'의 주체성 재현」, 『사회와 역사』 제60집.

이수미(2003), 「『종군위안부』에 드러난 억압적 식민담론」, 『美國學論集』 제35집 제2호, 한국아메리카학회.

임인숙(2003), 「일제 시기 근로정신대 여성들의 정신대 경험 해석과 의미화과정에 관한 연구」, 이화여대 대학원 석사학위논문.

신영숙 · 유해정 · 김미정(2003), 「해남도 일본군 '성노예' 실태 조사 연구 보고」, 『여성연구논총』 제17집, 서울여자대학교 여성연구소.

김미정(2004), 「전시체제기(1937~1945) 조선여성에 대한 '성(性)동원' 실태」, 고려대 대학원 석사학위논문.

기독살림여성회(2004), 『전북지역 일본군 '위안부' 생존자의 이야기』, 기독살림여성회.

김명혜(2004), 「미완성의 이야기: 일본군 '위안부'들의 경험과 기억」, 『한국문화인류학』 제37집 2호, 민족문화사.

김정란(2004), 「일본군 '위안부' 운동의 전개와 문제인식에 대한 연구: 정대협의 활동을 중심으로」, 이화여대 대학원 박사학위논문.

서경수(2004), 「일본사회의 일본군위안부 인식과 역사교과서 서술」, 한국교원대 교육대학원 석사학위논문.

정신대할머니와 함께하는 시민모임(2004), 『버려진 조선의 처녀들: 강제로 끌려간 일본군 위안부 훈 할머니』, 아름다운 사람들.

양수조(2004), 「일제의 강제 동원령과 일본군 '위안부' 실태」, 충남대 교육대학원 석사학위논문.

이애리(2004), 「일본군 위안부의 동원실태에 대한 고찰」, 경남대 교육대학원 석사학위논문.

이영선(2004), 「일본군 '위안부'에 관한 교과서 서술과 문제점: 한‧일 역사교과서 서술을 중심으로」, 서강대 교육대학원 석사학위논문.

최지선(2004), 「역사적 사건에 대한 기억의 정치: 일본군 '위안부' 사례를 중심으로」, 서강대 대학원 석사학위논문.

한국정신대문제대책협의회 부설 전쟁과여성인권센터(2004), 『역사를 만드는 이야기: 일본군 '위안부' 여성들의 경험과 기억』, 여성과 인권.

여성운동

정세현(1963), 「일제치하의 여성운동소고」, 『아세아여성연구』 2, 숙대 아세아여성문제연구소.

김엽자(1968), 「한국여성단체성립약고」, 『이대사원』 7, 이대사학회.

정충량‧이효재(1969), 「여성단체활동에 관한 연구」, 『논총』 14, 이대 한국문화연구원.

정요섭(1971), 『한국여성운동사─일제하의 민족운동을 중심으로』, 일조각.

정세현(1972), 「근우회 조직의 전개」, 『아세아여성연구』 11, 숙대 아세아여성문제연구소.

박용옥(1975), 『한국근대여성사』, 정음사.

박용옥(1976), 「1920년대초 항일부녀단체 지도층 형성과 사상」, 『역사학보』 69, 역사학회.

박용옥(1984), 『한국근대여성운동사 연구』, 한국정신문화연구원.

박용옥(1987a), 「1920년대 한국여성단체운동」, 『한국근대여성연구』, 숙대 아세아여성문제연구소.

박용옥(1987b), 「근우회의 여성운동과 민족운동」, 『한국근대민족주의운동사 연구』, 일조각.

박용옥(1994), 「미주 한인 여성단체의 광복운동 지원 연구─대한여자애국단을 중심으로」, 『진단학보』 제78호.

박용옥(1995a), 「1930년대 만주지역 항일 여전사 연구-30 여전사의 전기들을 중심으로」, 『교육연구』(최인영교수정년퇴임기념 특집호), 성신여대 교육연구소.

박용옥(1995b), 「조신성의 민족운동과 의열활동」, 『한국 근현대사 논총』, 오세창교수 기념 논총.

박용옥(1996), 『한국 여성 항일 운동사 연구』, 지식산업사.

박용옥(1999), 「한말 여성운동의 특성과 여성의 사회진출」, 『국사관논총』 83.

박용옥(2001), 『한국 여성 근대화의 역사적 맥락』, 지식산업사.

박용옥(편)(2001), 『여성(역사와 한계)』, 국학자료원.

신영숙(1978), 「근우회에 관한 일 연구」, 이대 석사학위논문.

김철자 · 조찬석(1979), 「1920년대 서울지방의 여성운동」, 『논문집』 13, 인천교대.

김철자 · 조찬석(1980), 「1920년대 영남지방의 여성운동」, 『논문집』 14, 인천교대.

김철자 · 조찬석(1983), 「1920년대 평안남북도지방의 여성운동」, 『논문집』 17, 인천교대.

송연옥(1981), 「1920年代朝鮮女性運動とその思想」, 飯沼二郎 · 美在彦編, 『근대조선사회と사상』, 미래사(「1920년대 조선여성운동과 그 사상-근우회를 중심으로」, 『1930년대 민족해방운동』, 거름, 1984에 번역수록).

이효재(1987), 「여성운동」, 『한민족독립운동사』 2, 국사편찬위원회.

이효재(1989), 『한국의 여성운동-어제와 오늘』, 정우사.

강인순(1988), 「식민지시대의 여성운동에 관한 소고-1920년대를 중심으로」, 『가라문화』 6, 경남대 가라문화연구소.

오숙희(1988), 「한국여성운동에 관한 연구-1920년대를 중심으로」, 이대 석사학위논문.

남화숙(1989), 「1920년대 여성운동에서의 협동전선론과 근우회」, 서울대 석사학위논문.

정경숙(1989), 「대한제국말기 여성운동의 성격연구」, 이대 박사학위논문.

한국여성연구회 여성사분과(편)(1992), 『한국여성사-근대편』, 풀빛.

박혜란(1993), 「1920년대 사회주의여성운동의 조직과 활동」, 이대 석사학위논문.

박현옥(1993), 「만주 항일 무장투쟁하에서의 여성해방정책과 농민여성」, 『아시아 문화』 9집, 한림대 아시아 문화연구소.

김정희(1996), 「일제하 동래지역 여성독립운동에 대한 소고−근우회 동래지회를 중심으로」, 『문화전통논집』 4, 경성대학교.

이배용(1996), 「일제시기 여성운동의 연구 성과와 과제」, 『한국사론』 26, 국사편찬위원회.

정영희(1997), 「한말 여성단체의 교육구국운동」, 『황산 이홍종 박사 회갑기념 사학논총』.

이송희(1998), 「일제하 부산지역의 여성운동(1)」, 『부산사학』 제34, 부산사학회.

이송희(1999), 「일제하 부산지역의 여성단체에 관한 연구−1920년대를 중심으로」, 『국사관논총』 83.

정경숙(1999), 「진명부인회의 활동과 사상」, 『20세기 전반기 한국사회의 연구』, 백산자료원.

천화숙(1999), 「1920~1930년대 조선여자기독교청년회연합회(YWCA) 농촌사업의 전개와 그 성격」, 『사학연구』 57.

천화숙(2000), 『한국 여성 기독교운동사』, 혜안.

여성사연구모임 길밖세상(2001), 『20세기 여성사건사』, 여성신문사.

조규태(2001), 「천주교 내수단과 여성운동」, 『여성』, 국학자료원.

강영옥(2003), 「한국 가톨릭 여성운동의 흐름: 가톨릭 전래시기부터 1910년까지」, 『가톨릭사회과학연구』 제14호, 한국가톨릭사회과학연구회.

스가와라 유리(2003), 「1920년대의 여성운동과 근우회」, 연세대 대학원 석사학위논문.

이배용(2003), 「중국 상해 대한애국부인회와 여성독립운동」, 『이화사학연구』 30집, 이화사학연구소.

윤정란(2003), 『한국 기독교 여성운동의 역사: 1910년~1945년』, 국학자료원.

윤정란(2004), 「1940년대 한국광복군 여성대원들의 입대동기와 역할」, 『유관순 연구』 3호, 유관순연구소.

이배용(2005), 「한국 근대사의 전개와 여성의 지혜와 힘」, 『유관순 연구』 5호, 유관순연구소.

이송희(2005), 「일제하 여성운동의 전개-계승과 변화를 중심으로」, 『유관순 연구』 5호, 유관순연구소.

이송희(2005), 「부산지역 신지식층 여성들의 등장과 단체 활동」, 『여성과 역사』 3집, 한국여성사학회.

근대사 속의 한국여성

초판 1쇄 인쇄일	2014년 12월 25일
초판 1쇄 발행일	2014년 12월 26일

지은이	이송희
펴낸이	정구형
편집장	김효은
편집/디자인	박재원 우정민 김진솔 윤혜영
마케팅	정찬용 정진이
영업관리	한선희 이선건 허준영 홍지은
책임편집	우정민
인쇄처	월드문화사
펴낸곳	**국학자료원**

등록일 2006 11 02 제2007-12호
서울시 강동구 성내동 447-11 현영빌딩 2층
Tel 442-4623 Fax 442-4625
www.kookhak.co.kr
kookhak2001@hanmail.net

ISBN	978-89-279-0878-4 *93900
가격	25,000원

* 저자와의 협의하에 인지는 생략합니다.
잘못된 책은 구입하신 곳에서 교환하여 드립니다.